SI LO CREES LO CONSEGUIRÁS

MELISSA ALVAREZ

Si lo crees lo conseguirás

Utiliza las 40 Leyes Naturales
para alcanzar todos tus sueños

URANO
Argentina – Chile – Colombia – España
Estados Unidos – México – Perú – Uruguay

Título original: *Believe and Receive – Use the 40 Laws of Nature to Attain Your Deepest Desires*
Editor original: Published by Llewellyn Publications Woodbury, MN 55125 USA
www.llewellyn.com
Traducción: Silvia Alemany

1.ª edición Marzo 2019

Reservados todos los derechos. Queda rigurosamente prohibida, sin la autorización escrita de los titulares del *copyright*, bajo las sanciones establecidas en las leyes, la reproducción parcial o total de esta obra por cualquier medio o procedimiento, incluidos la reprografía y el tratamiento informático, así como la distribución de ejemplares mediante alquiler o préstamo público.

Copyright © 2017 by Melissa Alvarez
All Rights Reserved
© 2019 de la traducción *by* Silvia Alemany
© 2019 *by* Ediciones Urano, S.A.U.
Plaza de los Reyes Magos, 8, piso 1.º C y D – 28007 Madrid
www.edicionesurano.com

ISBN: 978-84-16720-55-2
E-ISBN: 978-84-17545-05-5
Depósito legal: B-1.970-2019

Fotocomposición: Ediciones Urano, S.A.U.

Impreso por: Rotativas de Estella – Polígono Industrial San Miguel
Parcelas E7-E8 – 31132 Villatuerta (Navarra)

Impreso en España – *Printed in Spain*

Este libro está dedicado a Dios, y la Energía Universal que todo lo llena me sirve para profundizar y descubrir cómo sacarles mejor partido a mis capacidades, comprender mi espiritualidad y hallar la valentía, la fuerza y las palabras para compartir lo que he aprendido con los demás y lograr hacerles más fácil el camino.

Índice

Agradecimientos 13
La lista de las Leyes Espirituales 15
Introducción 21
    1. La Regla de Oro 29
    2. La Ley de la Divina Unicidad 35
    3. La Ley de la Gratitud 43
    4. La Ley del Amor 49
    5. La Ley de la Frecuencia 55
    6. La Ley de la Intención 63
    7. La Ley de la Atracción 69
    8. La Ley de la Abundancia 75
    9. La Ley de la Luz 81
   10. La Ley de la Unidad 87
   11. La Ley del Propósito 93
   12. La Ley de la Armonía 99
   13. La Ley de la Acción 107

14. La Ley de la Afirmación 113
15. La Ley de la Claridad 119
16. La Ley del Éxito. 125
17. La Ley de la Relatividad 131
18. La Ley de la Correspondencia 137
19. La Ley de la Compensación 143
20. La Ley de la Cooperación. 149
21. La Ley de la Perspectiva 155
22. La Ley del Pensamiento 161
23. La Ley de la Pasividad. 167
24. La Ley del Sacrificio 173
25. La Ley de la Responsabilidad 179
26. La Ley del Apego y el Desapego 187
27. La Ley de la Fe. 193
28. La Ley de la Atención 199
29. La Ley del Perdón 205
30. La Ley de la Petición. 211
31. La Ley del Permitir 217
32. La Ley de la Disciplina 223
33. La Ley de los Ciclos. 229
34. La Ley de la Prosperidad. 235
35. La Ley de la Paciencia 241
36. La Ley del Despertar. 247
37. La Ley de la Causa y el Efecto 255
38. La Ley del Equilibrio y la Polaridad. 261
39. La Ley de la Oferta y la Demanda 267
40. La Ley del Potencial 273

Conclusión 279
Bibliografía. 281
Para escribir a la autora 285

Agradecimientos

A mi esposo, Jorge, y a mis maravillosos hijos, Jordan, Jason, Justin y Jorgie, por vuestro amor y por creer en mí. Os quiero con todo mi corazón.

A mis padres, Warren y Nancy McDowell. ¡Sois los mejores, sin duda alguna!

A Cassandra por su apoyo, su orientación y su gran comprensión del mundo espiritual. Gracias por tu paciencia cuando pierdo mi clariaudiencia o no le presto atención.

A mi editora, Angela Wix, por saber gestionar el gran volumen de propuestas, responder a mis preguntas y compartir mi ilusión por la publicación de mis libros.

Al personal de Llewellyn Worldwide, gracias por poner todo vuestro empeño en sacar adelante mi libro, por vuestras magníficas cubiertas y por agilizar el proceso de publicación. Es un placer trabajar con vosotros.

Y a mis lectores os digo que vosotros sois la razón de que siga escribiendo libros, sois mi fuerza impulsora. Muchísimas gracias por escribirme y hacerme saber lo mucho que os han ayudado mis libros para progresar en vuestro camino espiritual. Vuestro testimonio significa muchísimo para mí. Muchas gracias por ser vosotros mismos, por leer mi obra y también por el apoyo que me habéis demostrado. ¡Os saludo con un tierno abrazo!

La lista de las Leyes Espirituales

LA LEY DE LA REGLA DE ORO: En su expresión más profunda, la Regla de Oro es una ley natural, considerada también una verdad moral, que establece que tratemos a los demás como queremos que nos traten a nosotros mismos.

LA LEY DE LA DIVINA UNICIDAD: Las cosas que vemos y tocamos en el reino de lo físico y las que sentimos y experimentamos en el ámbito de lo espiritual están conectadas y forman parte de un todo Divino.

LA LEY DE LA GRATITUD: Para obtener lo que deseas en la vida, tienes que agradecer de corazón todo lo que ya posees.

LA LEY DEL AMOR: El amor es una de las frecuencias más puras. No puedes verlo, tocarlo ni contenerlo. Solo puedes experimentarlo, observarlo y notar sus efectos. Con el corazón henchido de amor puedes alcanzar los niveles más altos de conciencia espiritual y de crecimiento.

LA LEY DE LA FRECUENCIA: La energía pura se encuentra en los fundamentos de todo lo que existe, y esta energía vibra en una frecuencia que es única en sí misma.

LA LEY DE LA INTENCIÓN: El universo entero está compuesto de energía y de información. Observar la ley significa utilizar esta información con intención positiva para cultivar tu energía y seguir tu propósito.

LA LEY DE LA ATRACCIÓN: Lo que envías al universo regresará a ti.

LA LEY DE LA ABUNDANCIA: Todo en general, todas las cosas que imaginas existen en el universo en cantidades ilimitadas, y tú puedes compartirlas.

LA LEY DE LA LUZ: Al transformar tu conciencia y conectar con tu propia luz interior, con la luz del universo y con la luz que está en todos nosotros, te abrirás a una fuerza mayor, te abrirás al conocimiento y establecerás una conexión más profunda con tu propia conciencia despierta.

LA LEY DE LA UNIDAD: Todos estamos integrados en un solo ser espiritual cuyas partes funcionan conjuntamente para la totalidad, aunque esas partes sean distintas y únicas en sí mismas.

LA LEY DEL PROPÓSITO: Todo lo que existe se creó con un propósito y tiene la capacidad de realizar este mismo propósito.

LA LEY DE LA ARMONÍA: La armonía se relaciona con el equilibrio a través de la energía. Todo lo que se encuentra en el universo está en equilibrio. Cuando estás conectado a la energía positiva te sientes en armonía con el universo y estás equilibrado en el plano del alma.

LA LEY DE LA ACCIÓN: Por decirlo de una manera sencilla, esta ley significa que tienes que *hacer* determinadas cosas para *lograr* otras. Tienes que emprender una acción para realizar tus sueños, cumplir tus esperanzas y tus deseos y conseguir lo que quieres de la vida.

LA LEY DE LA AFIRMACIÓN: Cuando inventas una frase positiva con la intención de conseguir lo que quieres y la repites con periodicidad, esa afirmación pasará a ser verdad.

LA LEY DE LA CLARIDAD: Si tienes claro lo que quieres conseguir de la vida, tus intenciones son claras y tienes claridad de propósito, puedes lograr que tus deseos se hagan realidad.

LA LEY DEL ÉXITO: Puedes alcanzar todos y cada uno de los objetivos que deseas tanto si son materiales como si son emocionales o espirituales.

LA LEY DE LA RELATIVIDAD: Todo lo que existe en el mundo físico deviene real al compararlo o relacionarlo con otra cosa. Todas las cosas son relativas en función de las demás cosas.

LA LEY DE LA CORRESPONDENCIA: Las leyes del mundo físico que explican el movimiento, la luz, la vibración y otros ideales científicos tienen su correspondiente ley en el mundo espiritual.

LA LEY DE LA COMPENSACIÓN: La energía que has consumido te será retribuida. El universo te la devolverá multiplicada por diez.

LA LEY DE LA COOPERACIÓN: Como ser espiritual que eres cooperas contigo mismo, con lo Divino y con los demás para crecer y aprender en el plano terrenal de la existencia. Eso significa aprovechar lo mejor que puedas lo que se te ha dado sin quejarte, o también puede significar que emprendas la acción para lograr el cambio.

LA LEY DE LA PERSPECTIVA: Todas las personas tenemos un punto de vista o una actitud únicos respecto a las cosas, las personas o una situación determinada, y eso está relacionado con nuestras creencias personales. Cuando cambian las creencias, nuestra perspectiva cambia. La vida es tal y como la percibes.

LA LEY DEL PENSAMIENTO: Tu estado de ánimo, tanto si es positivo como si es negativo, se refleja en tu realidad externa. Los pensamientos están hechos de una energía que puede dirigirse a un resultado específico. Eso significa que si cambias tu estado de ánimo, cambias tu realidad.

LA LEY DE LA PASIVIDAD: Hay veces en la vida en que no necesitamos reaccionar o emprender acción alguna; y, sin embargo, en otras ocasiones desempeñar un papel activo en la toma de decisiones es exactamente lo que se necesita.

LA LEY DEL SACRIFICIO: Para lograr lo que quieres, tienes que soltar, o abandonar, algo que posees en el momento presente.

LA LEY DE LA RESPONSABILIDAD: Como seres espirituales tenemos que reaccionar ante las situaciones en que nos encontramos y con las personas que conocemos de una manera apropiada. Ser responsable significa tomar nuestras propias decisiones y actuar con independencia, sin olvidar la responsabilidad que deparan nuestras propias acciones y sin echar la culpa a los demás.

LA LEY DEL APEGO Y EL DESAPEGO: Puedes tener todas y cada una de las cosas que deseas, pero cuando tu felicidad y la sensación de tu propia valía dependen de aquello por lo que sientes apego, tienes que dejarlo ir, soltarlo. En caso contrario, te controla.

LA LEY DE LA FE: Si crees en algo firmemente y confías en que sucederá eso que crees, así será; lo imposible se convertirá en una realidad.

LA LEY DE LA ATENCIÓN: Aquello en lo que centres tu atención se manifestará en tu vida. Es una ley muy simple, pero muy importante para lograr el éxito y conseguir lo que deseas. Cuando prestas tu atención a una determinada cosa, y sobre todo te centras en ella sin ambages, su energía aumenta y se expande atraída por ti.

LA LEY DEL PERDÓN: Se basa en el amor y significa abandonar la rabia, el resentimiento, el odio, la amargura y otras emociones negativas que sentimos ante ciertas personas o cosas; es perdonar a los que te han hecho mal, tanto si son conscientes de ello como si no.

LA LEY DE LA PETICIÓN: Si necesitas ayuda, tienes que pedirla, estar dispuesto a recibirla y nunca ofrecerte si no te lo piden.

LA LEY DEL PERMITIR: Confía y permite dar curso al flujo natural de la vida sin resistirte.

LA LEY DE LA DISCIPLINA: Consiste en hacer lo que debes aun cuando no quieras.

LA LEY DE LOS CICLOS: El universo está hecho de energía que circula en corrientes, ciclos, flujos y reflujos, vibrando a distinta velocidad y en distintos momentos.

LA LEY DE LA PROSPERIDAD: Cuando alguien prospera, todos prosperamos en proporción directa a la felicidad que sentimos por la prosperidad de otra persona o de la nuestra propia.

LA LEY DE LA PACIENCIA: Las cosas sucederán cuando llegue el momento adecuado para que cumplan su propósito en tu vida.

LA LEY DEL DESPERTAR: Para experimentar un despertar, tanto si es espiritual como personal o forma parte de cualquier otro ámbito de tu vida, tienes que ser más consciente. Y para lograr ser consciente tienes que tener control sobre ti mismo, conservar la estabilidad y permanecer centrado.

LA LEY DE LA CAUSA Y EL EFECTO: Toda acción (causa) tiene una consecuencia (efecto). Tus pensamientos, actos y reacciones (causas) crean las consecuencias (efectos), y estos efectos se manifestarán físicamente en tu realidad presente.

LA LEY DEL EQUILIBRIO Y LA POLARIDAD: Existe una polaridad entre las cosas que pueblan el universo, y entre estos dos extremos opuestos es donde encontramos el equilibrio.

LA LEY DE LA OFERTA Y LA DEMANDA: Para cada demanda el universo tiene una oferta que satisface esa demanda; sin embargo, si no existe una demanda en concreto, no se presentará ninguna oferta.

LA LEY DEL POTENCIAL: Todos tenemos una cantidad ilimitada de posibilidades y un potencial infinito, y eso también se aplica a todas las cosas del universo gracias a la conexión de la energía con la conciencia universal.

Introducción

La vastedad del universo rebosa de muchísimas maravillas interconectadas entre sí y gobernadas por leyes naturales que lo hacen funcionar con un movimiento suave, organizado y hacia delante. Son leyes naturales que incluyen tanto las leyes físicas, comprendidas en los estudios científicos, como las leyes espirituales, que tratan de la espiritualidad, la energía vibracional y la conciencia. Todos nos vemos influidos y gobernados por estas leyes naturales, que no son independientes entre sí, sino que funcionan juntas, en armonía. De hecho, nosotros formamos parte integral del universo y estamos interconectados a todo lo que contiene. En *Si lo crees lo conseguirás* me centro en los aspectos espirituales de las leyes naturales y en el modo en que tú, como ser espiritual que forma parte de esta energía universal, puedes utilizar estas leyes para que te ayuden a recorrer tu camino.

Espiritualmente eres uno con todo lo que es, con todo lo que ha sido y con todo lo que será. Eres una parte fundamental del universo, del tiempo y del espacio; estás conectado a su conciencia omnisciente, a su energía y a las intrincadas obras en las que se crea la realidad física. Sentirás esta conexión en el terreno del alma cuando tu conexión con las leyes universales esenciales sea más íntima y puedas aplicarla a tu vida cotidiana.

¿Has accedido a tu poder universal? ¿Recuerdas las leyes naturales del universo en el ámbito del alma? ¿Sientes que vas al unísono con todo lo que contiene el universo? A veces necesitamos recordatorios para recuperar nuestra conexión más íntima con todo lo que es. Espero fervientemente que *Si lo crees lo conseguirás* sirva de recordatorio y de catalizador para que tu memoria despierte al terreno del alma. El universo quiere que consigas todo lo que siempre anhelaste y que obtengas los deseos que te dicta el corazón. Las leyes naturales mantienen en funcionamiento el universo y se aseguran de que tenga todo lo que necesita para funcionar, desde el átomo más diminuto hasta la galaxia más significativa. Aprender a emplear las leyes naturales te servirá para lograr todo lo que siempre quisiste de la vida. Cuando estás en armonía, equilibrado, y tienes claro tu camino, cuando conoces estas leyes y te conoces a ti mismo, puedes lograr todo lo que buscas. El universo, de todos modos, no va a brindarte el éxito en una bandeja de plata, así mismo, tal cual, sino que también tienes que poner de tu parte; pero si quieres algo de verdad, y estás dispuesto a trabajar con una intención positiva hacia tu objetivo, lograrás los resultados deseados a su debido tiempo.

Quizá en ocasiones sientas que no alcanzas el éxito, aun cuando te estás esforzando al máximo, y eso te ponga de un humor de perros. Si crees que eso es lo que a ti te ocurre, valora enfocar las cosas de otra manera, o darte más tiempo para que lo que estás haciendo dé su fruto. A veces lo que intentas conseguir quizá no te convenga en este momento de la vida. No pienses que lo estás haciendo mal: seguramente lo haces todo bien, pero el momento para intentarlo no es el adecuado. A veces quizá es mejor dejar en suspenso lo que estás buscando y abandonar durante un tiempo para que eso mismo regrese a ti a su debido tiempo. Lo cual es algo perfectamente lícito.

Si lo crees lo conseguirás es un manual que analiza las leyes naturales del universo con un enfoque realista y planteando aplicaciones prácticas. El encabezamiento de cada ley (en cursiva y debajo del nombre) puede servirte de afirmación diaria. Puedes repetir estas afirmaciones a primera hora de la mañana, justo al empezar el día, y usarlas a lo largo de toda la jornada para elevar tu frecuencia o sentir tu fuerza positiva. No espero que memorices cada una de estas leyes, ni espero tampoco que las apliques todas a la vez. ¡Menudo agobio! Es mejor que utilices este libro para consultar las leyes tantas veces como creas necesario. Puedes elegir trabajar con las leyes que dan significado a tu vida actual o seleccionar la que te gustaría poner en práctica en la vida. Empieza con una y, si sientes que ya te funciona, pasa a la siguiente.

La manifestación de las cosas a partir de la Ley de la Atracción es una parte muy conocida y potente del proceso, pero funciona junto con el resto de las leyes naturales; es solo una ley más entre todas las existentes. Literalmente, hay cientos de leyes naturales que te ayudarán a alcanzar tus objetivos. En *Si lo crees lo conseguirás* explico cuarenta. He intentado seleccionar las leyes que siento que son muy beneficiosas para el crecimiento del alma y para vivir una vida plena de éxitos y de abundancia. También he seleccionado otras leyes que quizá no sean tan conocidas como otras que, en realidad, son más populares. Las cuarenta leyes incluidas en *Si lo crees lo conseguirás* obedecen a estos criterios, y a mí me han resultado muy útiles; por eso las he elegido y las he incluido en el libro. Mi propósito es ayudarte a descubrir la ley más adecuada para ti explicándotela para que la conozcas mejor, compartir mis propias creencias y experiencias contándote cómo me han sido útiles y darte unos consejos prácticos para que puedas aplicarlas y usarlas a diario en tu vida. Creo que es más fácil trabajar a partir de ejemplos que diciéndote lo que tienes que hacer para lograr determinados resultados; por eso este libro está escrito de una manera muy coloquial. Está escrito para animarte a pensar, a considerar las cosas desde una nueva perspectiva y a emprender la acción cuando sientas esa conexión con la ley natural que te ayuda a seguir tu propio camino.

También he incluido el origen de la ley, cuando es conocido. En muchos casos la ley se ha propagado de boca en boca y se desconoce su origen exacto. Si ese es el caso, indico los lugares en que la ley se aplica o destaco las similitudes que existen entre la ley y otros conceptos parecidos. Cuatro de estas leyes surgen de *El Kybalión*, y por eso me gustaría explicar un par de cosas al respecto. *El Kybalión* es citado por sus autores como «una selección de máximas, axiomas y preceptos» que se difundieron de boca en boca a lo largo de los siglos hasta que tomaron cuerpo en forma escrita en 1908. Sus autores fueron los Tres Iniciados. No sabemos gran cosa de ellos; quisieron permanecer en el anonimato. *El Kybalión* se basa en las enseñanzas de Hermes Trismegisto, un personaje arquetípico del siglo II o III a. C. basado en el dios griego Hermes y el dios egipcio Tot.

Trabajar con las leyes naturales del universo acarreará cambios en tu manera de ver y reaccionar ante situaciones de tu propia vida, e instilará una actitud mental positiva en tu interior. Las leyes naturales te capacitan para aprender a ver las posibilidades positivas en lugar de asumir siempre lo peor o considerar solo lo negativo; te permitirán sentir y ser una con tu existencia, comprender que formas parte de un poder universal. En todo lo que hagas, en cada persona que conozcas, en todas las acciones que emprendas, verás lecciones y oportunidades. Aprende a reconocerlas y crece a partir de ellas. El mayor crecimiento espiritual consiste en apropiarte de estas experiencias y lecciones y convertirlas en parte integral de tu ser mientras sigues hacia delante con ánimo positivo gracias a la experiencia vivida.

Es importante recordar que, para ser feliz con tu vida y con todas las cosas que quieres conseguir, primero tienes que ser feliz contigo mismo en el terreno del alma. Tienes que conocer y amar tu verdadero yo, confiar en la verdad de tu naturaleza y moverte para conseguir tus objetivos. La felicidad procede de tu interior, de conectarte a la verdad del yo, de saber que, con independencia de lo que ocurra, siempre serás feliz y estarás satisfecho siendo tú mismo. Si comprendes que los bienes materiales no te harán feliz, sino que aumentarán la felicidad que ya sientes, entonces, cuando logres tus máximos deseos, el éxito será mucho más dulce.

Hay seis cosas importantes que tienes que recordar mientras sigas este camino:

1. *Eres responsable de tu propia energía.* Tu tarea consiste en asegurarte de que conectas con tu propia frecuencia espiritual y que tus pensamientos, emociones y actos están en sintonía con lo positivo, la alegría y la abundancia. Si estás desequilibrado porque te notas negativo, intenta recuperar el equilibrio por medio de un análisis interno, a través de la comprensión y conectando con tu yo Divino.

2. *Aquello que te esfuerzas en conseguir en la vida también se esfuerza en llegar a ti.* Las cosas que quieres lograr en la vida intentan por todos los medios llegar hasta ti. Si intentas alcanzarlas, ellas intentan alcanzarte a ti y aferrarse a tu mano. Cuando estás conectado a tu poder universal, eres capaz de agarrar con fuerza lo que quieres y no dejarlo escapar. Si lo que buscas es más alegría y felicidad, tienes que saber que la alegría y la felicidad te están buscando a ti. Estos rasgos quieren arraigarse en ti si tú quieres que formen parte de tu esencia espiritual interna.

3. *Las conexiones más profundas con el universo se logran cuando te tomas el tiempo de identificarte con el mundo natural.* Pasar tiempo al aire libre sintiendo la tierra bajo tus pies, el sol en la cara, la lluvia en la piel o la noche envolviéndote te proporcionarán esta conexión siempre y cuando sientas la quietud del momento e interactúes con la energía de la naturaleza.

4. *Estate presente en los momentos de tu vida.* Todos andamos siempre tan ocupados... Cuando te tomes el tiempo de estar verdaderamente presente y de valorar tu experiencia diaria, profundizarás en tu relación con el universo y la ley natural.

5. *El amor es una parte integral del todo.* Muchas veces necesitarás estar a solas para trabajar en tu propia espiritualidad, pero en ciertas ocasiones otras personas te abrirán los ojos a nuevos conceptos e ideas. Cuando tus relaciones con los demás son amorosas, positivas y honestas, estás fomentando una mayor conexión espiritual. Así como tú formas parte integral de la interconexión del universo, los demás también. Cada animal, cada planta, la masa de agua, las cosas que ves, oyes y descubres forman parte de ese todo. Intenta hacer tu camino con los demás sintiendo amor por todos y por todo lo que conozcas en esta vida.

6. *Cuando busques lo positivo en la vida, te embargará una sensación de paz y experimentarás menos preocupaciones, luchas y conflictos.* Hay veces en la vida que vivimos experiencias negativas: forma parte de la naturaleza humana, y también forma parte del crecimiento espiritual. Pasarás dificultades para poder aprender lecciones vitales. Ahora bien, eso no significa que tengas que dejarte arropar por la negatividad y centrarte en lo malo en lugar de en lo bueno, que vayas posponiendo siempre las cosas en lugar de hacer lo que debes, que te quejes en lugar de celebrar lo que tienes, que critiques todo lo malo en lugar de hablar de todo lo bueno que deseas sacar de esa situación. A veces es solo cuestión de desahogarse. Eso sí, si le cuentas a alguien una experiencia negativa que has vivido, recuerda comentar también lo que has aprendido de esa experiencia en sentido positivo. Los pensamientos negativos sirven al propósito de ponerte al corriente de esas cosas a las que tienes que prestar atención en lugar de evitarlas. La negatividad es algo que hay que trabajar en lugar de reprimir, ignorar o sepultar en lo más hondo de uno mismo. Cuando seas consciente y la trabajes, serás capaz de abandonarla para que no vuelva a molestarte en el futuro.

Quiero que tengas éxito, y que tus sueños se conviertan en realidad. ¡Quiero que te eleves! Si abres tu corazón y despliegas las alas, puedes alcanzar una altura inimaginable. ¡Puedes hacerlo, de verdad! Tengo fe en que sabrás creer en ti mismo, en tu deseo de alcanzar metas difíciles y en tu capacidad de ver el camino hasta el final. Sé que no vas a rendirte, porque lo cierto es que deseas conseguir lo que necesitas y quieres en esta vida. Utiliza las leyes naturales para pedir al universo lo que deseas, trabaja sin descanso hacia el objetivo, y al final este vendrá a ti. Si quieres conseguir un resultado distinto, tendrás que recorrer una nueva senda. Es importante que se dé un cambio para que consigas lo que quieres.

Ha llegado el momento de que abraces tu poder universal. Reconoce que tus pensamientos, sentimientos, creencias, actitud y expectativas integran tu esencia fundamental, y que cuando esta se combina y centra en la energía positiva, y cuando se trabajan las energías negativas, uno puede ser todo aquello que siempre quiso, y lograr todo aquello que siempre quiso lograr. Ha llegado el momento de aprender a descubrir las leyes naturales que te servirán en una determinada situación. Y, lo que es más importante, disfruta del viaje a medida que vayas desarrollando esa parte asombrosa de ti al fusionarte con tu poder universal.

1
LA REGLA DE ORO

—— 🕊 ——

*Hoy abandono la negatividad, y me saldré del camino para compartir
la bondad de mi corazón con quien se cruce conmigo.*

La Regla de Oro forma parte de la tradición de la ética. Eso significa que distintos grupos de personas, procedentes de casi todas las culturas y religiones, creen que un concepto o una acción son moralmente buenos o malos porque otras personas creyeron lo mismo durante un largo período de tiempo, a veces durante miles de años. La Regla de Oro es una ley natural que se considera también una verdad moral. Esta regla dice que trates a los demás como te gustaría que te trataran a ti mismo. Son muchos los grupos éticos y las religiones que cuentan con una versión de la Regla de Oro en su sistema de creencias. Por ejemplo, en el cristianismo dicha regla aparece citada en Lucas 6:31 (versión Reina-Valera): «Y como queréis que hagan los hombres con vosotros, así también haced vosotros con ellos». Y en el budismo se cita en el *Udānavarga* 5:18: «No hieras a los demás con lo que a ti te hiere».

Para aplicar la Regla de Oro tienes que ponerte en la piel del otro y pensar antes de actuar o reaccionar. Cuando consideras que tus actos pueden afectar al otro, ves la situación desde un punto de vista distinto. Los actos basados en el amor y la armonía te permitirán identificarte con la Regla de Oro.

Poner en práctica la Regla de Oro

¿Cómo puede funcionar la Regla de Oro en tu caso? Si pones en práctica la Regla de Oro puedes conseguir que se den grandes cambios en tu vida, sobre todo si antes no eras consciente de que tus actos afectaban a los demás.

Un día me crucé con una señora mayor que tenía problemas para encontrar la dirección del local donde se celebraba un acto al que quería asistir. La señora me vio y me pidió ayuda, pero yo no sabía exactamente dónde estaba ese lugar. Le di una orientación aproximada y ella continuó su camino. Unos quince minutos después vi su coche aparcado al final del camino. El acto ya debía de haber empezado, así que estacioné, me acerqué a su automóvil, consulté en Internet la dirección que de memoria recordaba que me había dado y le dije que me siguiera. Cuando llegamos, la mujer salió del coche, vino a mi encuentro y por la ventanilla me dio un abrazo en señal de agradecimiento. Volví a casa con una gran sonrisa dibujada en el rostro, porque fui capaz de ayudarla. Habría podido desentenderme de la situación, pero cuando vi su vehículo aparcado al final del camino, me puse en su lugar y pensé en lo mal que lo estaría pasando yo si no fuera capaz de encontrar la dirección y me perdiera un acto tan importante solo porque nadie contestaba al teléfono para darme instrucciones. Me puse en su lugar y comprendí que a mí también me habría gustado que alguien me ayudara y me hubiera animado a seguir adelante. A veces seguir la Regla de Oro significa saltarte tu propio camino y tratar a los demás como querrías que te trataran a ti; y eso mismo, curiosamente, es lo que te hace sentir genial.

Coherencia sin condiciones

La Regla de Oro te pide que seas coherente en tus actos, y estos actos tendrían que estar en armonía con tu código moral, con tu ética. Para mí eso significa tratar a los demás con justicia y bondad, y no desearles lo que yo no desearía para mí misma. Vivir según la Regla de Oro significa contemplar el éxito de los demás como si fuera el tuyo propio y alegrarte por ellos como te alegrarías si ese éxito hubiera sido tuyo. Los celos, el odio y la envidia no tienen razón de ser cuando se vive alineado con la Regla de Oro. Esta clase de emociones solo creará problemas allí donde la Regla de Oro nos permite resolver las diferencias.

La Regla de Oro rige la conducta y hace que empaticemos con los demás sin condiciones. Una de las primeras normas que sigo en la vida es que nunca pediré a nadie que haga algo que yo jamás haría. Cuando era gerente de un establecimiento, limpiaba los servicios y me subía a una escalera de mano para cambiar las bombillas y quitar el polvo de las lámparas. Yo estaba dispuesta a hacer cualquiera de las cosas que pedía a mis empleados, así que ellos se mostraban más que dispuestos a ponerse manos a la obra en sus tareas, y a menudo sin que nadie se lo pidiera. Un día seis personas nos pusimos a fregar de rodillas las juntas de las baldosas del suelo. Cuando terminamos, ¡qué orgullosas estuvimos del trabajo bien hecho y de lo reluciente que había quedado el suelo!

Cuando vives sintiendo amor por los demás y por todas las cosas, y cuando sientes eso de corazón, seguir la Regla de Oro es fácil. No te crea tensiones, porque emana de tu interior y es parte integral de la esencia de tu alma. Cuando tratas a los demás como te gustaría que te trataran a ti, el universo proporciona un sentido más positivo a tu vida.

Si recibes negatividad cuando vives según la Regla de Oro, intenta cambiar la situación. Si alguien se pone a discutir contigo o quiere arrastrarte con sus desgracias, puedes elegir no comprometerte, participar de eso o bien contraatacar (y aquí incluyo las discusiones que surgen en las redes sociales), pero también puedes elegir huir de esa situación. Tan solo tienes que tomar una decisión y actuar. A veces representará un gran esfuerzo por tu parte, sobre todo si otros te han enfurecido. Vivir según la Regla de Oro no significa permitir que los demás te pisoteen o se aprovechen de tu bondad. Mantén los ojos abiertos, vive acorde con lo que es verdadero y adecuado para tu propio ser espiritual y sabe que puedes defenderte por ti mismo y seguir tratando a los demás con respeto y amabilidad. Vivir según la Regla de Oro es tu elección, así como también es tu elección decidir manejar las situaciones negativas para solucionarlas y liberarte de ellas.

Acaba lo que has empezado mediante la acción

Si hablas de la Regla de Oro con la boca chica y no terminas lo que has empezado poniéndote en acción quizá sea porque vas mal encaminado, y eso puede hacer que tu vida termine siendo aburrida y estresante. No se trata de que vayas anotando quién es más bondadoso a la hora de actuar; no se trata de condicionar mentalmente a otra persona intentando que actúe de una determinada manera para que tú reacciones de un modo concreto. Se trata de que te sientas tan cómodo y feliz en tu propia piel que desees que los demás sientan esa misma felicidad y por eso los trates con amabilidad, comprensión y, sobre todo, amor.

Nadie es perfecto, por eso es importante que no nos juzguemos los unos a los otros. La joven que va con un carrito eléctrico en la tienda quizá tenga artritis reumatoide o alguna otra enfermedad. Tú no lo sabes. No pienses que es una comodona; al contrario, envíale amor para que pueda superar la dolencia que esté sufriendo. Nadie puede hacerse cargo de lo que están pasando los demás. Si una persona te trata con indiferencia o brusquedad, intenta no enfadarte y no actúes de la misma manera. Es posible que esa persona haya perdido a un ser querido, o que ese día le hayan dado una mala noticia, o que quizá la hayan despedido del trabajo. Intenta siempre hacer lo correcto y tratar a los demás de la mejor manera posible.

En nuestro fuero interno todos somos iguales, todos tenemos miedos, sueños, ambiciones y objetivos. Todos amamos y todos queremos ser amados. Queremos encajar en la sociedad, tener amigos y compartir la diversión con los demás para sentirnos alegres. Queremos un buen trabajo y aficiones entretenidas. Todos queremos que nos escuchen y notar que nuestras opiniones importan. Tómate el tiempo de escuchar atentamente lo que los demás tienen que decir. Intenta no negar las preocupaciones o las experiencias de los demás, porque eso no sería vivir según la Regla de Oro, que es capaz de henchir tu corazón de amor, paz y perdón. Prácticamente todos queremos que nos traten con respeto, comprensión y amabilidad. No queremos que nos acosen, nos ridiculicen o nos hagan sentir avergonzados, incómodos o ninguneados.

Cuando dejes que la Regla de Oro actúe, te darás cuenta de que tus actos afectan de manera positiva a los demás y empezarás a experimentar una transformación interna. Te darás cuenta de que te sientes mejor contigo mismo, más alegre y animado, porque con tu actitud está cambiando la vida de otras personas. Buscas la bondad en los demás aun cuando ellos te muestran su cara negativa. Empiezas a mirar en tu interior, a tener en cuenta el alma, y eso te llevará a un crecimiento del alma. Descubrirás que es más fácil confiar en los demás en lugar de ir buscando en ellos segundas intenciones. La Regla de Oro quizá no encuentre una solución para todos los problemas, pero es un muy buen punto de partida para empezar.

Prueba ahora mismo

A medida que transcurra la jornada, haz algo inesperado para los demás. Sostén la puerta a una persona para que pase, deja que el que aguarda haciendo cola detrás de ti pase delante y dirígete a algún desconocido con una palabra amable. Coge el teléfono y llama a alguien para decirle que estabas pensando en él y querías saber cómo estaba. Estos pequeños actos de bondad dicen mucho sobre cómo aplicar la Regla de Oro. Recuerda aplicarte dicha regla a ti mismo y a tu manera de tratarte. Es fácil olvidar que tienes que tratarte con consideración cuando solo te ocupas de los demás, pero asegúrate de ser tan bueno contigo mismo como lo eres con los demás. Tú también eres importante.

Consejos para llevarlos a la práctica

- Una sonrisa a menudo ayuda a salvar una situación tensa.

- Tratar a los demás como te gustaría que te trataran a ti les hace sentir tu bondad, y así pueden emplearla en otra persona.

- Todas las personas merecen respeto, amabilidad y comprensión, incluso ese desconocido con quien te cruzas en la compra y al que nunca más volverás a ver.

- Intenta salir de las circunstancias con mejor pie del que entraste.

- Emprende una acción positiva sin contarlo a los cuatro vientos. El silencio te da poder.

- Sé compasivo y comprensivo cuando te relaciones con los demás.

- Intenta no enzarzarte en discusiones. La otra persona quizá haya tenido un mal día.

- No hagas una montaña de un grano de arena cuando te relaciones con alguien. Muéstrale respeto, y casi siempre recibirás un trato respetuoso.

- Cuando intentes hacer el bien para ayudar a los demás, recibirás bondad a cambio. Sin embargo, actuando de manera negativa conseguirás que la negatividad llegue a tu vida. Si te equivocas, que sea por haber hecho el bien a alguien con quien te relacionas; a cambio, los demás te tratarán con bondad. Eso no significa que tengas que sacrificarte. Tú también tienes que cuidarte.

Véase también el capítulo 4: La Ley del Amor

2
LA LEY DE LA DIVINA UNICIDAD

Hoy elijo ver el mundo como una parte integral del todo. Las personas y las cosas con quienes me cruzo son Divinas y forman parte de la creación, y me comprometeré con ellas como corresponde.

La Ley de la Divina Unicidad afirma que todo lo que ves y tocas en el reino físico y todo lo que sientes y experimentas en el reino espiritual está conectado y forma parte de un todo Divino. Cada persona vive conectada a las demás, a cada fibra del universo, a Dios, al mundo espiritual y a la energía (frecuencia) que vibra en todos y cada uno de los aspectos de lo Divino. Esta Divinidad responde a varios nombres en función de tus creencias religiosas y espirituales. Por ejemplo, en el taoísmo, la Ley de la Divina Unicidad es la misma que el concepto del Tao. Significa que tus acciones y reacciones, tus palabras, creencias y miedos influirán en tu manera de tratarte a ti mismo y también influirán en los demás, en el plano terrestre y en la totalidad de la Divinidad.

Físicamente todos somos distintos; espiritualmente, nos identificamos los unos con los otros. Podemos manifestar creencias distintas, pero todos estamos hechos de energía y hemos elegido encarnar en el plano terrestre para experimentar el crecimiento de nuestra alma. Si cuando miramos a alguien solo vemos su yo físico y no vemos su yo espiritual, nos estamos saltando la Ley de la Divina Unicidad. Cuando ves a una persona distinta a ti en aspecto, creencias e ideales y la contemplas desde el ámbito del alma, entras en sintonía con la Ley de la Divina Unicidad. Las situaciones en las que debes salir de tu zona de confort a menudo son las que te aportan las lecciones más importantes, y las que hacen crecer tu alma en pos de la Unicidad gracias al amor y la paz.

Definirte a ti mismo

¿Cómo te defines a ti mismo? ¿Piensas en ti mismo en primer lugar como un espíritu, un ser de energía poderosa y de conocimiento ilimitado, que vive embargado por el sentido positivo del reino espiritual y conectado con todo lo que es? ¿O piensas en tu aspecto, tu sexo, el color de tu pelo o de tu piel, el lugar donde vives, tus amigos y el lugar que ocupas en la sociedad? Tu yo físico no podría existir sin tu yo espiritual. Forma parte de tu esencia fundamental reconocer que compartes la Unicidad del ser con las demás personas vivas. A medida que vayas siendo más consciente del alcance de la Ley de la Divina Unicidad empezarás a percibir menos diferencias entre tú mismo y los demás. A cambio, contemplarás el mundo con una mirada amorosa en lugar de ver las cosas y las personas como separadas de un todo.

¿Has visto alguna vez un mosaico fotográfico? De lejos parece una fotografía normal, pero cuando lo miras de cerca descubres que está compuesto por miles de fotografías diminutas de individuos. Imagina que la foto es el universo y los individuos que conforman la foto mosaico son lo Divino. Si faltara alguna fotografía de estos individuos, quedarían huecos a rellenar en la imagen resultante, y a la Divina Unicidad le faltarían piezas. Pero a lo Divino nunca le faltan piezas. Las personas y las cosas que existen forman parte de la Unicidad de la Divinidad universal.

Formar parte de la Divina Unicidad significa que nunca estás solo. Te rodean otras personas con una luz tan brillante como la tuya, y cada una de estas personas brilla con amor. Cuando te sientas solo, detente un instante y piensa en la manera en que la otra persona ha influido con su luz positivamente en la tuya; verás entonces que la soledad desaparece.

Conviértete en parte del todo

Imaginemos que el universo es un lago enorme. Cada gota de lluvia que cae en el lago forma parte del todo, pero cada una crea su propia ondulación en el agua. Las gotas son únicas, pero cada una se relaciona en armonía con el todo. Las ondas, sencillamente, interactúan durante unos instantes y luego continúan su camino, creciendo y expandiéndose hasta integrarse completamente en el todo que conforma el agua del lago. Piensa en las personas como si fueran gotas de esta agua, cada una con sus propias características individuales (ondas) que chocan con las características de los demás. No hay miedo a la diferencia. Tan solo aceptación.

La Ley de la Divina Unicidad te insta a elegir que reconozcas y aceptes las diferencias en los demás en lugar de crearte problemas o dramas basándote en el miedo. Cuando todos nos esforzamos en ser la mejor versión de nosotros mismos, y animamos a los que nos rodean a que alcancen su propia grandeza interior, estamos haciendo del universo un lugar mejor. Volvamos al lago un momento. Si algún problema se agita bajo su superficie, de repente el lago encalmado genera un sumidero en su base y succiona todo lo que le viene al paso hasta arrastrarlo a las profundidades, incluso los árboles de las inmediaciones. Si lo permites, la negatividad puede hacer lo mismo contigo. Cuando eres crítico o te dan miedo las diferencias de los demás, estás creando un sumidero del que puede ser muy difícil salir. Para evitar la negatividad sin reprimirla, considera que tanto tú como todas las personas del mundo sois seres Divinos.

Haz una elección

Cuando estudiaba en la universidad a menudo me veía rodeada de gente interesada en criticar las diferencias existentes entre todos nosotros. Yo no le veía ningún sentido a eso. Para mí, lo que hacían los demás era asunto suyo, y no tenía nada que ver conmigo. A mí ya me costaba lo mío intentar descifrar mi naturaleza intuitiva en esos tiempos. Al final no pude soportar tantas críticas y dejé de relacionarme con esa gente. Aprendí una lección muy valiosa sobre la Ley de la Divina Unicidad. Aprendí a aceptar a los demás tal y como son en lugar de intentar hacerlos encajar en un mismo molde. Con el tiempo me di cuenta de que esa clase de actuación estaba basada en el miedo, en los celos y en el deseo de controlar a los demás. En la actualidad también vemos este tipo de situaciones, sobre todo en las redes sociales. Pero tranquilo, puedes cortar toda relación con las personas que ejercen una mala influencia sobre ti: no pasa nada; y puedes hacerlo sin darles ninguna explicación. Piensa que lo estás haciendo por ti, no por ellos.

Cuando a ti te funciona

Cuando te das cuenta de que eres uno con la Divinidad, que eres una parte integrante del todo, sorprende constatar cómo se pone en funcionamiento la Ley de la Divina Unicidad. La vida fluye con suavidad y te apetece conocer a las personas en profundidad. Cuando compartimos nuestros pensamientos y nuestras creencias con los demás, estaremos de acuerdo o en desacuerdo, o incluso podremos estar de acuerdo en que no estamos de acuerdo, pero seguiremos respetándonos como individuos únicos que siguen su camino en la vida. Descubrirás que lo que te resultaba tan difícil de conseguir ahora parece fluir hacia ti sin problemas. Notarás una sensación de paz en el alma. Te sentirás menos preocupado, no serás tan crítico con los demás, tenderás a evitar los dramatismos y te parecerá que tienes menos problemas. Ahora confías en tu intuición en lugar de buscar respuestas en los demás, y crees en ti mismo en lugar de buscar la aprobación de los que te rodean.

Tenemos que recordar que vivimos en un plano terrenal y que vamos a cometer errores a lo largo del camino. Todo forma parte del proceso de crecimiento espiritual. Nadie es perfecto, y no podemos esperar que lleguemos a serlo en este ámbito de la existencia.

La otra parte del proceso es darte cuenta de cuándo tienes un mal día, ser dueño de tus actos en esos momentos y aprender de la experiencia. Cuando comprendas el concepto de la Ley de la Divina Unicidad, esta ley pasará a ser una parte fundamental de tu propia esencia espiritual y despertará en ti una sensación de paz y amor. Intenta no machacarte por tus errores de juicio porque eso solo oscurecerá tu luz interior. Trabájalo, aprende y avanza hacia delante con elegancia.

Inténtalo ahora mismo

Siéntate y cierra los ojos. Imagina la inmensidad del universo. Piensa en todas las personas que comparten el planeta Tierra contigo; considera los animales, las plantas, las rocas y todo lo que conforma el mundo. Siente la energía de las cosas que te rodean. Ahora imagina tu propia vibración mezclándose con la vibración de los demás. Siente que esta energía se mueve a través de ti, a través del mundo y por el universo entero. Imagina la galaxia entera vibrando con una frecuencia extremadamente alta. Tú eres uno con todo lo que es. Deja que esta sensación de Unicidad te ilumine y brille en tu interior. Disfruta de esta sensación tanto como quieras, y luego abre los ojos lentamente, conservando la sensación de Unicidad en tu interior.

Consejos para llevarlos a la práctica

- Deja que tu luz individual brille a través de actos de bondad elegidos al azar para enseñar por medio del ejemplo.

- Cuando estás conectado con la Divina Unicidad puedes poner punto final al odio, los celos y otras emociones negativas.

- Abandona cualquier pensamiento que te diga que eres mejor que los demás. Todos formamos parte de lo Divino.

- Elige ver más allá de todas las diferencias que percibes en los demás y contémplalos solo como los seres espirituales que son. Al principio hazlo durante una hora, luego durante varias horas, y al final termina por hacerlo durante un día entero. Eso terminará por convertirse en una segunda naturaleza para ti.

- Haz un esfuerzo hoy mismo por no pronunciar nada en voz alta que suene a crítica, a juicio, a algo que sea negativo.

- Haz una lista de las cosas que te dan miedo. Trabaja para soltar esos miedos enfrentándote a cada uno de ellos individualmente y buscando los motivos que te inspiran el miedo.

- Honra a los demás mostrando respeto por sus opiniones, aun cuando sean distintas de las tuyas, y bríndales tu más sincera consideración aunque al final termines por estar de acuerdo en que estás en desacuerdo.

- Si has levantado un muro ante los demás por miedo a que te hieran emocionalmente, te utilicen o se aprovechen de ti, derriba ese muro durante un tiempo para poder trabajar esas emociones y curar esos miedos.

- Cuídate más. Si eres extremadamente crítico contigo mismo, piensas en clave negativa en las cosas que haces o permites que los actos de los demás te influyan negativamente, no vas a poder abrazar lo Divino que hay en ti. Cuando te alabas a ti mismo, piensas en tus actos dándoles un sesgo positivo y comprendes que la otra persona tiene que aceptar la responsabilidad de sus propias acciones sin que eso te afecte, brillas de manera espectacular con la luz Divina. Créate un mantra especial para acordarte de que todo lo que haces afecta a la Unicidad del Ser. Por ejemplo, *Soy uno con todo lo que es y con todo lo que será*. Pronúncialo cada día como si fuera el recordatorio de que tienes que ser la mejor versión de ti mismo sin herir a los demás.

Véase también el capítulo 17: La Ley de la Relatividad

3

LA LEY DE LA GRATITUD

Hoy expreso mi amor y mi gratitud por las personas que forman parte de mi vida, por todo lo que he recibido y por la alegría que me han aportado estas bendiciones.

La Ley de la Gratitud afirma que para conseguir lo que quieres de la vida tienes que agradecer sinceramente lo que ya tienes. Cuando muestras gratitud, la recompensa es que ves satisfechos tus deseos y necesidades en abundancia. La Ley de la Gratitud implica que hay que ser sincero al agradecer. Y esta gratitud tiene que surgir de tu interior, de lo más hondo del alma; tienes que sentirla en todas y cada una de las fibras de tu ser. Si solo das las gracias sin sentir una auténtica gratitud no funciona; tienes que sentir lo que dices. La gratitud espiritual es sentir aprecio por todas las cosas; es dar las gracias por el ser, por la conciencia y por lo Divino.

La Ley de la Gratitud es un tema recurrente en muchas religiones desde sus comienzos porque evoca una emoción humana fundamental que les permite ganar adeptos. Adorar dando las gracias desde el corazón, con gratitud, es un tema común a las religiones cristiana, judía y budista, por nombrar algunas. Para los que no siguen ninguna religión pero creen en la espiritualidad, vivir según la Ley de la Gratitud les ayuda en su camino Divino.

La Ley de la Gratitud te capacita para avanzar con propósito, tener una actitud positiva y hacerlo todo con un corazón alegre. La gratitud espiritual es poderosa porque atrae hacia ti la abundancia y lo positivo. Si practicas cada día, eso pasará a formar parte intrínseca de tu ser.

Tus pensamientos y sentimientos están hechos de energía. Al enviar esta energía al universo, el universo te devolverá lo mismo, y con abundancia, por el valor que le diste la primera vez que lo recibiste. Por eso, si agradeces de corazón esas deliciosas galletas de mantequilla que tienes en el plato, no te sorprendas si la camarera te trae más sin haberlas pedido. Cuando agradeces lo que tienes y pides más, la Divinidad está dispuesta a concedértelo.

Vivir con gratitud

Tomémonos un momento para analizar la conexión que existe entre la Ley de la Gratitud y el propósito del alma. Cuando vives con gratitud y te sientes agradecido por todo lo que te da la vida, la intensidad de tus emociones es el catalizador que puede llevarte a alcanzar altas cotas de Unicidad. La gratitud pasa a formar parte de tu esencia espiritual, cambia tu percepción y te permite atraer nuevas bendiciones por las que sentirte agradecido. La gratitud puede ayudarte a quitarte la negatividad de encima, porque cuando reconoces esa negatividad, tu luz brilla en la oscuridad y hace que esa negatividad salga disparada de tu camino.

Las energías positivas y negativas existen en todo el ámbito del universo, tanto en el de los seres vivos como en el de las cosas inanimadas. Ser agradecido espiritualmente significa que no niegas la negatividad, sino que aceptas incondicionalmente lo positivo. Tienes que saber reaccionar y contrarrestar la negatividad con tu propia energía positiva cuando esa te salga al paso. Si niegas su existencia, te estás negando la capacidad de contrarrestarla con amor y luz. Y eso significa que también tienes que reconocer que albergas sentimientos negativos, y que es mejor que busques cuál es su origen para poder entender de dónde proceden y por qué te hacen sentir de esa manera. Solo desde esta actitud podrás trabajar las emociones negativas y transformarlas en positivas, comprenderlas y valorar la lección que acabas de recibir.

Vivimos relacionándonos con personas que están en nuestro mismo camino; por eso es importante reconocer la gratitud y el apoyo que recibimos de los demás. Estamos interconectados con miles de personas: algunas entrarán y saldrán de nuestras vidas, mientras que otras se quedarán junto a nosotros durante largos períodos de tiempo. Cuando das las gracias a todas estas personas y al propósito individual que tienen en tu vida, esas relaciones te están enseñando. Unas lecciones serán más fáciles de aprender, y otras, más difíciles. Da las gracias por todas ellas, porque eso te hará crecer en el terreno del alma. Cuando estés dispuesto a dar más de ti mismo, a sentir gratitud por los demás, podrás valorar en todo momento a las personas. Diles cómo te sientes y cuánto significa para ti el apoyo que te dan.

El perdón es gratitud

El perdón es una parte fundamental de la gratitud. Cuando eres capaz de perdonar a otra persona por sus emociones negativas o por sus actos y te muestras agradecido por el papel que ha desempeñado en tu vida (aun cuando la situación fuera difícil), es más fácil liberarte de las emociones negativas a las que te aferrabas por la relación que tenía con ella. El perdón abre la puerta a la gratitud y te permite elevarte a una frecuencia espiritual más elevada en lugar de aferrarte al dolor, que te mantiene en una baja frecuencia.

¿Y si eres tú quien está haciendo sufrir emocionalmente a otra persona? Una de las tareas más difíciles con que nos encontramos en nuestro camino espiritual es perdonarnos a nosotros mismos. Y eso se hace, en primer lugar, asumiendo nuestros actos. Contemplar la situación desde la gratitud puede ayudarnos a comprender dónde nos equivocamos. Asume la responsabilidad de lo que hiciste, y cuando lo veas con claridad, perdónate y considera que tienes la oportunidad de rectificar. Y, si te resulta posible, pide perdón a la persona a la que heriste y dile que das un gran valor al papel que desempeñó ayudándote a crecer espiritualmente. Es posible que cueste mucho, porque hay veces que, sencillamente, no es posible volver a retomar el contacto con esa persona, pero si lo haces, tendrás que acatar su decisión. Quizá esa persona no esté dispuesta a perdonarte, pero es su camino, y es su lección. Reaccione como reaccione ella, tú te sentirás más en paz porque te habrás perdonado a ti mismo y estarás agradecido de haber vivido esa experiencia.

Cuando vives según la Ley de la Gratitud también es importante soltar el resentimiento que notes y pasar a contemplar la situación desde una perspectiva distinta. El resentimiento puede bloquearte y consumirte si te dejas arrastrar por él. Y eso solo significa que estás mal predispuesto hacia otra persona o hacia una situación determinada porque te sentiste tratado injustamente, tanto si esa injusticia es real como si es imaginaria, porque no lograste satisfacer tus expectativas o porque creías que merecías otra cosa. Cuesta mucho sentirse agradecido echando la culpa a los demás o a determinadas situaciones, porque por nuestros sentimientos nos sentimos negativos. Cuando abandones esos sentimientos, podrás abrirte y dejarte envolverte por la energía positiva de la gratitud.

Es importante también ser sincero contigo mismo en lo que respecta a la gratitud. ¿Eres agradecido de verdad o solo dices que lo eres? La gratitud te da el poder de crear todo lo que quieras en tu vida. La gratitud aumenta tu frecuencia, y cuando pides que lleguen cosas positivas a tu vida, te sitúas en una vibración en la que te resulta más fácil reconocerlas y recibirlas. Sin gratitud tienes menos fuerza interior, y puede que no alcances a ver las oportunidades o los dones espirituales que se te ofrecen porque estás demasiado sumido en la negatividad. El universo tiene una abundancia y una energía ilimitadas que puede compartir contigo si eres agradecido.

Es importante que te des cuenta de que mereces lo que intentas lograr. Intenta no conformarte con menos adoptando la actitud de quien no se lo merece. ¡Tú te mereces todo lo que quieres... y más aún! Si te conformas y aceptas lo que te trae la vida creyendo que es el *destino*, o la *suerte*, lo que te está reteniendo, no te das cuenta de tu pleno potencial. Cuando no avanzas para lograr tus objetivos, te acomodas a todo lo que sucede porque no estás dispuesto a realizar el trabajo necesario para triunfar. Y eso suele suceder cuando no estás agradecido de verdad. Dale impulso a tu gratitud, comprende que te mereces todo lo que puedes lograr y alcanzarás tus objetivos. No te conformes con menos; al contrario, esfuérzate mucho para que todos tus sueños se conviertan en realidad.

Cuando quieres algo concreto de la vida, echas mano de tu propia energía y pides al universo que te dé la energía suplementaria que necesitas para lograr tus objetivos. Si solo le pides lo que deseas y sigues adelante firme, con sentido positivo y valorándolo todo, puedes lograr y recibir todo lo que quieres de esta vida.

Inténtalo ahora

La manera más fácil de mostrar gratitud a diario es confeccionando una lista de las cosas que te gusta hacer, de las personas que amas e incluso de las cosas que te molestan. Tómate un tiempo para repasar la lista y expresar las gracias por cada uno de los conceptos que has apuntado, de uno en uno. Menciona en voz alta las razones por las que agradeces cada uno de los puntos de tu lista, porque la palabra hablada es poderosa. Cuando puedes valorar incluso las cosas que te molestan, entonces es cuando estás aplicando bien la Ley de la Gratitud, y los resultados pueden ser transformadores.

Consejos para llevarlos a la práctica

- Haz una lista diaria dando las gracias. Si tienes poco tiempo, elige una persona o una cosa de tu vida por las que sientas agradecimiento, valóralas y dales las gracias durante todo el día.

- Plantéate objetivos personales, da las gracias cada día por tener esos objetivos e imagínate consiguiéndolos con gratitud y amor.

- Imagina que tu energía se funde con la energía universal y crea una vibración altísima. Trabajando con el universo lograrás que sea más fácil conseguir tus deseos.

- Dite a ti mismo que te mereces lo que pides todos y cada uno de los días.

- Plantéate un desafío. Cuando te planteas retos a diario y valoras tu capacidad de avanzar en pos de esos desafíos, consigues ser feliz. La felicidad y la gratitud van parejos a nuestros triunfos.

- Deja de pensar en lo que quieres hacer para lograr tus objetivos y ponte en acción. Puedes pensar hasta la extenuación, pero necesitas poner en práctica todas las implicaciones de tu plan mental para lograr resultados.

- Sé consciente de lo que recibes cada día gracias a la gratitud ajena. Exprésales asimismo tu gratitud.

- Espera lo inesperado. A veces las cosas más inesperadas dan mucha alegría y una gran sensación de gratitud.

- Si quieres que vengan más cosas, da las gracias por lo que ya tienes. Pedir constantemente sin valorar lo que se tiene puede impedirte reconocer o recibir más bendiciones en tu vida.

- Permanece presente a cada momento, deja de controlar cada aspecto de tu vida y permanece abierta a recibir esas cosas tan magníficas que pueden ser tuyas con solo pedirlas. Trabaja para conseguir esos objetivos.

Véase también el capítulo 40: La Ley del Potencial

4

LA LEY DEL AMOR

—ᘛ—

Hoy soy fiel a mi esencia espiritual; soy un dechado de amor que irradia desde lo más hondo que hay en mí y entra en contacto con todo lo que me sale al paso.

El amor es una de las frecuencias más puras. Según muchas religiones, el origen del amor se remonta al principio de los tiempos, al acto de la creación y al amor que el Creador sintió por todo lo que había sido creado. No puede verse, tocarse ni contenerse. Solo puede experimentarse, observarse y notar sus efectos. Con el corazón henchido de amor puedes alcanzar las más altas cumbres de la conciencia espiritual y del crecimiento. Es incondicional, purificador, inmenso y todopoderoso. Tiene la capacidad de sanar, de limpiar, y tiene la fuerza de la creación. El amor puede juntar a las personas, convertir a los enemigos en amigos, reparar las relaciones y elevar tu espíritu. El amor es dinámico. Cuanto más amas, más crece ese amor en profundidad y fuerza. Se expande hasta abarcar todo lo que tienes alrededor, lo que está por encima y por debajo de ti. Puede alcanzar proporciones ilimitadas hasta hacerte sentir como si fueras un ser de amor, porque es eso lo que eres.

A veces, en el plano terrenal tendemos a olvidar que somos amor. Y eso es más que la emoción que sentimos, que el amor romántico, el amor que nos inspiran la familia y los amigos o el amor que sentimos por las cosas que nos gusta hacer; es lo que somos como seres espirituales. Nuestra naturaleza consiste en amar todo aquello que nos sale al encuentro; desde las personas hasta las plantas, los animales, nuestro entorno y las actividades que nos gustan. La lista podría proseguir interminablemente, porque el amor es infinito. Dicen que los ojos son el espejo del alma; y si eso es así, deja que el amor de tu alma brille para que todos lo veamos. No tienes que decir nada, porque el amor es radiante y los seres espirituales sabrán reconocerlo y comprenderlo por lo que es. A veces las palabras pueden ser confusas, pueden imponer limitaciones al amor o crear incertidumbre. No hagas caso, envía tu energía impregnada de amor a otro ser para transmitirle tus sentimientos. A veces una mirada amorosa lo dice todo.

El amor mejora nuestras vidas y dota de sentido a nuestra existencia. Es un estado de conciencia que, cuando se comparte, puede elevar a los que nos rodean para que sintonicen más con su propia existencia espiritual y su esencia amorosa interna. A medida que compartimos nuestro amor con los demás y ellos comparten asimismo su amor, el mundo se convierte en un lugar más pacífico y amoroso. El crecimiento exponencial es posible por medio del amor, y si las masas participan, podemos sanar el mundo.

No creas que al mostrar tu amor a los demás te vas a privar de poder ofrecérselo a otra persona. Cuando compartes el amor, el amor crece e impulsa tu vida. La reserva de amor que hay en ti, que hay en todo el universo, es infinita e inagotable. Nunca se acaba. Solo aumenta cuanto más se usa.

Aprender con el amor

La Ley del Amor nos da la oportunidad de aprender amando a los demás. Cuando las cosas no funcionan en una relación amorosa, quizá sientas que se te rompe el corazón. Pero si te amas a ti mismo, ese mismo amor que sientes por ti te curará y hará que comprendas mejor la situación. El amor nunca debería intranquilizarte. En toda relación hay altibajos. Lo que importa es cómo manejes tú la situación. Si encaras los tiempos difíciles con amor, podrás trabajar al unísono con tu pareja para resolver vuestros problemas y fortalecer vuestra relación. El amor nunca debería causar daño físico ni dolor emocional, ni hacer que te sientas ninguneado o que no estás a la altura del Espíritu maravilloso que tú eres. Cuando te encuentres en esta clase de situaciones, confía en el amor que sientes por ti mismo. Decide si tu relación está basada en la esencia auténtica del amor o si habéis establecido ciertas condiciones. El amor es incondicional. Y a veces significa que hay que soltar y seguir adelante para aprender las lecciones que necesitamos aprender para crecer espiritualmente.

El miedo a no ser amado o a estar solo puede causar que las personas permanezcan en una relación desequilibrada, que no es positiva y no les permite seguir adelante. Si se deja de tener miedo, el poder que este detenta sobre ti desaparece, y entonces ves la vida con mayor claridad y desde una perspectiva amorosa. Lo que das de una manera libre e incondicional a los demás regresará a ti en forma de abundancia. Cuanto más amor des, más amor tendrás para compartir con los demás. El regalo es dar.

El amor no consiste en recibir de los demás para sentirte valorado. No necesitas que nadie corrobore tu valía. El amor consiste en esa alegría y esa felicidad que puedes dar a otra persona sin esperar nada a cambio. Eso no significa que tengas que satisfacer todas y cada una de sus necesidades. Si lo haces, quizá esa persona empiece a mostrarse dependiente y al final termine por molestarle tu ayuda porque nota que no puede desarrollarse como persona. Incluso es posible que quiera liberarse de esa relación para reencontrarse con su auténtico yo. El amor significa dar, apoyar y animar a los demás permitiéndoles ser ellos mismos.

Amor y aceptación

La Ley del Amor significa dejar que nuestros actos hablen por sí mismos. Cuando amas a otra persona sin esperar su amor a cambio, tus actos le demuestran lo mucho que te importa, y le dicen que tú no impones condiciones sobre cuáles son tus sentimientos por ella, porque la amas por sí misma, no por lo que te gustaría que fuera. La Ley del Amor significa aceptar plenamente a una persona o una situación determinadas. Eso significa aceptar las diferencias, los defectos, las peculiaridades, lo que te gusta y lo que te disgusta de ella, aunque todo eso sea distinto de ti. Cuando aceptas a alguien partiendo de la conciencia más elevada del amor y lo valoras como ser espiritual, estás viviendo según la Ley del Amor. Y eso también se aplica a las situaciones en las que nos vemos involucrados; si estamos ante un reto o nos vemos ante una situación agobiante, contémplalos con amor para que disminuya la tensión y podamos reconocer cuáles son los pasos que debemos dar para enfrentarnos a ese desafío. La Ley del Amor puede ayudarte de muy diversas maneras; lo único que hay que hacer es conectar con las personas y las situaciones que surgen en la vida con amor en lugar de hacerlo con miedo, con una actitud a la defensiva, con odio o dejándonos arrastrar por las emociones.

Aparta el ego de ahí

¿Cómo se supone que vas a poner en práctica la Ley del Amor con tantos egos como te encuentras a diario? Los hay fanfarrones, orgullosos, conflictivos, enredadores o con una personalidad con rasgos negativos y una sensación de valía personal que entra en contradicción directa con tus ideales y tu propia autoestima. Empieza por ti mismo. Deja a un lado tu ego, siente el amor que hay en tu interior, deja que crezca y se expanda a través de ti hasta que fluya por cada poro de tu cuerpo. Imagínate que eres un riachuelo de conciencia de puro amor. Deja que tu propia esencia impregne a los que te rodean y comparte tu amor por ellos. Mira ahora a los que te rodean, descubre su esencia amorosa, esa que llevan en su interior y que conecta con su Espíritu Divino, en lugar de fijarte en la personalidad que proyectan en este planeta terrenal. No los juzgues ni intentes cambiarlos: envíales tu amor incondicional. Eso suele servir para limar asperezas con los individuos conflictivos. Cuando actúes de esta manera, vivirás según la Ley del Amor y potenciarás tu crecimiento espiritual. Amarte a ti mismo no significa terminar tan henchido de amor por tu persona que te dé por ir presumiendo por la vida, te conviertas en un fanfarrón o te creas el ombligo del mundo. No dejes que tu ego te supere.

A veces, eso de dejar a un lado el ego es más fácil de decir que de hacer. Yo sigo mi camino espiritual desde hace muchos años. Siempre intento hacer lo correcto y envío energía positiva a los demás. Pero tengo que confesarte que muchas veces me he tenido que enfrentar a grandes retos. En muchas ocasiones he tenido que morderme la lengua a pesar de ver que alguien estaba actuando de mala manera conmigo. No siempre gano la batalla, y a ti te pasará lo mismo. Forma parte de la condición humana. Pero, mientras intentes vivir según la Ley del Amor y cuentes con más triunfos que fracasos, estarás en el camino del crecimiento espiritual del alma. A veces tendrás que dar dos pasos hacia delante y uno hacia atrás, pero tú sigue adelante.

El amor lo invade todo; es parte integral del universo en el que vivimos. Deja que el amor perviva en ti.

Inténtalo ahora

Si en alguna ocasión te sientes perdido, como si hubieras perdido la pista a la Ley del Amor, date un tiempo para volver a centrarte. Y para conseguirlo puedes visitar a un anciano que viva en una residencia para la tercera edad. Lo mucho que esa persona valora tener visita, alguien con quien hablar, a quien contar las anécdotas de su vida, se reflejará en sus ojos. También puedes fijarte en la mirada de un bebé, que todavía no ha experimentado la negatividad del mundo, y verás amor en sus ojos. O mira a los ojos a un animal. También hay amor en ellos.

Consejos para llevarlos a la práctica

- Trata a los que amas con dignidad, respeto y honor. Lo demás no es amor.

- Deja que el amor brille a través de tus palabras y de tu manera de decir las cosas.

- El ego no existe en la Ley del Amor. Comparte tu amor sin condiciones y sin esperar nada a cambio.

- Tienes que amarte de verdad antes de compartir tu amor con los demás. Conecta con tu esencia interior para encontrar el amor que sientes por ti mismo.

- Tus actos siempre tendrán más valor que tus palabras.

- El amor no es egoísta. La Ley del Amor implica que el amor se comparte desde el corazón y con buenas intenciones.

- El amor no crea sufrimiento, sentimientos negativos o una baja autoestima. Si estás en la diana de esta clase de situaciones controladoras, a las que mucha gente denomina amor, cuando no es este el auténtico amor Divino y universal, valora si te conviene seguir viviendo en esta situación o te conviene más abandonarla.

- Los ojos son el espejo del alma. Busca el amor que llevas dentro cuando te relaciones con los demás.

- El amor se comparte con todo lo que existe en este mundo; por eso, no olvides entregar tu amor a los animales, a las plantas y a todo lo que constituye el mundo natural.

Véase también el capítulo 1: La Regla de Oro

5

LA LEY DE LA FRECUENCIA

Elijo abrazar la levedad de mi ser, llevar mi frecuencia a los reinos más elevados de la infinita vibración abrazando la bondad, la positividad y la luz.

La Ley de la Frecuencia significa que la energía pura se encuentra en la base de todo lo que existe y que esta energía vibra a una frecuencia que es única en sí misma. Cuanto mayor vibración tiene esa energía, mayor es su velocidad de frecuencia. En una de las máximas de *El Kybalión* se dice: «Nada permanece; todo se mueve; todo vibra». Y eso no solo se aplica a las cosas que vemos, tocamos y oímos, sino también a nuestros pensamientos, emociones y actos. Tu frecuencia es distinta a la frecuencia de una planta, de una silla o de una roca y, sin embargo, todas esas cosas están hechas de una energía que se mueve a niveles subatómicos. A veces nos cuesta creer en las cosas que no podemos ver a menos que la ciencia descubra la manera de demostrar que son ciertas, pero aunque estas no se puedan demostrar, la creencia está cargada de poder.

Las frecuencias se ven atraídas entre sí armoniosamente, y a causa de esta atracción pueden situarse a unos niveles más elevados de vibración. O, en el caso de las atracciones negativas, a unos niveles más bajos. Vale la pena elevar tu frecuencia para atraer frecuencias más altas a tu vida. Si te sientes dominado por la positividad, recibirás positividad, y además en abundancia. Si te domina la negatividad, conseguirás que te llegue más negatividad, y en abundancia también. Al cambiar tus pensamientos y darles un sesgo positivo se eleva tu frecuencia y cambia el flujo de energía que llega a ti para que tengas más éxito. Espiritualmente, tu única frecuencia es la energía con que cuentas en el ámbito del alma. Tu verdadera esencia es la base de tu frecuencia y, como Espíritu, es excepcionalmente elevada. Vivir en el ámbito terrenal influye en tu frecuencia; cada experiencia vivida ha influido en tu frecuencia de manera positiva, y ha logrado aumentarla, o bien ha influido de manera negativa, y ha hecho que su vibración disminuya.

Centrar la atención en elevar la frecuencia

En último término, los seres espirituales nos esforzamos en elevar nuestra conciencia y nuestra frecuencia al mismo nivel que tiene en el plano espiritual. En ocasiones nos cuesta mucho porque el reino terrenal plantea sus propios retos, que son únicos. A medida que vayas despertando a tu propia espiritualidad y centres tu atención en elevar tu frecuencia no tardarás en ser capaz de determinar tu nivel de frecuencia de inmediato. Sabrás si participar en una determinada actividad hace que aumente o disminuya tu frecuencia. Si necesitas ayuda en este punto, por favor, consulta mi libro *365 Ways to Raise your Frequency* («365 maneras de elevar tu frecuencia»), que contiene ejercicios para practicar a diario que elevarán tu frecuencia y lograrán equilibrar mejor tu vida y darle un mayor propósito y alegría.

Si piensas en esta frecuencia en términos de positivo y negativo, te resultará más fácil entender que cada pensamiento o sentimiento influye en tu frecuencia. Emociones como la confianza, la alegría, la dicha, la felicidad y el amor poseen una altísima vibración de levedad que avanza con rapidez haciendo aumentar la frecuencia. El miedo, los celos, el odio, las dudas y la impaciencia contienen bajas vibraciones, muy pesadas, que se desplazan con lentitud y hacen disminuir la frecuencia. Poner nuestra intención en lograr aumentar las altas vibraciones eligiendo confiar en lugar de tener miedo, o amar en lugar de odiar, eleva la frecuencia. Al elegir de manera activa ser positivo en lugar de negativo logras atraer cosas más positivas a tu vida y, por lo tanto, consigues elevar tu frecuencia.

Cómo los demás influyen en nuestra frecuencia

Cuando te rodeas de personas optimistas que avanzan, estas personas te están ayudando, sin darse cuenta, a elevar tu frecuencia. Por otro lado, si te rodeas de personas con emociones y pensamientos negativos, esta negatividad se te pega, y entonces disminuye tu frecuencia. Intenta no comprometer nunca tu integridad personal y tus valores cediendo a los ruegos de otra persona que está intentando que sigas un camino por el que no deseas transitar. Te sentirás más cómodo si te juntas con personas que estén en tu misma frecuencia. Si quieres hacer que aumente esta frecuencia, busca gente con una frecuencia más elevada que la tuya. Quizá se trate de alguien que ha triunfado o que encarna los valores que estás buscando; o bien puede que se trate de alguien más abierto espiritualmente y más consciente que tú, capaz de enseñarte a sintonizar con tu propia espiritualidad. A medida que vayas conectando con las frecuencias elevadas irás elevando las tuyas propias y atraerás esos éxitos positivos que tanto te esfuerzas por lograr. Cuando conectes con personas que tengan frecuencias más elevadas que tú quizá te sientas un poco raro al principio. Y eso es porque tu frecuencia todavía no ha alcanzado su nivel. A medida que aprendas de ellas y aumente tu frecuencia, sentirás que veis las cosas de un modo parecido, porque tu frecuencia se habrá ajustado a una vibración más elevada.

La intuición y la conciencia de uno mismo

La Ley de la Frecuencia implica ser consciente de que todo lo que nos rodea influye en nuestra frecuencia. Por instinto sabes que una situación, una persona o tus propios sentimientos y emociones están logrando que tu frecuencia aumente porque te sientes más feliz, más liviano, más fuerte y poderoso. Cuando en cambio consiguen que disminuya tu frecuencia, sientes preocupación, estás molesto, te sientes condescendiente o, simplemente, estás furioso con el mundo. En el momento en que seas consciente de todo eso, serás capaz de abandonar estas emociones y realizar mentalmente un cambio de fuerzas que substituyan estas emociones, estos pensamientos o actos vibracionales por otros más elevados.

Esta clase de conciencia de uno mismo en el ámbito del alma es fundamental para aplicar la Ley de la Frecuencia en nuestra espiritualidad. Otra manera de adquirir mayor conciencia de uno mismo es reconocer que todos tenemos un camino propio que recorrer durante esta vida. Puedes ser amable con los demás aun cuando elijas no participar de su enfoque negativo de la vida. Tu amabilidad quizá sea justo lo que ellos necesiten para convertir su actitud negativa en una actitud más positiva, y elevar de este modo su frecuencia. Ayudar a los demás a sanar, a que salgan adelante y se adueñen de las vibraciones más elevadas de la vida tiene que empezar en algún punto, y con alguna persona en concreto. Quizá tú seas el catalizador que ayude a otra persona a ser todo aquello que puede ser. Deja que la Ley de la Frecuencia te refuerce en el ámbito espiritual.

Elegir comprender la Ley de la Frecuencia y lograr tener un nivel alto de frecuencia te capacita para poder realizar cambios que quizá nunca te habías planteado. Te sentirás más en sintonía con todo lo que te rodea. Para atraer aquello por lo que luchas, céntrate en cómo puedes lograrlo de una manera positiva. Si quieres un nuevo trabajo con un sueldo de seis cifras, actúa de tal manera que puedas ponerte en la situación de conseguir ese trabajo. ¿Tienes que aprender una nueva herramienta para hacer ese trabajo, o quizá vas a tener que aprender a manejar tu dinero de otra manera para que aumenten tus ingresos y seas más rico? Si nivelas tu frecuencia con la del trabajo de tus sueños y te esfuerzas por conseguirlo, el proceso será más sencillo. No pienses «quiero esto» o «quiero aquello», y te llegará en bandeja. Hay objetivos que son fáciles de conseguir, pero otros requieren un esfuerzo.

La creencia y la intención influyen en la frecuencia.

La creencia y la intención constituyen una parte fundamental en la aplicación de la Ley de la Frecuencia. Creer que recibirás aquello por lo que estás luchando y pensar que mereces tener éxito, independencia económica, un trabajo bien remunerado o cualquier otra cosa que desees, junto con la creencia de saber que puedes verte a ti mismo lográndolo, te ayuda a atraerlo. La intención positiva es igualmente importante, porque te ayuda a ajustarte a los cambios de vibración. Si tus intenciones están demasiado centradas en ti mismo o son demasiado competitivas o negativas, descubrirás que las cosas cambian con mayor lentitud, o no cambian en absoluto. Es posible que sientas que te estás esforzando mucho. Si quieres arreglar las cosas, analiza tus intenciones y haz aquellos cambios internos que te liberen de los pensamientos negativos o de tu manera de plantearte el éxito. A medida que trabajes con la Ley de la Frecuencia trabajarás sobre todo con tu frecuencia espiritual, tu yo superior, y con tus creencias en el ámbito del alma. Quizá empieces a involucrarte en el aprendizaje de ciertas disciplinas de una manera más significativa y profunda. Por otro lado, también conocerás mejor tus frecuencias emocional, mental y física. Estas áreas son lo que yo denomino Las Cuatro Áreas Centrales. Cada una de ellas potenciará tu crecimiento espiritual global a medida que tu frecuencia se eleve.

Cuando comprendes la Ley de la Frecuencia y la aplicas a tu vida, todo es posible. Puedes lograr tus objetivos, tus sueños y tus ambiciones si trabajas desde la comprensión y el flujo de la atracción entre lo que es similar. Sabe que tu frecuencia se eleva constantemente para que te llegue lo que más quieres.

Inténtalo ahora

Piensa en un objetivo que desees. Pongamos por caso que este objetivo fuera que te concedan un aumento de sueldo en el trabajo. ¿Has trabajado más horas de las debidas? ¿Tu servicio al cliente ha sido excelente? Recuerda tu carga de energía cuando te esforzabas en lograr ese objetivo y cuando recibiste el aumento. ¿Notaste que tenías más energía? ¿Notaste una sensación de alegría por el éxito? Ahora, elige un nuevo objetivo. Y permite que esa frecuencia elevada que has sentido tras haber conseguido tu último objetivo vuelva a ponerse de manifiesto. Tu frecuencia irá en aumento, y te costará menos cosechar éxitos.

Consejos para llevarlos a la práctica

- Asegúrate de que tus frecuencias emocional, mental, física y espiritual estén alineadas. Si una de las Cuatro Áreas Centrales no se encuentra al mismo nivel vibracional que las otras tres restantes, eleva su frecuencia para sentirte más centrado y en mayor sintonía.

- Sé sincero y puro en tus intenciones para que el resultado te llegue antes.

- Tómate el tiempo necesario para adaptarte a lo que sientes con ese aumento de frecuencia.

- Nunca es demasiado tarde para vivir según la Ley de la Frecuencia. Empieza elevando tu frecuencia hoy mismo.

- La energía vibracional que envías al universo atraerá la misma energía hacia ti. Envía con toda la intención las vibraciones más altas.

- Todo está en movimiento; no hay nada estático, y el cambio es constante. Para estar más en sintonía con tu frecuencia, aquieta la mente y siente el flujo de energía y su vibración en tu interior.

- Confía en tu yo espiritual y en tu intuición mientras vives según la Ley de la Frecuencia. Como espíritu, sabes poner tu frecuencia al mismo nivel del infinito. Confía en ti mismo para seguir este camino.

- Deja que la frecuencia te lleve. Si sientes un gran deseo de hacer algo o de estar en un lugar determinado, haz caso de esa sensación y descubre las oportunidades que se te presentan para poder elevar tu frecuencia.

- Recuerda, mientras te alineas con la frecuencia universal, que esta se alinea, a su vez, con tu frecuencia. Y que cuando se da esta alineación, cualquier cosa es posible.

Véase también el capítulo 12: La Ley de la Armonía

6

LA LEY DE LA INTENCIÓN

—🕊—

No quiero, y no deseo. Más bien con la pureza de mi alma y el poder del universo, pongo mi intención y permito que todo lo que soy y todo lo que deseo se haga realidad en mi vida.

La Ley de la Intención afirma que el universo entero está constituido de energía e información. Las razones que explican nuestros actos y nuestras palabras son el fundamento de la Ley de la Intención. Cuanto más centradas, claras, honestas y puras sean tus intenciones, antes obtendrás lo que quieres de la vida. Los pensamientos y los ideales, el propósito y el camino, son el modo de alcanzar el éxito. La Ley de la Intención alumbra el sendero para que avances con más fluidez y velocidad. En el ámbito del yoga, a esta ley también se la denomina Ley de la Intención y el Deseo, y los yoguis son capaces de controlar funciones específicas de su cuerpo por medio de esta ley. Pueden conseguir que aumente o disminuya su tensión arterial, su ritmo cardíaco o sus respiraciones por minuto. Tú también puedes practicar con la Ley de la Intención proponiéndote intencionadamente acompasar el ritmo de tu respiración.

Querer un objetivo y tener la intención de conseguirlo son dos cosas distintas. Pongamos, por ejemplo, que tu objetivo es limpiar la casa. Si quieres limpiar tu casa, o te gustaría que tu casa estuviera limpia, será fácil que lo aplaces o te dejes convencer por alguien que te proponga hacer otra actividad que no sea limpiar. Si piensas que quieres limpiar tu casa y manifiestas tu intención como un deseo, no te centras, tu objetivo no es sólido, puedes aplazarlo fácilmente y, además, puedes llegar a tardar mucho en hacerlo realidad. Desear no requiere una gran motivación ni hacerse el firme propósito de alcanzar el resultado querido. Pero si, en efecto, tu *intención* es limpiar la casa, todo el poder del universo te respaldará, y nada te detendrá hasta que tu casa quede limpia en un tiempo récord.

El poder de la intención

La intención tiene muchísimo poder. Logra que tu propósito sea firme y te insta a emprender la acción. La intención te da la capacidad de alcanzar tus objetivos con rapidez si la usas bien. La mejor manera de lograr que la intención funcione es centrar la energía, sentir ese yo espiritual fundamental y decidir con ánimo positivo que harás que suceda lo que tú deseas. Siente cómo la frecuencia de esta decisión irradia de ti y luego distánciate cuando tu frecuencia empiece a buscar sintonizarse con la frecuencia de tu objetivo. No basta con pensar que deseas algo. Has de *tener la intención* de lograrlo, y has de centrar de una manera específica y clara esa intención. Cuando trabajas desde la fuente de tu propia energía espiritual, trabajas con intención.

Presta atención a tus intenciones. Es fácil distraerse, pero cuando centras tu atención en algo en concreto, le das fuerza; si, en cambio, desvías tu atención de eso, las cosas empiezan a fluctuar. Cuando te centras en la intención, y te aseguras de que sea una intención pura y no ande desencaminada, dotas a tu energía de la capacidad de transformarse en algo más poderoso. Es importante que seas honesto contigo mismo y que sepas cuáles son tus intenciones. ¿Haces las cosas solo por lograr el reconocimiento? ¿Existe algún plan oculto detrás de tus acciones? ¿Das un trato preferente a personas que no te gustan porque crees que pueden ayudarte a lograr tus objetivos? Va a ser difícil que logres tus objetivos cuando detrás de tus actos se adivinan motivos ocultos.

Recibirás lo que quieres cuando puedas demostrar que eres capaz de arreglártelas con lo que pides. Si intentas pedir un aumento de sueldo en el trabajo pero despilfarras el dinero que ganas y no llegas a fin de mes para pagar las facturas, no estás demostrando responsabilidad para con tu salario. Pero si controlas tu gasto, encuentras la manera de ganar un dinero extra para ahorrarlo y llegas a final de mes sin que te falte nada, es obvio que, en términos de la energía universal, sabes manejarte con las finanzas, y que ha llegado el momento de recibir más. Recuerda que el universo no se limitará a darte lo que quieres. Tienes que ganártelo tú demostrando que sabes apañarte.

La intención también se aplica al modo en que tratas a los demás. Cuando das tu palabra, haces una promesa o le dices a alguien que estarás en un lugar determinado a una hora en concreto, haz todo lo posible por cumplirlo. Estás enviando al universo tu intención de mantener la promesa o de quedar con alguien estableciendo el compromiso de tu intención. Vivir según la Ley de la Intención significa que vives centrado y centras tu atención en el presente con un propósito de ser positivo. Estás proyectando lo positivo con la intención pura puesta en el futuro para conseguir lo que quieres para ti en esta vida. Eso significa vivir el momento mientras proyectas tu intención hacia éxitos futuros. Además, es buena idea no apegarse a los resultados, porque puedes llegar a recibir más (o menos) de lo que pedías.

Tipos de intención

En medicina, la palabra «intención» se refiere al modo en que sanan las heridas. Existen tres clases de intenciones médicas: la curación por primera intención es la unión inicial de los bordes de una herida, que progresa hasta completar la cicatrización sin granulación por la existencia de suturas; la cicatrización por segunda intención es el cierre de una herida en el que los bordes están separados: se genera tejido de granulación para llenar el espacio y el epitelio crece sobre las granulaciones hasta producir una cicatriz; la cicatrización por intención terciaria es el cierre de la herida en la cual el tejido de granulación llena el espacio entre los bordes de la herida, crece epitelialmente sobre la granulación a un ritmo más lento y genera una cicatriz más grande que la cicatriz que resulta de la curación de intención secundaria, normalmente porque la herida está infectada o ha habido un retraso al aplicar las suturas.

Ahora adaptemos esta información y apliquémosla a la Ley de la Intención. Si vives por primera intención, eres consciente de lo que sucede en tu vida, actúas de inmediato para arreglar lo que debe arreglarse, proyectas intencionadamente pensamientos buenos y positivos y emprendes una acción porque consideras que es lo más correcto, no porque creas que puedes conseguir algo en concreto. Así se consiguen los deseos. Si vives por segunda intención, no actúas con tanta rapidez porque sientes que las cosas se solucionarán si les concedes un poco de tiempo. Permites que los pensamientos negativos te dirijan en ocasiones en lugar de valorar lo positivo. Ves rápidamente las situaciones tal y como son y, aunque te quede alguna leve cicatriz producto de alguna experiencia pasada, lo ves más como una lección que has aprendido y sigues adelante con espíritu positivo. Si vives por tercera intención, vives en la negación. Te instalas en el «vamos a ver lo que pasa» y llevas esa actitud demasiado lejos, y a menudo aguantas situaciones que no te benefician por obligación o porque no quieres enfrentarte a la realidad. Tu sentido de propósito puede irse al traste, porque actúas para lograr algo a cambio. Tu motivación es más bien negativa. Y a causa de eso, como una herida que se infecta, es posible que sientas como si la vida que te rodea se estuviera infectando, que nunca te sucede nada bueno o que te mereces que te estén sucediendo cosas malas. Si vives por tercera intención, ha llegado el momento de limpiar tu herida, de empaparla con una solución antibiótica y de que empiece el proceso de curación. Es posible que te haya quedado una gran cicatriz, pero piensa que esa es la señal de que libraste una buena batalla para curarte. Cambia tu intención y tu motivación cambiará tu vida.

Inténtalo ahora

Me gustaría que escribieras cinco situaciones que estés viviendo en este momento. Puede ser algo tan simple como pasar por la tienda a comprar algo para cenar o algo tan complejo como una relación. En nuestro ejemplo vamos a ir a la tienda. Piensa en la intención que tienes cuando te diriges a la tienda. Lo que hay que comprar son leche y huevos. En el momento de entrar ves que detrás de ti hay una anciana. ¿Qué haces? ¿Entras o te detienes y le sostienes la puerta para que pase? En el pasillo de los productos lácteos una señora intenta decidirse entre varias marcas de leche. ¿Te plantas delante de ella y coges la leche que quieres, o esperas a que la señora termine de decidirse y luego eliges tú la botella? Si eliges sostenerle la puerta a la anciana y esperas a que la otra mujer haya elegido la marca de leche que prefiere, vives situada en la intención pura. Ahora, observa la lista con tus cinco situaciones. Escribe cuáles son tus intenciones, tu motivación y el sentido de propósito que tiene cada una de ellas. Cuanto más sincero seas, mejor. Este ejercicio sirve para mirar en lo más hondo de tu alma, para ver quién eres y cómo has elegido vivir.

Consejos para llevarlos a la práctica

- No exijas que el universo te satisfaga y te obsequie con lo que intentas conseguir. Pide algo y luego suéltalo, deja que suceda.

- Mantén el ego alejado de tus intenciones. Cuando el ego se implica, pensarás en lo que puedes sacar de una determinada situación en lugar de pensar en lo que puedes dar.

- Lo que tú eres desde el punto de vista del alma, de tu esencia espiritual, atraerá una energía de la misma frecuencia hacia tu persona. Para cambiar y mejorar lo que te llegue, potencia tu ser espiritual.

- Cuanto más virtuoso, misericordioso, amoroso, reverente, sincero, amable, cómplice y consciente de la verdad universal seas, mayor y más pura será tu intención.

- Ser avaricioso y desear cada vez más cosas te bloqueará y no podrás recibir nada. Da y sé feliz con lo que tienes; verás que recibirás más cosas cuando menos te lo esperes.

- Sé tú mismo, vive tu verdad y abraza tu esencia espiritual. Dios y el universo harán el resto.

- Para lograr todo lo que quieres, tienes que soltar y dar tiempo a que lo que has pedido tome forma y llegue a ti.

- El apego y las expectativas pueden bloquear los resultados. Usa la intención.

- Sé útil, no esperes nada a cambio y recibirás grandes bendiciones.

- Nunca pienses que los demás te deben algo porque les ayudaste en un momento dado. Ayúdales con amor incondicional, que es la intención más pura de todas las que existen.

Véase también el capítulo 28: La Ley de la Atención

7

LA LEY DE LA ATRACCIÓN

Siento la frecuencia de mis deseos como una parte integral de la energía de mi alma. A medida que mi frecuencia va resonando con la energía de lo que necesito en la vida, los deseos que manifiesto vienen a mí y forman parte de mi realidad.

La Ley de la Atracción probablemente es la más conocida de las leyes universales de la naturaleza. Existe desde el principio de los tiempos de las antiguas Grecia y Roma. En esa época se mantuvo oculta al público en general para poder controlarlo y evitar así que la gente se diera cuenta de que controla su propio destino. La Ley de la Atracción afirma que lo que envías al universo regresará a ti. Significa que atraerás personas, situaciones y cosas que están en tu misma frecuencia (vibración energética) por medio de las creencias, la visualización creativa y una atención apasionada. La Ley de la Atracción abarca el concepto de que lo similar se atrae entre sí, y tú atraerás cosas que tengan la misma frecuencia que tu yo espiritual. Por eso, si te sientes positivo, atraerás energía positiva, pero si te sumes en la negatividad, lo que atraerás será energía negativa.

Es importante que te fijes bien en tus creencias fundamentales, tus hábitos, tus pensamientos, tus relaciones, actos y tus intenciones para ver cómo te está afectando la Ley de la Atracción. ¿Sueles ver el lado positivo de tus posibilidades aun cuando las cosas no te salgan como tú querrías? ¿Adoptas una actitud negativa y piensas que todos te la tienen jurada? ¿Cómo reaccionas ante un cumplido? ¿Lo aceptas complacido con un «¡Muchísimas gracias!» o más bien lo evitas porque no te sientes cómodo o merecedor de alabanzas? Si descubres que tus hábitos tienden a ser más negativos que positivos, es importante que seas consciente de tus pensamientos y tus actos y les des un sesgo positivo renunciando a ese hábito negativo. Por ejemplo, si siempre llegas tarde, organízate bien para llegar antes. Haz pequeños cambios que te ayuden a tener experiencias más positivas, iluminadoras y satisfactorias en lugar de centrarte en las negativas.

El poder de los pensamientos y las palabras

La Ley de la Atracción significa que puedes manifestar lo que quieras y darle un propósito en tu vida. Si lo conviertes en parte de tu esencia no podrá evitar verse atraído hacia ti. Tienes que ir más al fondo, y no solo desearlo o quererlo, sino utilizar la Ley de la Intención junto con la de la Atracción para que eso pase a formar parte de tu vida.

Siempre he creído que los pensamientos y las palabras tienen un gran poder, y que cuando se han pronunciado, ya no hay vuelta atrás. Has enviado todo eso al universo para que haga su trabajo y te lleguen las cosas que has pedido. Lo que intento yo es no decir cosas que duelan, ni mostrarme condescendiente o negativa. Además intento no hablar de lo mal que podrían ir las cosas, intento no planteármelo siquiera, porque, si lo hago, abro la puerta para que esa posibilidad negativa se manifieste en mi vida. En realidad, prefiero visualizar el mejor resultado posible y hablar de él como si ya existiera. De esta manera empleo una intención y una expresión positivas para atraer esa situación a mi vida.

Replantéate las experiencias

Ahora que hablamos de pensamientos, planteémonos qué sucede cuando volvemos a explicarnos esas cosas que ya nos han sucedido (me han hecho esta pregunta muchas veces). La Ley de la Atracción afirma que lo que dices regresará a ti. ¿Atraerás esa misma energía hacia ti si vuelves a hablar de una determinada situación? ¿Y qué ocurre si esa situación es negativa en lugar de positiva?

En mi opinión, no hay nada malo en contarle a alguien lo que te sucedió, siempre y cuando te limites a contar los hechos y a no regodearte en la desesperación que comporta una situación negativa esperando que la otra persona sienta la misma rabia o irritación que sientes tú o haciendo que se sienta mal consigo misma porque estás alardeando de tus éxitos. Como amigos, están ahí para escucharte, para ofrecerte palabras de ánimo o proponerte otros puntos de vista o posibilidades que podrían darte más luz sobre una determinada situación, no para sentir lo que tú estás sintiendo. Si esperas esa reacción de su parte, estás situándote en la negatividad en lugar de superarlo con las cosas positivas que has aprendido de esa experiencia. A cambio, hazles tú también de tabla de resonancia cuando necesiten hablar. Cuando toquéis el tema, puedes aportar un plan de actuación que use la Ley de la Atracción para contrarrestar esa mala experiencia y convertirla en una experiencia de aprendizaje positivo. Termina siempre esta clase de conversaciones dándoles un sesgo positivo.

Ya conoces el dicho «Ten cuidado con lo que deseas». Este es un concepto muy importante en la Ley de la Atracción. Según cómo verbalices las cosas, el resultado puede ser muy distinto. Resulta mejor decir «Tengo más dinero», aun cuando no hayas recibido ningún dinero extra, que «Ojalá tuviera más dinero». Pensar y hablar como si ya hubieras logrado las cosas es la manera más rápida de lograr que sucedan.

La espera... El tiempo universal es distinto del tiempo terrestre

Con la Ley de la Atracción también tienes que recordar que el marco temporal del universo y el tuyo propio no son los mismos. El tiempo universal discurre a un ritmo mucho más lento. Quizá hoy deseas algo, pero el universo cree que deberías conseguirlo dentro de un año. No puedes apegarte al resultado, al tiempo que conlleva que lo que quieres se manifieste, ni mostrarte impaciente tampoco, cuando trabajas con la Ley de la Atracción. Tienes que mostrarte activo y esforzarte en lograr tu sueño. Cuando hayas expresado lo que quieres, tienes que dejar de controlar el resultado, pero seguirás teniendo que esforzarte para lograr eso mismo que has expresado. Hay quien cree que solo basta con enviar el pensamiento al universo, potenciarlo creyendo que ya has logrado lo que quieres y, luego, aguardar tranquilamente a que se manifieste lo que deseas. Si no te muestras apasionado en lo que quieres, puedes tardar toda una vida en llegar a conseguirlo. Si en cambio demuestras pasión, pones tu energía cada día en lograr lo que quieres y haces lo necesario para que eso suceda, lo que deseas se manifestará en tu vida en el momento adecuado, que quizá no sea el momento temporal que tenías en mente cuando expresaste tu deseo por primera vez. Asimismo, cabe decir también que a veces manifiestas algo que deseas pero el universo se dedica a seguir el plan vital que trazaste antes de nacer y te da lo que necesitas, no lo que tú deseas.

Son muchos los escépticos que no creen en la Ley de la Atracción, pero eso es porque la gente intenta utilizarla sin comprender realmente su funcionamiento. Vivir según la Ley de la Atracción es algo mucho más profundo que pensar en positivo, marcarse un objetivo y esperar a que nos llegue. Lo que deseas ha de tener prioridad por encima de todas las cosas, y tienes que visualizarte creativamente haciendo o siendo lo que pides. Hay quien cree que cuando visualizas lo que quieres ya puedes soltarlo, y revivir de vez en cuando la emoción que te inspira pensar que vas a lograr tus objetivos. Otros creen que tienes que despertarte cada día con la mente puesta en lo que intentas lograr, y entonces ir paso a paso, con pasión, día a día, hasta conseguir lo que deseas. Son dos maneras de actuar por activa que funcionan bien. Cuando participas de manera activa y elevas tu frecuencia hasta equipararla a la de tu objetivo, es más fácil conseguir resultados.

Inténtalo de nuevo

Soy de la opinión que uno puede manifestar lo que desea en cualquier momento y en cualquier lugar. No tienes que proponerte guardar silencio unos minutos al día para expresar lo que quieres. En otras palabras, te encuentres en el lugar en que te encuentres, leyendo estas mismas palabras, detente un instante, piensa en lo que quieres, en tu intención positiva de querer recibirlo y en la gratitud que sentirás cuando lo consigas. Pídele a este pensamiento que vaya a buscar lo que pides y lo traiga a tu vida cuando llegue el momento oportuno. Imagina que sueltas ese pensamiento que has manifestado al universo para que este haga lo que has pedido. Ahora que te has manifestado por completo ya puedes terminar tu almuerzo, a sabiendas de que lo que quieres te llegará en el momento oportuno.

Consejos para llevarlos a la práctica

- Apodérate de lo que deseas atraer con tus palabras. Decir «Tengo» o «Soy» tiene mucha más fuerza que decir «Deseo» o «quiero ser».

- No digas lo que no sientes. La convicción es un arma poderosa. Si no estás convencido al 100% de que recibirás lo que estás pidiendo, no lo pidas.

- A más pasión, más posibilidades. Si te apasiona lo que deseas atraer, estarás haciendo lo que corresponde con la Ley de la Atracción.

- Manifestar exige que sientas, creas y vivas siguiendo tus deseos. No basta pedir con la boca chica y luego quedarte sentado esperando.

Todo lo que vale la pena se consigue poniendo un cierto esfuerzo por tu parte.

- La visualización creativa, sobre todo cuando se realiza con una pasión intensa y positiva, es una de las mejores maneras de manifestar tus deseos.

- Rodéate de personas sensatas que crean en el poder del pensamiento positivo, en su manifestación y en el esfuerzo que hay que hacer para lograr lo que uno quiere en la vida.

- Si tropiezas con personas escépticas, puedes elegir guardarte para ti mismo lo que conoces de la Ley de la Atracción y expresar tus anhelos en silencio. No permitas que la energía negativa de esas personas te desvíe de tu camino.

- Si las personas piensan que tus sueños son imposibles, no las escuches. Piensa en grande o no pienses. Vive siguiendo tu pasión.

- Dedica el mismo tiempo a pensar en lo que quieres que a experimentar los sentimientos que te provoca ese pensamiento.

- Se necesita comprensión y paciencia para vivir según la Ley de la Atracción. Quizá veas que por mucho que lo intentas, nunca sucede nada. Dale tiempo. Y si ves que consigues algo que sustituye a lo que habías pedido, valora lo que has recibido. Pongamos por ejemplo que querías un coche nuevo, habías pensado en un Jaguar y en cambio terminas teniendo un Fiat. No importa el coche que recibas: sigue siendo un coche nuevo, aunque no coincida con el modelo que tú querías. Agradece lo que has recibido.

Véase también el capítulo 37: La Ley de la Causa y el Efecto

8

LA LEY DE LA ABUNDANCIA

Hoy conecto con la fuente abundante de todo lo que es. Me dispongo a eliminar todos los bloqueos y me abro para recibir toda la felicidad, el amor y la alegría del universo con ánimo positivo. Soy uno con la abundancia que llega a mi vida.

La Ley de la Abundancia afirma que el universo es lo que es: infinitamente abundante; todas las cosas que puedas imaginar tienen cabida en el universo en cantidades ilimitadas. Este flujo de abundancia no deja de moverse hacia ti; lo único que tienes que hacer es recibirlo. La corriente universal de la conciencia, del conocimiento, de las ideas, de las emociones y de todo lo que podemos manifestar en nuestras vidas nunca se seca, aunque millones de personas se nutran de ese flujo. Si eres capaz de imaginar eso, la Ley de la Abundancia te lo proporcionará. Antiguamente, los chinos aplicaban la Ley de la Abundancia haciendo un ejercicio: escribían todo lo que deseaban obtener al año siguiente. Esta práctica se convirtió en lo que hoy se conoce con el nombre de la Ley China del Cheque de la Abundancia.

Cuando te sitúas en armonía con la Ley de la Abundancia y tu frecuencia guarda la misma resonancia, eres capaz de cosechar sus frutos. A veces eso significará abandonar viejas ideas y antiguos ideales para abrazar nuevos conceptos. Todo lo que sucede en tu interior se manifestará en el exterior; por eso, tendrías que estar bien emocionalmente y seguir avanzando hacia delante para que la Ley de la Abundancia funcione y te ayude a reconocer la abundancia que ya has recibido.

Evita bloquearte o infravalorarte

Tómate un minuto para interpretar la siguiente afirmación: *Tú eres la única persona que se interpone entre ti mismo y todo lo que siempre quisiste obtener o lograr en la vida.*

Eres mucho más de lo que percibes. No te infravalores nunca ni infravalores el poder de tu esencia espiritual, tu mente y tu convicción. Todo eso se combina en un único cuerpo físico, que a veces puede parecer muy limitante. Esta limitación, sin embargo, tiene un propósito. Engrandece tus límites espirituales y te obliga a ver y sentir lo que subyace tras lo físico. Tus pensamientos, tus actitudes y la manera en que te muestras cuando consideras la abundancia que hay en tu vida puede hacerte libre para alcanzar cotas increíbles o puede hacerte parar en seco.

Si sientes que no tienes suficiente tiempo, dinero, amigos, felicidad o cualquier otra cosa, has adoptado la mentalidad de la *carencia*, que esencialmente impide que esas cosas lleguen a ti. Si, en cambio, tu mentalidad es de *abundancia*, conseguirás todo lo que necesitas más todo lo que deseas, porque eso es lo que crees. A veces nos han condicionado para que adoptemos una mentalidad de carencia. Quizá piensas que es egoísta satisfacer tus propias necesidades antes que las necesidades de los demás; si eso es así, significa que te han programado, en esta vida o en una vida pasada, para que adoptes una mentalidad de carencia. Cuando eres consciente de que esos sentimientos son algo condicionado y te das cuenta de que no tienes por qué pensar así, te abrirás para poder recibir la abundancia. Si vives según la ética del esfuerzo y crees que todo es posible, te pondrás de buen humor viendo toda la abundancia que te rodea.

Pongamos por ejemplo que estás en una encrucijada de caminos y el letrero de la derecha dice: → Abundancia y Prosperidad por este camino; y el de la izquierda dice: ← Mentalidad de carencia por este camino. ¿Qué camino crees que exige más energía? La respuesta es: ninguno de los dos. Consumes la misma cantidad de energía si caminas hacia la derecha que si caminas hacia la izquierda. Si no se nos exige una energía adicional, ¿por qué vas a elegir adoptar una mentalidad de carencia o un bloqueo espiritual que te hagan elegir el camino de la izquierda en lugar del de la derecha? Es posible que tengas algún bloqueo mental o espiritual, y que eso te haga elegir ir por la izquierda en lugar de tomar por la derecha. Si sientes que no mereces disfrutar de la abundancia en esta vida, siempre te alejarás de ella y terminarás por aceptar, sencillamente, que tu destino consiste en vivir con una mentalidad de carencia.

Tú controlas tu destino

Recuerda lo siguiente: tu destino está en tus manos. Siempre ha sido así. Hiciste un plan de vida antes de nacer y aprenderás una buena lección si eliges la carencia antes que la abundancia, pero tienes que entenderlo para que puedas cambiar tu camino. No permitas que los términos, el destino, el sino o la suerte te den la excusa perfecta para no enfrentarte a la verdad que se desprende de la lección que tu alma está aprendiendo. Mereces todo lo que el universo te ofrece. Créelo de corazón, créelo con toda el alma y no dejes que nadie te diga lo contrario. Mantén la cabeza en alto y no escuches a los que todo lo niegan. Te tentarán para que fracases. Pero tú sé fuerte y sigue adelante.

La Ley de la Abundancia no solo trata de dinero o de cosas materiales. También se aplica al amor, la alegría, la gratitud y el conocimiento. Significa ser completa e infinitamente consciente de la energía que está en tu interior, de tu auténtica esencia espiritual, y seguir el camino que has elegido en esta vida. Se trata de aceptar, recibir y sentirse bendecido por los dones que se te ofrecen. Se trata de vivir con una mentalidad de abundancia en lugar de instalarte en una mentalidad de carencia. Se trata de permitir que te pasen cosas buenas en la vida eliminando todo lo que te impide recibir la abundancia del universo. Esta es la razón de que tantas almas viejas ya no vivan tan plenamente centradas en la riqueza material. Es como si ya lo hubieran hecho antes, como si ya hubieran estado allí. Las almas jóvenes todavía tienen que experimentar ese deseo de lo material para pasar por las mismas lecciones y por el mismo crecimiento espiritual que ya han vivido las almas más viejas.

Si piensas en términos de carencia o crees que no mereces la abundancia, quizá llegues a la conclusión de que Dios y el universo te están castigando debido a que tu comportamiento en esta vida o en una vida pasada fue negativo. Es cierto que quizá te queden lecciones por aprender de vidas pasadas, pero el universo no te está penalizando por ello. Solo reacciona a la energía que le tú le mandas.

Maneras de practicar para recibir la abundancia

Practica invitando la abundancia a tu vida. Usa el término «Yo invito» al empezar cualquier frase en la que pidas lo que deseas. Cuando envías una cálida y acogedora invitación, estás abriendo el camino para que la abundancia fluya en todas y cada una de las partes de tu vida en lugar de quedarte esperando al margen a ver si te llega. Siempre he creído que la manera más rápida de obtener lo que quieres es pedirlo. Cada vez que iba a una entrevista de trabajo siempre me aseguraba de pedir el trabajo que deseaba de verdad, y siempre lo recibía. Cuando pides lo que quieres, es más fácil que te llegue, y que el universo (o el que te contrata) te lo ofrezca. Si no lo pides, tus intenciones no quedan claras; si pides, tu intención es cristalina.

Cuando estés dispuesto a aceptar la abundancia, la recibirás. Si no, tendrás que ponerte a trabajar para eliminar los bloqueos o demostrar que sabes responsabilizarte de la abundancia que quieres recibir. El universo quiere asegurarse de que puedes manejar con responsabilidad los dones que te va a dar. Tómate tu tiempo para pensar si estás o no estás listo para recibir lo que estás pidiendo, o si primero tienes que hacer un trabajo interior previo. Cuando invitas a la abundancia, ¿estás impidiendo que te llegue porque no te muestras receptivo? ¿Estás actuando en función de las expectativas negativas que tenías pensando en lo que sucedería en lugar de permitir que la abundancia hiciera su trabajo? Si es así, eso podría influir en la abundancia que recibes. Si tus expectativas son positivas, no impedirás que la abundancia te llegue. Si quieres tener éxito, sintonízate con la frecuencia de la abundancia.

Cuando pienses en la Ley de la Abundancia recuerda que esa es tu conexión con lo Divino y con la frecuencia que irradia ese punto. Es ser capaz de recibir abiertamente amor, alegría, felicidad y cosas positivas en su nivel más básico, y eso irradiará en todas las áreas de tu vida. Las cosas materiales llegarán cuando tu espíritu conecte con la abundancia infinita del universo.

Inténtalo ahora

Este ejercicio es para eliminar las limitaciones liberándolas de manera consciente para aceptar con plena libertad la abundancia. Piensa en tu infancia. Escribe todo aquello que te pareció que te limitaba o te daba miedo. ¿Qué te enseñaron sobre el dinero, las relaciones, la gente que era más rica que tu familia, el éxito, la ética en el trabajo, la moral y lo que estaba bien o lo que estaba mal? Incluye también todas esas ideas que no te han enseñado en esta vida pero que sientes imbricadas en tu persona. Dedica un cierto tiempo a revisar esta lista, puede que algunos días, y piensa en serio en tus creencias básicas. Cuando termines la lista, retómala y pregúntate si esa idea es cierta, si es un temor o es algo que te limita. ¿La mayoría de la gente coincide con lo que has escrito o es solo algo que tú crees? Si sientes que lo que has escrito ya no se aplica a ti, o creíste eso porque otra persona te lo dijo, desentiéndete de todas esas cosas. Abandona todo eso de manera consciente y substitúyelo por un nuevo pensamiento que acoja en su seno la abundancia. Haciendo este ejercicio estás curando tu percepción y tu perspectiva para que así estés listo para recibir la abundancia que mereces.

Consejos para llevarlos a la práctica

- Centra tu atención en la abundancia que quieres conseguir en la vida con la actitud positiva de aquel que sabe que la merece.

- Alinea tu energía con la frecuencia de la abundancia universal.

- Abandona los pensamientos que denoten que vives con una mentalidad de carencia.

- Practica invitar la abundancia a tu vida.

- Cúrate para que te llegue una mayor abundancia.

- Sé consciente y enfréntate a tus temores; elimina esos miedos para que la paz y la abundancia lleguen a ti.

- A veces puedes esforzarte tanto intentando conseguir la abundancia que eso acabe teniendo el efecto contrario. Inténtalo, pero no hasta el punto de que termines bloqueado.

- Cuanto más te aferres a la resistencia que pueda provocarte aceptar la Ley de la Abundancia, más resistencia encontrarás. Suelta cada una de esas resistencias a medida que tomes conciencia de ellas.

- Céntrate primero en la abundancia emocional, mental y espiritual para que luego te resulte más fácil conseguir la abundancia material.

- Lo que eres interiormente es lo que manifestarás y recibirás en el exterior. Mantente unida interiormente a la Fuente en lo que respecta a la abundancia para que esta pueda fluir hacia fuera.

Véase también el capítulo 19: La Ley de la Compensación

9

LA LEY DE LA LUZ

Soy luz Divina y amor. Mi luz brilla en el mundo y me allana el camino para poder ayudar a los demás, porque todos nos esforzamos por conseguir nuestro mayor logro en esta vida.

La Ley de la Luz significa que, al transformar tu conciencia y conectar con tu propia luz interior, la luz del universo, y la luz que existe en todos nosotros, te abrirás y tendrás más poder sobre ti mismo, un mayor conocimiento y una mayor conexión con el despertar de tu conciencia. A lo largo de los tiempos siempre se ha creído que la luz vence a la oscuridad. Este concepto de que la bondad siempre triunfa sobre el mal ha sido fundamental en las guerras y en la religión. La Ley de la Luz significa comprender y expresarte en sentido espiritual a través de la luz Divina del universo. Significa abrazar el brillo Divino que hay en tu interior y expresarlo.

La luz revela la verdad, descubre aquello que no se ve con facilidad, guía nuestro camino entre tinieblas. Indica que existe una conciencia mayor, un crecimiento espiritual individual y una iluminación, una comprensión y una conexión con nuestro yo superior. La Ley de la Luz nos impele a identificarnos con nuestra propia luz interior a través del proceso de aceptar quiénes somos y a dónde hemos ido en esta vida y en nuestras vidas pasadas, y en reconocer lo que hemos aprendido gracias a nuestras lecciones vitales. A medida que abrazas tu luz interior, te conviertes en un faro para los demás, que se sentirán atraídos por tu luz y aprenderán de ti a abrazar la luz que tienen en su interior.

La conciencia más elevada se desarrolla de manera metódica. Cuanto más aprendes, más consciente eres de tu propia luz interior, más conectado estás a la luz de una percepción más evolucionada. Cuando has pasado de los niveles inferiores de la conciencia de ti mismo y entras en un estado de conciencia despierta y más elevada, la luz universal te da poder. Este poder sobre ti mismo es fundamental para tu propio despertar. La luz se encuentra en el núcleo de toda existencia. Las personas que han tenido experiencias rayanas a la muerte dicen haberse visto caminando hacia una luz. Y eso abre tu conciencia a conceptos que quizá nunca te habías planteado, eleva tu frecuencia, te da fuerza y puede conducirte a altas cotas de iluminación. La luz universal es Divina.

La luz para protegerte

La Ley de la Luz es fuerte y pura. Usando la luz desde la Fuente, desde Dios y el universo, puedes protegerte de la negatividad. Usar la luz para protegerte puede ayudarte a mantener a distancia las energías o las emociones negativas. Su pureza bloquea la energía impura. La mayoría de las personas recurre a la luz blanca, pero tú puedes sentirte atraído por otros colores, como el dorado, el azul o el púrpura. Puedes usar la luz para proteger tu esencia espiritual en cualquier momento. No tienes que prestarte a un ritual de meditación complejo o reservarte un tiempo específico para proteger tu energía con la luz, a menos que así lo desees. Yo dispongo de muy poco tiempo; por eso, cuando uso la luz para protegerme de la negatividad, lo hago en cuestión de segundos, en cualquier momento del día o de la noche. Yo la veo en forma de relámpago, como un rayo de luz que entra por mi coronilla, me llena y me envuelve en un instante.

La visualización creativa es una manera de usar el poder de la luz para alejar de ti la energía negativa. Con tu tercer ojo imagina que la luz fluye hacia ti desde la Fuente universal. Deja que fluya sobre tu cabeza y séllala bajo tus pies. Cuando se haya creado una burbuja a tu alrededor, otorga a esa luz la intención de protegerte, fortalecerte y servir a tu energía de la mejor manera posible para mantenerte a salvo de emociones, influencias u otras energías negativas. Luego, deja que la luz haga su trabajo. Puedes estimular tu escudo energético si así lo necesitas. Puedes expandir tu burbuja de protección e incluir en ella a tu vehículo o a otras personas, si sientes la necesidad de hacerlo.

Muchas personas con capacidades empáticas utilizan la luz para distanciarse de las emociones de los demás. Porque las emociones ajenas pueden drenarle la energía a esta clase de personas. Si eres empático, aparte de desarrollar y aprender a controlar tus capacidades empáticas, también puedes usar la luz para ayudar a una persona desesperada emocionalmente a calmarse o a equilibrar sus energías añadiendo tu luz a la suya para reforzarla. Usando así la luz, uno se implica más que cuando solo se protege de la negatividad. Por eso es buena idea pedir siempre el permiso de la persona en cuestión antes de usar la luz de esta manera.

La levedad del ser

Lo que yo llamo *levedad del ser* forma parte de tu crecimiento espiritual y es un catalizador que atrae hacia ti lo que deseas. La luz espiritual no es algo que pueda verse con los ojos físicos, sino que se ve con el ojo de la mente. Es algo que se siente de manera intuitiva. Cuando estás conectado con tu luz universal, todo tu ser se siente más ligero, más feliz, vivo, y en paz consigo mismo. La levedad del ser se halla en todas las facetas de tu vida. Las dificultades son menos acuciantes, los problemas, menos problemáticos, las soluciones surgen casi solas y los objetivos se alcanzan con facilidad. Cuando te sientes embargado por la levedad del ser, te conviertes en un imán para lo extremadamente positivo, y esa positividad te aporta abundancia en forma de esos objetivos y deseos que puedes manifestar en tu vida. La levedad del ser significa que ya no te abruma la carga de las emociones intensas, de la negatividad, del pensamiento restrictivo o de los obstáculos que se interponen en tu camino. Cuando te sientas embargado por la levedad del ser, reirás más a menudo, tendrás menos contratiempos, verás el mundo como un lugar magnífico, lleno de posibilidades, no te regodearás en la vertiente negativa de la vida y serás más flexible. Ya no esperarás lo peor. Al contrario, siempre esperarás el mejor resultado posible en todas las situaciones. Y cuando se dé el caso de que estés pasando por dificultades, estas se resolverán con rapidez y eficacia.

La luz y el amor

Desde una perspectiva espiritual, la luz es tan incondicional como el amor. Cuando hablamos de amor incondicional queremos decir que uno siente la esencia del amor en todo lo que hace sin apegarse a las nociones preconcebidas de lo que es o lo que no es. Uno no está con alguien solo en determinadas condiciones o bajo determinados supuestos cuando hablamos de amor incondicional. Las personas, o bien se aceptan como son, o no se aceptan. Si no se aceptan, se abandonan para que dejen de formar parte de tu vida. Lo mismo sucede con la luz universal. La luz espiritual no impone condiciones. Está ahí para conectarte y para que comprendas mucho mejor tu propia espiritualidad, para que la uses sin limitaciones para protegerte, y puede iluminar tu camino mientras sigues en el plano terrenal de la existencia y estés en condiciones de aprender lecciones vitales, hacer realidad tus sueños y vivir con la levedad del ser.

Cuando hayas unificado tu ser interior con la luz y el amor del universo, eso pasará a ser parte integral de tu esencia interior sin que te lo plantees de manera consciente. Formará parte de ti como lo es tu respiración, de la que tampoco eres consciente. Se convertirá en una segunda naturaleza que existe en tu interior, de manera involuntaria y automática.

A medida que te sientas iluminado y comprendas la importancia de tener una mayor conciencia, asegúrate de seguir pisando firme en el mundo físico aunque te abras a las maravillas de la luz universal. Es fácil quedarse atrapado en la sanación y en trabajar con la luz para ayudar a los demás y para ayudar al planeta y olvidarnos de que tenemos que cuidar de nosotros mismos. Mantente bien centrado y vive en un estado práctico de iluminación realista. Acepta el poder que hay en tu interior, y sabe que puedes tener éxito y sentirte a gusto tanto con tu espiritualidad como con tu existencia física.

Inténtalo ahora

Para abrir tus sentidos a la luz universal que hay en tu interior, cierra los ojos y siente el calor y el brillo de tu luz interior en el corazón. Imagínate que estás viendo tu energía, mira cómo vibra a tu alrededor. Ahora, mira con más profundidad esa energía tuya hasta que alcances el nivel de la esencia de tu alma y sientas la conexión que existe entre ella y tu mente. ¿Puedes ver la luz interior de tu alma con el ojo de tu mente? ¿Qué colores ves? ¿Es una luz clara, blanca o de colores? Deja que la luz irradie desde tu centro y abarque toda tu esencia espiritual, deja que te caliente y te dé vigor. Ahora siente cómo tu luz interior se desplaza desde tu esencia espiritual por tu frecuencia, por las vibraciones de tu energía, hasta que sientas que irradia en el interior de tu ser físico. Siente que fluye hacia los brazos, las piernas, la coronilla y los pies. Siente su elevada frecuencia y las rápidas vibraciones a medida que se desplaza a través de ti. Te dará un sentido de propósito, de ser. Vas al unísono con tu yo espiritual y con el universo. Ahora, abre los ojos. Ve la luz en todo lo que te rodea. Y permite que esa sensación permanezca siempre contigo.

Consejos para llevarlos a la práctica

- Encuentra tu luz interior, comprende que eres único, que tienes tu propia frecuencia, y deja que tu luz brille en los lugares más recónditos y sombríos de tu vida, que llene todas las partes de tu ser de esperanza, amor y alegría.

- Conectar con la luz universal es rápido y fácil y puede hacerse en cualquier momento. No lo compliques más de lo que es.

- Abandona el miedo, la ansiedad y los recelos reemplazando estas emociones con la luz universal.

- La luz lo cura todo, si tú permites que así sea.

- Elige un mantra que te ayude a conectar con la luz de tu esencia anímica.

- Intenta ver la luz universal con los ojos cerrados. Ahora intenta verla con los ojos abiertos. Cuando puedas verla bien con el tercer ojo manteniendo los ojos físicos abiertos, puedes aprovechar su positividad.

- Para ver la luz de otra persona, mírala a los ojos. Contémplala como ese ser espiritual que lleva en su interior.

- Usa la luz universal para incrementar tu sensación de alegría, de felicidad y pura maravilla.

- La petición más pura de ayuda se te brinda cuando pides ayuda a la luz universal. Sé puro pidiendo y agradecido con los resultados.

- No impongas condiciones a la luz universal. Acéptala como es, ámala como es y únete a ella tal y como es. Intentar cambiarla para que sea como tú quieres, en lugar de ser lo que es, te impedirá avanzar y te bloquearás.

Véase también el capítulo 25: La Ley de la Responsabilidad

10

LA LEY DE LA UNIDAD

Hoy buscaré la luz Divina que hay en todas las personas con que me cruce. Veré el brillo de su esencia interior y dejaré que mi propia luz brille para que todos la vean.

La Ley de la Unidad afirma que todos formamos parte de un único ser espiritual, y que todas las partes funcionan por el bien del conjunto aun cuando son distintas entre sí y únicas tomadas individualmente. En el ámbito de la espiritualidad somos iguales y estamos conectados unos a otros, porque cada uno de nosotros tiene la misma energía Divina en su interior. La Ley de la Unidad reconoce nuestra esencia espiritual, la forma en que vivimos en el reino espiritual. En la Santa Biblia se habla de la Ley de la Unidad en Génesis 11:5-6 cuando se menciona que los hijos de los hombres se unieron para construir una ciudad. Otras religiones también creen que cuando las personas se juntan para conseguir un objetivo en común, ese objetivo se consigue.

Cuando existimos en lo físico, en el plano terrenal, estamos tan alejados de nuestro yo superior, de nuestra conciencia espiritual y del conocimiento de lo Divino que al ego le resulta más fácil centrarse en las diferencias que existen entre nosotros, y entonces se dedica a dividir en lugar de unir. Nos cuesta mucho reconocer, aceptar y abrazar nuestra propia espiritualidad y Divinidad, e incluso nos resulta mas difícil verla en los demás. Este es uno de los desafíos de vivir en el plano físico, y la razón de que sea tan importante comprender y vivir según la Ley de la Unidad. Cuando empieces a reconocer la luz Divina en los demás, la Ley de la Unidad te ayudará a sentir que todos estamos interconectados, y eso permitirá que nos ayudemos los unos a los otros. Estar conectado con lo Divino te ayuda a comprender mejor la unidad, la conexión que une a todos los seres vivos del planeta entre sí y el conocimiento de que cada uno de nosotros está recorriendo el mismo camino de vuelta a casa.

La unidad refleja la unicidad

La Ley de la Unicidad significa considerar la unicidad de las partes del todo en lugar de ver cada una de las partes como si fuera una entidad separada. Si contemplas la vida de esta manera, sabrás que todos y cada uno de los habitantes de la Tierra somos hermanos, hijos de Dios, de la Fuente o de la energía universal. Contemplando el todo, ya no veremos las cosas en sus diferencias extremas, sino que veremos y comprenderemos el proceso de la diferencia. Por ejemplo, si te planteas tu idea del bien y del mal y luego la comparas con la de otra persona, quizá descubras que vuestras dos ideas son completamente distintas entre sí y que dependen del lugar donde las personas nos hemos criado, de la moral, de los ideales y de otras influencias atenuantes que pesan sobre nosotros. ¿Significa eso que tú tienes razón y el otro está equivocado, o al revés? ¿Es posible que los dos tengáis razón, o que los dos estéis equivocados? Cuando empiezas a cuestionar los ideales basándote en un punto de vista universal, empiezas a ver por qué la gente cree y piensa de una determinada manera. Las diferencias que existen entre nosotros están ya contempladas por la Ley de la Unidad, que a su vez afirma la importancia que tiene reconocer que todos formamos parte de un todo, de lo Divino.

Conquistar al miedo a través de la unidad

Temer lo que es distinto a nosotros o lo que no comprendemos es la razón primordial de que los seres espirituales vivamos separados en el plano terrenal. Para neutralizar ese miedo tenemos que esforzarnos en comprender estas diferencias. Si comprendemos, el miedo desaparece. Cuando observas a las personas de este planeta con una mirada de temor, puedes llegar a pensar que estás solo en este mundo, que nadie te entiende y que tienes que mantenerte oculto a la vista de los demás. Si estás recorriendo este camino, ha llegado el momento de cambiar de dirección. Cuando te aíslas de los demás, cuando no quieres comprender la Divinidad que hay en su interior para aprender de ellos, también te estás aislando a ti mismo de la experiencia de conectar con la Fuente de la creación. Neutralizar el miedo fomenta el crecimiento del alma y propicia la reconexión con tu yo espiritual esencial, incluyendo tu conexión con lo Divino.

Así como el miedo puede bloquearte e impedirte que experimentes la Ley de la Unidad, el amor puede animarte a seguirla. En su fundamento, la Ley de la Unidad implica que tienes que sentir amor en tu corazón por todo lo que es. El amor nos permite comprender, perdonar, y la capacidad de ver a través de las barreras que tenemos delante. Si amas a alguien le ayudas cuando ves que se esfuerza, o incluso cuando lo está haciendo bien, solo porque quieres estar presente y disfrutar de su presencia en tu vida. El amor, combinado con la Ley de la Unidad, logra que aumente tu capacidad de expresar amor y cariño y de comprender mejor el mundo. Sobresaldrá de tu círculo familiar y de amistades y llegará a alcanzar a personas que acabas de conocer o que nunca llegarás a conocer, pero que se verán bajo el influjo positivo de tus actividades.

Deja a un lado el ego para vivir en la unidad

¿Qué piensa tu mente de los conceptos de la Ley de la Unidad? Es muy posible que se haya quedado de piedra porque te lo estés planteando, e incluso puede que se sienta amenazada. El ego quizá te dé guerra al principio, pero cuando vea con detalle las diferencias físicas y emocionales que existen entre las personas, y en conceptos como son el amor, el odio, el bien y el mal, vivir según la Ley de la Unidad llegará a formar parte de tu ser y el ego ya no tendrá miedo ni se sentirá amenazado, y por consiguiente no se cerrará en banda y lo aceptará. El ego es la careta que te pones para que el mundo te vea, pero no eres tú como ser espiritual.

Cuando vives con el ego por delante descubrirás que siempre estás buscando la aprobación de los demás o que tienes que controlar todos y cada uno de los detalles de lo que haces o a las personas de quienes te rodeas. El ego se enfada mucho cuando eres blanco de las críticas, aunque sean constructivas, porque se lo toma todo de una manera personal. Cuando vives la vida poniendo en el primer plano la Ley de la Unidad, ves las críticas como algo que tienes que trabajar para mejorar tú o para perfeccionar lo que estés haciendo. No te tomas las cosas de manera personal, no necesitas la aprobación de los demás para que aumente tu autoestima ni piensas que «o se hace como lo digo yo o, si no, a la calle». No, lo que haces es considerar las cosas desde todos los ángulos. Comprendes que lo que dicen los demás puede ser útil en lugar de doloroso, porque todos somos iguales en nuestro interior y formamos parte de un todo. El ego se alimenta cuando percibe el poder; y tu luz Divina es auténtico poder. La vida es más sencilla cuando sigues la Ley de la Unidad. Estás más en sintonía con tu propia luz Divina y eres capaz de ver la Divinidad en los demás. Eso significa que tendrás menos conflictos porque ya no notas las diferencias que existen entre vosotros. Te sentirás sano y salvo en tu propia naturaleza Divina. Vivir según la Ley de la Unidad tiene sus desafíos, pero cuando te sientes seguro en tu propio yo interior, en tu propia Divinidad, y ves a los demás iguales entre sí y formando parte de una totalidad, tus reacciones cambiarán y eso nos beneficiará a todos. Tus elecciones serán distintas, tus reacciones tendrán un carácter más positivo en lugar de parecer tan negativas, y descubrirás que vives con más alegría y felicidad. Vivir según la Ley de la Unidad es como verter gasolina a tu luz Divina y encender una cerilla para que prendan las llamas de lo positivo. Cuando vives en lo más fundamental de tu yo espiritual, es más fácil conseguir lo que quieres en la vida. Sencillamente, fluirá hacia ti y lo aceptarás de buena gana, así como aceptas que los demás forman parte de ese todo que es la energía universal.

Inténtalo ahora

Si quieres practicar la Ley de la Unidad intenta hacer este ejercicio para ver la luz interior que hay en los demás. Ve a algún lugar público, como un centro comercial o un parque, un lugar donde haya mucha gente. Busca un banco o una silla en la que puedas contemplar el entorno, ver a la gente relacionarse entre sí u observar cómo se comportan las personas que están solas. Examina a los demás y nota la energía que desprenden. ¿Están en silencio, hablan en voz muy alta, se ríen o discuten? Cuando percibas su estado de ánimo, intenta sentir su energía y busca su luz interior. ¿Esa luz brilla de manera desinhibida o está enturbiada por la emoción? Cuando hayas pasado el rato observando a los demás, concédete un momento para imaginar tu propia energía Divina creciendo e irradiando de ti. Imagínate que se acerca a la multitud, que cubre a todo aquel con quien se cruza de amor y positividad. Ahora fíjate a ver si hay alguien que te mire. Si es así, obséquiale con una sonrisa y salúdalo. Fíjate en su reacción. Quizá te sonría y te devuelva el saludo, o puede que se sienta raro y no quiera cruzarse con tu mirada. Da igual. Sabes que tu luz le ha tocado, y esperemos que eso contribuya a darle más alegría durante el día.

Consejos para llevarlos a la práctica

- Sostén la puerta a otra persona.

- Ponte a conversar con un completo desconocido. Deja que brille en ti tu felicidad interior. La conversación quizá sea breve, pero si sonríe, habrás logrado tu objetivo.

- Elige algo que temas y concentra tus esfuerzos en eliminar ese miedo.

- Si te cruzas con alguien que está enfadado, te molesta o causa problemas en tu entorno, céntrate en enviar tu luz Divina a esa persona, con serenidad. Tu energía le afectará y se apartará de ti, o bien advertirás un cambio en su comportamiento. No hace falta que le digas nada.

- Toma conciencia de tu propio ego. Fíjate en si hay diferencias entre cómo se muestra tu ego cuando se presenta ante los demás y en cómo te sientes tú cuando estás a solas y eres tú mismo. Intenta vivir cada día tal y como eres en realidad, incluso cuando te relaciones con los demás.

- Intenta trabajar emociones como los celos, la envidia y la amargura que hay en tu vida. Cuando surjan, céntrate en adivinar por qué han aparecido y observa lo que están intentando decirte. Si no trabajas estas emociones, bloquearán tu sentido de la unidad con los demás.

- Prescinde de las diferencias que ves en los demás y fíjate en la persona que llevan en su interior.

- Sé más comprensivo, paciente y respetuoso con los demás para ver su luz Divina.

- Intenta no juzgarlos; piensa, en cambio, en cómo te sentirías tú en su propia piel.

Véase también el Capítulo 29: La Ley del Perdón

11

LA LEY DEL PROPÓSITO

Contemplo el interior de mi yo sagrado, mi alma esencial fundamental, para descubrir el propósito que se le dio a mi alma al ser creada. Viviré para satisfacer mi propósito, que me da alegría y satisfacción.

La Ley del Propósito afirma que todo lo que existe fue creado con un propósito y tiene la capacidad de satisfacer ese propósito. Esta ley también es conocida como la Ley del Dharma, cuyo origen está en la mitología hinduista védica. El propósito se encuentra imbricado en la energía fundamental contenida en todas las cosas y en todas las personas de la creación. Para nosotros eso significa que cuando nuestro ser espiritual se creó a partir de la energía universal Divina, nuestro propósito se programó en esa energía. Y eso sucedió mucho antes de que tu ser espiritual se planteara por primera vez encarnarse físicamente; por eso forma parte de tu esencia espiritual fundamental.

Creo que la Ley del Propósito posee varias capas, y que puedes tener un propósito primordial y muchos propósitos secundarios. En la vida puedes cambiar varias veces de camisa y cultivar distintas pasiones que se sumen a tu individualidad. Esos son los propósitos secundarios que te ayudan a conectar con tu propósito primario, que es ser sincero con quien tú eres en el ámbito del alma.

Existe la creencia generalizada de que lo que haces en la vida es tu propósito: el modo en que los demás te ven, los juguetes que puedes llegar a reunir y el éxito que logres en tu trabajo. Eso es el resultado que obtienes por el hecho de satisfacer tus propósitos secundarios, pero no es lo que define en último lugar tu propósito primario. Cada uno de nosotros tiene unas cualidades distintivas, unos dones y unas aptitudes que nos ayudan a expresar el propósito de nuestra alma de una manera creativa y única. Al expresar nuestro propósito y vivir según él nuestras vidas, atraemos lo que deseamos.

¿Vivir con un propósito o con un propósito espiritual?

¿Vivir la vida con un propósito equivale a nuestro propósito espiritual? Son dos cosas distintas, porque una es externa y la otra interna. Cuando vives la vida con propósito, confías en que te lleguen las cosas que quieres de la vida. Esta confianza, junto con tu aspiración de alcanzar objetivos y metas, es lo que te impulsará a lograr lo que quieres. Es tu impulso y tu deseo internos. Tu propósito espiritual es la razón de tu existencia. ¿Cuál es el propósito más básico y primario de tu existencia en el plano físico? Reconectar y despertar a lo más genuino de tu ser espiritual, prestar oído a la orientación procedente de tu energía básica interior y darte cuenta de que eres un ser Divino que vives la vida con una forma física en un mundo físico.

Centrarte en cosas externas como ganar dinero, atraer la atención sobre ti mismo o ir acumulando cosas en tu vida puede impedir que reconozcas tu auténtico propósito, que es interior. Prescinde de la mirada externa y mira dentro del alma. Sé valiente y confía mientras sigues tu propósito espiritual, porque a veces tu propósito podría no estar globalmente aceptado. Una vertiente de mi faceta espiritual es enseñar a los demás a descubrir sus capacidades psíquicas, lo que es paranormal y la espiritualidad. Estos temas no suelen aceptarse como hechos científicos, a pesar de que existen. No he tenido un camino fácil, pero siempre ha sido reconfortante saber que mi insignificante aportación, aunque sea ínfima, ha servido para ayudar a otras personas proyectando luz sobre experiencias que habían tenido y no habían sido capaces de definir.

Cómo otras personas te ayudan con tu propósito

Conocerás a mucha gente en la vida que, a sabiendas o sin saberlo, te ayudará a realizar tu propósito primordial. Quizá se trate de profesores, de jefes, de amigos o de vecinos, o incluso de algún desconocido con quien te cruces en tu día a día. Es posible que, sin darte cuenta, seas tú quien les ayude a realizar su propósito, mientras a su vez ellos te ayudan a ti. Y eso nos retrotrae a la Ley de la Divina Unicidad, que dice que todos formamos parte de un todo, y que ese todo funciona unido. Es importante vivir el momento, vivir cada día, para que cuando esas personas que te ayudan, esos maestros y guías aparezcan, seas capaz de reconocer quiénes son y lo que son.

Cuando dejas de ser feliz para hacer lo que los demás esperan de ti, renuncias al propósito de tu alma. Y cuando eso sucede te sientes insatisfecho, como si te faltara algo por dentro. Día tras día vas haciendo tus cosas, pero te sientes agobiado, te enfadas con facilidad y vives angustiado. Cuando te reconectas con la esencia de tu alma y con tu propósito primordial, recuperas la felicidad. Te levantas por la mañana ilusionado por los pasos que vas a dar y por el placer que sentirás al hacerlo. De algún modo, la satisfacción y el seguimiento de nuestro propósito espiritual van asociados.

Sirva yo como ejemplo. El propósito de mi alma es enseñar. Me siento realizada cuando ayudo a los demás, les enseñó lo que no saben o les aclaro lo que no han entendido. Y eso me sucede especialmente en los temas metafísicos, porque yo no tuve a nadie que me guiara mientras me esforzaba en aprender y comprender mis propias capacidades. Enseño espiritualidad a los demás, y a entender sus intuiciones a través de los libros que escribo. Cuando soy capaz de acompañar a los demás en su camino, que es único, logro triunfar en mis propósitos secundarios, y eso me aporta felicidad y hace que me sienta realizada. Y todo eso concuerda con el propósito que tiene mi alma de despertar a la verdad de mi ser espiritual interior.

Descubrir tu propósito

Si no estás seguro de cuál es tu propósito, ¿cómo puedes descubrirlo? Piensa en quién eres y a qué te dedicas. ¿Qué palabra define quién eres en el ámbito del alma? Cuando hayas elegido esta palabra, el resto será todo aquello a lo que te dedicas en la vida. Si no estás seguro, puedes empezar haciendo una lista de las cosas que hay en tu vida que te hacen feliz o que te apasionan. Verás que en todas esas entradas surge un mismo tema. Haz también una lista de las reglas que te has impuesto. Con dos encabezamientos: uno para las cosas que siempre haces y otro para las cosas que nunca harías. Cuando compares las dos listas, ¿hay algún tema que salte a la vista? Tómate tu tiempo y verás claro tu propósito. Probablemente te darás cuenta de que ya lo sabías desde hacía tiempo.

A veces puedes llegar a bloquearte mientras intentas descifrar lo que tienes que hacer en esta vida; por eso te daremos una lista de los temas más comunes relacionados con el propósito de tu vida para ayudarte a modo de orientación: ser artista, atleta, cuidador, creador, horticultor, humanitario, intelectual, líder, músico, científico, profesor, guerrero o criador de animales.

Cuando vives según tu propósito, te sentirás como si estuvieras ayudando al mundo y a la humanidad entera; sentirás que propicias el cambio en la vida de los demás y en la tuya propia. La compasión, prestar atención a tu manera de relacionarte con los demás y mantener una vibración alta te permitirá vivir según tu propósito. A veces sentirás que estás dando grandes pasos, y otras veces sentirás que avanzas a pasitos cortos. Siempre y cuando sigas moviéndote hacia delante, estás en el camino correcto.

Quizá te des cuenta de tu propósito cuando sientes emociones encontradas o te ves involucrado en circunstancias negativas. Cuando estés destrozado o veas que no tiene ningún sentido mostrarte negativo, esa situación puede hacerte resonar con una frecuencia más alta y ser capaz de ver más allá de todas esas cosas para alcanzar a comprender la esencia de tu ser y la verdadera razón por la que existes. Eso sucede cuando puedes emprender una acción para hacer cambios que te permitan darte cuenta en adelante de cuál es el propósito de tu alma. Es fácil perder la conexión con tu yo espiritual mientras te encuentras en el plano terrenal, sobre todo si te ves atrapado en la negatividad y el desequilibrio. Vivir según tu propósito te dará la sensación de estar en completa armonía contigo mismo, con el mundo que te rodea, con los demás y con el universo como un todo. Vivir tu propósito con pasión te abre la puerta a infinitas posibilidades. Puedes lograr todos tus deseos cuando estás cumpliendo tu propósito y cuando vives la vida con un propósito.

Inténtalo ahora

Encuentra un lugar donde puedas sentarte sin que nadie te interrumpa y puedas estar solo. Piensa en tu vida. Piensa en algún momento en que sentiste que ibas en el camino correcto, cuando te veías embargada por tu poder interior y hacías cambios en tu vida o en la vida de los demás. Hablo de algún momento en que sintieras calma interior, fueras feliz y te sintieras satisfecho. Cuando pienses en esa época, piensa en lo que hacías y en cómo te sentías gracias a eso. Si había otras personas a tu alrededor, ¿qué hacían? ¿Te ayudaban sus acciones a realizar tu propósito o actuabas por cuenta propia y eras tú quien las ayudaba a ellas? Cuando analices algún momento del pasado en el que fuiste feliz y te sentiste realizado, encontrarás la clave que te permita adivinar el propósito de tu vida.

Consejos para llevarlos a la práctica

- Haz una lista de las cosas que te apasionan para que eso te ayude a dirimir tu propósito.

- Piensa en cuándo eras joven. ¿Qué te hacía ilusión? ¿Te encantaba escribir, dibujar o hacer deporte? Esas cosas del pasado que ya no haces pueden ayudarte a descubrir cuál es tu propósito.

- Y en la actualidad, ¿qué es lo que te gusta tanto que absorbe tanto tu tiempo y este te pasa volando? Estas actividades pueden darte la clave de cuál es tu propósito.

- Reconecta con tu yo espiritual por medio de la meditación o pasando algún rato en silencio.

- Tómate un tiempo para sintonizar con tus pensamientos y deseos más profundos, con aquellas cosas que nunca has compartido con nadie.

- Valora si no estás siguiendo tu propósito porque temes lo que otro pueda pensar o decir. Preocuparte de la opinión de los demás cuando se trata de vivir según tu propósito puede detenerte.

- Ponte en acción para realizar tu propósito. No podrás hacerlo realidad si no actúas.

- Sabe lo que es importante para ti. ¿Cuáles son tus valores? ¿Cuál es tu código moral? Si no estás seguro, ponlo por escrito para poder reflexionar mejor sobre ello.

- Experimenta lo desconocido. Tomarte el tiempo de experimentar cosas nuevas te ayudará a descubrir cuál es tu propósito.

- Date cuenta de que tu propósito primordial, entrar en contacto con tu ser espiritual fundamental, nunca cambia, sino que tus propósitos secundarios, esas cosas que te aportan alegría y te apasionan, y que te ayudan a lograr tu propósito primordial, a menudo cambian con el tiempo.

Véase también el capítulo 27: La Ley de la Fe

12

LA LEY DE LA ARMONÍA

Todas y cada una de mis experiencias me dan la oportunidad de crecer espiritualmente. Mi elección es recuperar el equilibrio si me desequilibro, y crear armonía en mi vida. Eso me permitirá lograr todo lo que necesito y deseo.

La Ley de la Armonía guarda relación con el equilibrio gracias a la energía. Todo lo que contiene el universo está equilibrado. La Ley de la Armonía afirma que existe un equilibrio entre dos fuerzas opuestas, y así, según *El Kybalión*, es como la Armonía se refleja en la Ley de la Compensación y la Ley de la Causa y el Efecto. Estas fuerzas pueden ser externas, hallarse en tu entorno, o pueden ser emociones internas, ideales y pensamientos que determinen tus actos. La Ley de la Armonía significa que, como ser de energía, eres capaz de alinearte con la energía universal, y eso te predispone a recibir la abundancia suprema. Todo es posible, cualquier cosa, y todo puede conseguirse si estás alineado fundamentalmente por medio de la Ley de la Armonía.

Cuando algo se desequilibra en el universo, otras cosas restauran el equilibrio y devuelven la armonía a la situación. La naturaleza es un ejemplo perfecto. Un lago en calma está en equilibrio, pero si una tormenta lo azota, el viento levanta olas, la lluvia provoca millones de diminutas salpicaduras que crean más ondulaciones en la superficie del lago y, temporalmente, el lago pierde su equilibrio. A medida que el lago va absorbiendo esa agua y el viento se disipa al cesar la tormenta, el lago recupera su armonía. A causa de la tormenta, ha surgido algo nuevo, un agua adicional, y ese lago, aunque ha cambiado para siempre al experimentar la tormenta, recupera su estado de equilibrio y armonía.

Eso mismo puede aplicarse a tu vida. Cuando vives una situación que temporalmente altera tu vida y te vas alineando con ese acontecimiento, esa experiencia puede cambiarte para siempre, pero puedes volver a recuperar el equilibrio y recobrar la armonía. Cada experiencia te brinda una nueva oportunidad para aprender, crecer y reflexionar. Si no vives en armonía puedes acabar sintiendo miedo y teniendo problemas a la hora de comunicarte con los demás, o quizá termines sintiéndote sumido en el conflicto y la desconfianza, solo, triste o alienado.

Soltar para sentir la armonía

Uno de los elementos clave para vivir según la Ley de la Armonía es soltar el miedo y la negatividad. Si tienes miedo de algo, difícilmente vivirás en armonía con el universo, porque a menudo el miedo constituye la base de otras emociones negativas como los celos, la envidia y la preocupación. Puedes elegir que nadie te intimide ni te controle basándose en el miedo. Siempre puedes elegir en último término encontrar la armonía en tu vida, y si eso significa soltar, pues suelta. Pensemos en las emociones negativas durante un minuto y en cómo podemos trabajarlas. ¿Qué sucede si tienes celos? Piensa por qué estás celoso de una persona en concreto. ¿Es porque sientes que podría estar intentando apartarte de alguien a quien amas? ¿O es porque tiene algo que tú quieres y temes que nunca podrás conseguir? Si reflexionas sobre tus sentimientos negativos, siempre puedes averiguar lo que los provoca a condición de que profundices lo suficiente en ti mismo. Cuando conozcas la razón que se oculta tras esas emociones negativas, tendrás la oportunidad de liberarlas y reemplazarlas por algo positivo. A veces eso significa decidir que no permitirás que los actos de otra persona te hagan sentir inferior. Si la persona que amas no te quiere lo bastante para serte fiel, quizá no sea la más indicada para compartir tu vida. Si estás celoso de lo que otro tiene porque te da miedo no ser capaz de lograr eso mismo para ti, decide si puedes prescindir de eso en tu vida o esfuérzate por conseguirlo. En este sentido, no tienes que sentir celos hacia esa persona, sino alegrarte por ella, porque ha conseguido ser capaz de lograr todo eso por sí misma, y que su éxito te inspire. Cuando sientes felicidad y alegría por los logros de otra persona, te abres a la posibilidad de lograr tus propios objetivos y de ser feliz y tener alegría. Recuperas la armonía en tu vida y cosechas sus frutos.

De ese modo puedes decir que estás viviendo según la Ley de la Armonía, y que estás en sincronía con la naturaleza armoniosa del universo. Estás buscando intencionadamente la energía armoniosa. Si no te unes a la armonía del universo, te estás apartando de ella por medio de actos y emociones negativas. Otra manera de concebirlo es decir que todo lo que das a los demás lo estás creando para ti mismo. Sin embargo, es importante que te des cuenta de que cuando transmites negatividad a los demás, también creas situaciones negativas para ti. Mantente en la vertiente positiva de las cosas para lograr todo lo que deseas.

La armonía se basa en el amor y en la acción

La Ley de la Armonía también se basa en el amor. Cuando envías amor a los demás y a las cosas que te rodean, recibes amor a cambio. El amor es una energía tan positiva que puede sacarte de la desesperación y darte alegrías. Empieza sintiendo un amor auténtico por ti mismo y por el mundo que te rodea. A continuación empieza a enviar amor incondicional a los demás, de corazón a corazón, y cuando termines, déjalo correr. La energía que les envíes les influirá de manera positiva y será una manera fantástica de poder elevar tu propia frecuencia. Otra faceta importante de vivir según la Ley de la Armonía es hacer determinados actos que satisfagan tus emociones y tus pensamientos. Considera tus pensamientos como si fueran objetos físicos que terminan poniéndose en acción e influyen directamente en ti y en los que te rodean. Para tener éxito en lo que haces, todos tus pensamientos, tus emociones y tus actos deberían estar alineados. ¿Tus actos reflejan algo distinto de lo que piensas o sientes? En ese caso ya es hora de que profundices un poco más en tu auténtica esencia espiritual. Si eres sincero y respetas tu armonía, no querrás tratar mal a los demás. Si estás desequilibrado, ahonda en el interior de tu alma; te servirá para resolver el problema en tu interior y para rectificar.

La Ley de la Armonía significa que tus elecciones conscientes no te limitan. Si te impones limitaciones, pones trabas a tu propio éxito porque dificultarás que te llegue lo que deseas. Es como si construyeras un muro a tu alrededor. Para abrirte al flujo de la energía, para que te resulte más fácil alcanzar tus objetivos, para que esos objetivos lleguen a ti, intenta ceñirte a alguna de estas alternativas cuando surja la oportunidad:

- Elige tratar a todas las personas y las cosas del universo con honor y respeto. De esta manera, estarás honrándote y respetándote a ti mismo.

- Elige aceptar que en la vida suceden muchas cosas. Y cuando eso suceda, no permitas que te afecten de manera negativa; al contrario, mira el lado positivo.

- Elige adaptarte. Cuando lo consigas, fluirás sin problemas con el movimiento de la vida en lugar de ir en su contra.

- Elige demostrar tolerancia, amistad y amabilidad para con tus semejantes.

- Elige vivir la vida sin límites.

- Elige el amor.

- Elige ver el valor que tienen todas las cosas.

- Elige la calma que te da el estar centrado en lugar de adoptar actitudes dramáticas.

Cuando hayas trabajado la alineación con la Ley de la Armonía empezarás a notar que la vida fluye sin sobresaltos, que todo parece que sucede tranquilamente y sin dramas. La ayuda te vendrá justo cuando más lo necesites, sea porque recibas una información importante o porque un amigo, un conocido o un desconocido te echen una mano.

Inténtalo ahora mismo

Piensa en un ámbito de tu vida que notes que está en franco desequilibrio. Primero piensa por qué este ámbito está tan desequilibrado. Cuando hayas encontrado la razón, decide qué acción vas a emprender que te ayude a volver a equilibrar este ámbito de tu vida. Cuando hayas hallado la solución, sigue sopesando el ámbito que todavía está en equilibrio. ¿Puedes hacer algo para equilibrarlo? Si dices que sí, plantéatelo de nuevo. Repite el ejercicio hasta que sientas que se han agotado todos los caminos posibles que te permitirían recuperar la armonía en ese ámbito de tu vida que está desequilibrado. Te propongo que trabajes un solo ámbito de tu vida cada vez, para que al final puedas escribirlo todo sin olvidarte de nada, pero si te sientes tentado a abarcar más de un solo ámbito, a por ello. Al final de este ejercicio habrás reunido una plétora de ideas que te ayudarán a recuperar la armonía en tu vida. Sigue adelante con propósito y armonía. Anota lo que vas descubriendo y ponte en acción para conseguir resultados.

Consejos para llevarlos a la práctica

- Sé consciente de cuándo estás permitiendo que el miedo te haga perder la armonía.

- Ve hacia lo más hondo de ti para descubrir la fuente de tus temores. Analízate a fondo y transforma ese miedo en una emoción positiva para entrar en armonía contigo mismo.

- Envía energía positiva y amor a los demás, aun cuando estos sean unos perfectos desconocidos; así lograrás conservar el equilibrio y la armonía en tu vida.

- A medida que te esfuerces en lograr tus propios objetivos, no te obsesiones hasta el punto de abandonar las otras facetas de tu vida. Es más fácil conseguir los objetivos cuando prestas atención a todas las facetas de tu vida y vives en un estado de armonía.

- Mantente disponible en todos los aspectos de tu vida. Haz los cambios que sean necesarios para lograr una mayor armonía en tu vida.

- Actúa con intención, pero sin egoísmos.

- Contempla y acepta cada parte de ti mismo como ser divino que eres. Tienes que encontrar la armonía en ti mismo antes de conseguir la armonía universal.

- Presta atención a tu persona para que cuando empieces a perder el equilibrio puedas regresar enseguida a tu centro y recuperar eso. Todo redundará en más armonía.

- Cuestiona tus creencias para poder llegar a la verdad de tu alma. Cuando eso suceda, hallarás la armonía.

- Acepta a los demás tal y como son. No esperes, y tampoco intentes, que la gente cambie.

- Cuando abandones tus expectativas sobre lo que deberían hacer los demás, podrás estar en armonía con su esencia Divina porque ya no estarás intentando imponerles tu voluntad.

Véase también el capítulo 5: La Ley de la Frecuencia

13

LA LEY DE LA ACCIÓN

Hoy daré pasos de una manera activa para lograr mis objetivos. Cuantas más acciones emprenda, más cerca estaré del éxito.

La Ley de la Acción, simplificando, significa que hay que hacer algo para lograr las cosas. En física, la tercera ley del movimiento de sir Isaac Newton establece que «a cada acción siempre se opone una reacción igual». Para conseguir una reacción, para que algo suceda, primero hay que emprender una acción. Tienes que actuar para hacer realidad tus sueños, tus esperanzas y deseos, y para conseguir lo que quieres en esta vida. Si te acomodas y no haces nada, si no adoptas una actitud activa, lo que deseas conseguir te resultará difícil. Cuando emprendes una acción con un propósito, ayudas al universo, porque le estás haciendo saber lo que quieres. Aunque te lleve un cierto tiempo, piensa que vas a tener que hacer algo si quieres recibir algo a cambio.

Es imperativo que entiendas que no habrá nadie que un buen día se te acerque y te diga: «Era esto lo que querías, ¿verdad? Pues toma». La vida no funciona así, aunque algún día sientas que tienes derecho a recibir ese trato. Si sientes que mereces que te lo entreguen todo sin tener que hacer nada a cambio, estás desaprovechando tu verdadero potencial. Trabajar para conseguir lo que más deseas te da satisfacción. Cuando recibes lo que deseas, sabes que lo has conseguido porque te has esforzado y has creado lo que querías para ti mismo. Nadie más lo ha hecho por ti; lo has hecho tú solo, y mereces cosechar los frutos de tu esfuerzo.

Cuando pretendes alcanzar un objetivo, tus pensamientos y emociones deben alinearse con tus actos, y tienes que trabajar ordenadamente hacia tu objetivo. Si no emprendes la acción, tienes que pararte a pensar por qué. ¿Qué es lo que te retiene? ¿Te da miedo empezar por si fracasas? ¿Estás posponiendo las cosas porque sientes que requieren mucho esfuerzo? Tienes que descubrir las razones que te impiden emprender una acción y plantearte por qué te sientes así para poder solucionarlo. De otra manera, lo que pretendes siempre estará lejos de tu alcance. ¿Y por qué? Porque tienes que emprender una acción para conseguir lo que quieres. Nadie puede hacerlo por ti. Quizá no siempre actúes bien, porque eso se aprende con la experiencia, pero al hacerlo das un paso hacia lo que quieres conseguir de la vida. ¿A qué estás esperando? No hay mejor momento que el momento presente para empezar.

Empieza una lista de quehaceres

Cuando empieces a vivir según la Ley de la Acción esta ley pasará rápidamente a formar parte de tu rutina diaria. Haz una lista de quehaceres y revísala cada mañana. A medida que vayas tachando cada entrada de esa lista, no solo te sentirás más satisfecho por haber realizado algo necesario, sino que además estarás moviendo la energía del universo para que te aporte más cosas, porque ahora ellas tienen cabida en tu vida. Cuando tienes mucho que hacer y lo pospones todo, o no terminas nada, en tu vida no queda espacio para que aparezcan cosas nuevas. Libérate de lo viejo para que pueda entrar lo nuevo.

Tu lista de quehaceres no debería consistir solo en aquello que tienes que hacer porque constituye una parte necesaria de la vida, como sacar la basura o hacer la colada; también debería consistir en acciones y tareas que puedes terminar para alcanzar tus objetivos. Y eso podría incluir hacer unas cuantas llamadas, visitar a un socio de tu empresa o hacerle un favor a tu vecino. Aunque el resultado final no se consiga tan solo con una llamada telefónica, has emprendido una acción que te aportará un resultado final. Aunque tropieces o te retrases, mantente firme y no desistas. Cada una de las pequeñas acciones que emprendas te llevará hacia delante. Quizá no obtengas resultados de la noche a la mañana, pero sí lo conseguirás si te mantienes constante.

Si no estás seguro de cómo puedes empezar, lo primero que tienes que hacer es trabajar los pensamientos. ¿Qué quieres lograr en realidad en esta vida? Si no sabes lo que quieres, no puedes emprender ninguna acción. Y eso puede llevarte a divagar sin orden ni concierto porque no te has planteado objetivos y no tienes un propósito que satisfacer. El primer paso que has hecho ha sido elegir este libro. Hay que saber los pasos que hay que dar para lograr lo que uno desea en la vida, pero primero tienes que saber lo que quieres. ¿Quieres ir de vacaciones al Caribe? ¿O prefieres un sueldo de seis cifras? Quizá solo quieras vivir sin tantos dramas y que haya más alegría en tu vida. ¡O a lo mejor lo quieres todo! Desees lo que desees, puedes lograrlo si te esfuerzas mucho en conseguirlo.

La siguiente pregunta es: ¿cuáles son los pasos adecuados que hay que dar? Pues depende. Si quieres unas vacaciones en el Caribe, has de contar con el dinero suficiente para pagarte el viaje, y quizá tendrás que ponerte a ahorrar. Luego tendrás que reservar el vuelo, el hotel, hacer las maletas e ir al aeropuerto. También tendrás que ser capaz de relajarte mientras estés allí para poder divertirte en lugar de estar preocupándote por lo que sucederá cuando regreses a casa. Si quieres alcanzar un sueldo de seis cifras, tendrás que elegir una profesión que te permita ganar esas seis cifras. Quizá tengas que ir a estudiar a la universidad, y a lo mejor no te quedará demasiado tiempo para hacer vida social. Si no quieres tantos dramas en tu vida y deseas más alegrías, tendrás que eliminar la causa de esos dramas, sea un empleo en el que estás a disgusto, sean unos amigos que te sacan de tus casillas, sea engancharte menos a las redes sociales o a todas esas cosas que te están causando estrés. Suéltalo; y descubrirás que, sin tantos dramas, tu vida será más alegre y feliz. Observa cuáles son tus circunstancias en concreto y decide cuál es el primer paso que tienes que dar para obtener lo que deseas de la vida. Solo tú sabes lo que quieres y las acciones que tienes que emprender.

La visualización creativa te ayuda a emprender una acción

Cuando piensas viviendo según la Ley de la Atracción y creas lo que quieres en la vida, también pensarás en la visualización creativa y en los pensamientos positivos. Se dan la mano, y forman parte del proceso de su manifestación. Si solo te dedicas a pensar, perderás el norte. Yo soy una ferviente creyente en la visualización creativa. Cuando te aferras a la idea de algo y la visualizas en tu vida, estás facilitando que aparezca en ella lo que deseas. Pero si solo te dedicas a visualizar y luego te quedas sentado a esperar que aparezca, quizá estés sentado durante mucho tiempo. Yo creo en el uso de la visualización creativa combinada con la acción para lograr tus objetivos.

Déjame ponerte un ejemplo. Nosotros criamos caballos pintos Barock. El objetivo es conseguir un (pinto) tobiano homocigótico, y un potro negro homocigótico, porque de adulto ese potro puede ser un semental con pedigrí cuya descendencia siempre será un potro tobiano blanco y negro. Podría quedarme sentada y visualizar este potro durante toda la vida, pero nada sucederá si no crío caballos y tengo potrillos cada año. También tengo que planificar su pedigrí teniendo en consideración la genética para obtener buenos resultados. E incluso entonces, el universo puede jugarte alguna mala pasada. Nuestras yeguas tuvieron tres potros tobianos homocigóticos, uno tras otro, durante estos dos últimos años, y todos salieron castaños en lugar de nacer negros. La posibilidad de lograr esta combinación solo era de un seis por ciento. Me lo habría podido tomar como un inconveniente, pero no lo hice. Hemos conseguido una combinación de ADN que es dificilísima; o sea que el potro que queremos no tardará en nacer. La cuestión es no abandonar tu sueño, seguir intentándolo, y no rendirte nunca. Aunque no puedas ser capaz de predecir el resultado, ni de tener ningún control sobre él, sigue intentándolo hasta que triunfes. Ponte en acción, sé proactivo planificando y dando los pasos que toca, y al final conseguirás todo lo que quieres de la vida.

Cree firmemente que puedes conseguirlo, ponte en acción y conseguirás hacer realidad los deseos que alberga tu corazón.

Inténtalo ahora

Elige una entrada de tu lista de quehaceres que hayas estado posponiendo. Elige lo que te dé más miedo. Pongamos por ejemplo que tienes que limpiar y reorganizar un armario de casa. Te da miedo porque sabes que tardarás mucho en terminar, y que además el proceso será laborioso. Cuando te libres de lo que hay que tirar y hayas terminado con el desorden, habrás liberado energía de tu casa para que hacia esa zona fluya una energía renovada. Aborda esa tarea de forma organizada para que tu trabajo discurra con mayor rapidez. Al acabar tendrás la sensación de haberlo logrado, porque actuaste para alcanzar tu objetivo.

Unos consejos para llevarlos a la práctica

- ¡Deja de posponer las cosas y haz algo! Los pasitos de bebé también sirven para llegar a tus objetivos.

- Si no estás seguro de por dónde empezar, haz una lista detallada de los pasos que necesitas dar para terminar una tarea. Verlo por escrito te ayudará a aplicarte.

- La acción que emprendas dependerá de lo que quieras conseguir. Permanece centrado.

- Dar el primer paso suele ser lo más difícil. Cuando hayas empezado, el resto ya irá saliendo.

- Si te paran o te apartan de tu tarea, retómala. No te lo reproches ni vuelvas a posponer las cosas; tú ponte a ello.

- Hasta que no emprendas una acción en concreto, el éxito solo vivirá en tu mente. Tienes que actuar para lograr lo que quieres en el mundo físico.

- Que tus acciones tengan un propósito si quieres resultados.

- Suma el ponerte en acción con la visualización creativa y lograrás unos resultados increíbles.

- Todo tiene energía y está en movimiento. Tienes que moverte intencionadamente en la dirección de tus deseos para lograrlo.

Véase también el capítulo 23: La Ley de la Pasividad

14

LA LEY DE LA AFIRMACIÓN

Hoy me siento motivado y me hace ilusión lograr mis objetivos.

La Ley de la Afirmación dice que cuando creas una frase positiva sobre lo que quieres lograr, y repites la afirmación periódicamente, con el tiempo pasa a convertirse en realidad. La Ley de la Afirmación fue evolucionando a partir de los mantras budistas y sánscritos de la antigüedad, y en la actualidad existen estudios científicos que respaldan su utilidad y su capacidad para atraer el cambio. Las afirmaciones pueden ser pensamientos o pueden pronunciarse en voz alta; sin embargo, tienen que hacerse con frecuencia para vivir según la Ley de la Afirmación. Pensar o decir una afirmación varias veces al día tiene un efecto positivo y poderoso en ti. Pasa a formar parte de tu verdad esencial. Pero si solo dices la afirmación una vez a la semana, el efecto no va a ser el mismo. Su fuerza será menor, y tú tardarás más en conseguir lo que deseas.

Quizá ya estés viviendo según la Ley de la Afirmación sin apenas darte cuenta. Si eres de los que dicen que hay que ver el lado positivo de la vida o buscar un resquicio de esperanza, eso son afirmaciones que intentan ver lo bueno que te aporta una situación negativa. Quizá has dicho eso tantas veces que ya es como una segunda naturaleza para ti. La Ley de la Afirmación funciona permitiéndote interiorizar lo que quieres con afirmaciones.

El propósito oculto tras la Ley de la Afirmación es: *todo lo que piensas puedes conseguirlo*. Tiene la intención de ayudarte a pensar cosas positivas sobre ti mismo para que te sientas optimista y consigas tus objetivos aun cuando no te sientas muy confiado. Por ejemplo, si tu afirmación del día es «Soy feliz» y te despiertas sintiéndote algo triste, repitiendo «Soy feliz» varias veces a lo largo del día empezarás a fijarte en todo lo que te hace feliz y saldrás del bache.

Puedes inspirarte con esta afirmación, cambiar tu estado de ánimo, atraer lo que quieres a tu vida o inspirarte en ella. Si trabajas tu espiritualidad, tu afirmación podría ser: «Cada día me vuelvo más fuerte en mi espiritualidad». Pronunciar esta afirmación te permite conectar con la energía universal de una manera positiva y, a la vez, vivir con más fuerza tu crecimiento espiritual.

Cómo usar las afirmaciones

Hay que recordar varias cosas importantes cuando vives según la Ley de la Afirmación. Es fácil caer en la trampa de hacer afirmaciones negativas; hay que evitarlo si es posible. Cuando afirmas algo negativo, lo negativo se ve atraído hacia ti, cuando tu objetivo es atraer lo positivo. ¿Te suena haber pronunciado las siguientes palabras?: No puedo..., Lo haría, pero..., No tengo que..., No soy..., No entiendes que..., Lo intentaré, pero no puedo prometértelo..., etcétera, etcétera. Las afirmaciones que empiezan de esta manera a menudo terminan siendo negativas, y al pronunciarlas tu mente confirma que son ciertas. Di, en cambio: Haré..., Tengo..., Soy... Ten cuidado cuando elabores tus afirmaciones para que siempre sean positivas y no contengan palabras ni intenciones negativas.

Cuando pronuncies o pienses en tus afirmaciones, es importante que entiendas el papel de la mente subconsciente. A la mente no le gustan los cambios. Preferiría que las cosas siguieran tal y como están porque el autoanálisis es duro, el cambio es incómodo y es más fácil que las cosas sigan igual. Por eso, si tu mente subconsciente se siente más cómoda pensando en todas las cosas que te faltan cuando tu mente consciente empieza a elaborar afirmaciones para lograr todo lo que quieres, tu mente subconsciente sufre como una rabieta (a causa del miedo) y echa el freno. El problema es que la mente subconsciente es muy poderosa, y puede sabotear todos tus esfuerzos hasta situarte en una mentalidad de carencia.

Resistencia a las afirmaciones

¿Cómo le das la vuelta a la capacidad que tu mente subconsciente tiene de resistirse a los esfuerzos que haces practicando tus afirmaciones? Tienes que empezar poco a poco. No hace mucho nació una yegüita en nuestra granja. La madre era primeriza, y no sabía lo que debía hacer y temía que alguien hiciera daño a su cría. La pequeña yegua nos tenía miedo porque veía que la madre se interponía entre ella y nosotros. Nos observaba tras las piernas de su madre para ver lo que hacíamos, pero no se nos acercaba ni dejaba que la tocáramos. El potrillo rehuía el contacto con nosotros. Esta es la clase de reacción que tiene la mente subconsciente cuando, de golpe, se ve enfrentada a lo positivo. La mente se resistirá a los esfuerzos que hagas por cambiar. Logré resolver el tema de la yegüita a las dos semanas de su nacimiento. Cuando vi que acercarme a ella de la manera convencional no funcionaba, me ponía a hablarle a su madre sin mirarla. Finalmente, vencida por la curiosidad, daba unos pasos hacia mí. Sin darme la vuelta, y avanzando de espaldas con la palma de la mano extendida, probé a ir dando pasos, hasta que un día noté su pequeño hocico en mis dedos. Cuando eso sucedía, me iba dando progresivamente la vuelta hasta que al final ya pude ponerme frente a ella.

Adquirí la costumbre de toquetearla dándole unos golpecitos en el cuerpo, hasta que se dio cuenta de que no pretendía hacerle daño, y comprendió que esos golpecitos le resultaban agradables. Si tienes paciencia con tu subconsciente, tal y como harías con una yegüita asustada, no te resistirás tanto a los cambios que tus afirmaciones aporten a tu vida. Una de las maneras en que puedes contribuir a ayudar a tu subconsciente a ajustarse es decir cosas como «Creo», «Sé», «Acepto» y «Me doy cuenta». Estas frases indican que aceptas el cambio, y te servirán para enfrentarte a las resistencias de tu inconsciente.

Así como la mente subconsciente puede resistirse a tus intentos de cambiar a través de afirmaciones, vas a descubrir que las personas que hay en tu vida también pueden resistirse a tus intentos de cambiar en positivo o de lograr un objetivo en concreto. ¿Y por qué? Sencillamente, porque eso les hace sentirse incómodos. No es que no quieran que estés bien y consigas todo lo que quieres en la vida; es porque el cambio asusta a la gente, y provoca que se sienta mal consigo misma porque tú lo estás haciendo bien. Todo se remite a los miedos interiores. Clávatelo en el pensamiento. Quizá tengas que ayudar a alguien cercano a ti a superar el miedo que tiene de que tú tengas éxito.

Sé breve, calla y cree

Cuando elabores tus afirmaciones, es mejor que sean breves y dulces y que vayan al grano. Las afirmaciones largas y agotadoras cuestan de recordar y carecen de la fuerza que tienen las breves. Es importante que uses palabras con fuerza en tus afirmaciones. A tu mente subconsciente le encantan los pensamientos breves, fuertes y emocionales, y no se resiste tanto a ellos. Cuando uso afirmaciones emotivas, contienen adjetivos y adverbios que imponen, son breves y especifican muy bien lo que deseo conseguir. Parece que funcionan con más rapidez e intensidad que las afirmaciones y son más tranquilas, largas y genéricas.

¿Sabías que el silencio tiene poder? Si estás haciendo afirmaciones, no es necesario que se lo digas a los demás, ni que les digas cuáles son. Tus afirmaciones tendrán más poder cuando te las reserves para ti mismo. Además, evitarás tener que lidiar con la resistencia de los que te rodean.

Creer es el componente crítico de la Ley de la Afirmación. Si no crees, las afirmaciones no funcionarían. Puedes decir tus afirmaciones cada día, pero si no te las crees, tu energía no se alineará con la energía de la afirmación. No creer en la afirmación terminará por causar el efecto contrario, y puede alejar de ti lo que quieres conseguir. Piensa en tu afirmación como si fuera un cebo, y en tu forma de creer como si fuera la caña que te aportará lo que intentas atrapar. Tienes que creer que la caña es lo bastante fuerte para sacar fuera tus deseos. En caso contrario, puedes estar lanzando el sedal todo el día sin atrapar nada. Asegúrate de que lo que crees es cierto y fuerte para que tus afirmaciones funcionen antes y con mejores resultados.

La Ley de la Afirmación significa que puedes usar afirmaciones en todas las áreas de tu vida. Puedes usarlas como autoayuda, para ayudarte en determinadas situaciones, para fomentar la confianza en ti mismo y para lograr el éxito. Escribe tus afirmaciones personales con cuidado, hazlo despacio para evitar las resistencias de tu subconsciente y conseguirás todo lo que deseas.

Inténtalo ahora

Siempre es útil elegir varias afirmaciones que puedas pronunciar a diario. He incluido afirmaciones al principio de cada capítulo para que puedas usarlas. Algunas son un poco más largas a propósito, o sea que tómate la libertad de volver a reformularlas para que encajen con tus necesidades. Lo que me gustaría que hicieras con este ejercicio es crear un cuaderno de notas de afirmaciones personalizadas que se relacionen directamente con tu vida. Usa tus propias intenciones, objetivos, esperanzas y sueños cuando crees estas entradas. Compra uno de esos pequeños cuadernos de notas que puedes llevar contigo a todas partes y luego escribe una afirmación en cada página. Ábrelo por cualquier página elegida al azar cuando necesites una afirmación. Las afirmaciones pueden crear cambios en tu vida.

Consejos para llevarlos a la práctica

- Asegúrate de que tus afirmaciones están hechas en tiempo presente.

- Las afirmaciones tienen que ser personales y aplicarse a tu vida.

- La intención de una afirmación siempre tiene que ser positiva.

- Evita las palabras negativas.

- No uses palabras que impliquen carencia, sentir que no se tiene algo o que impliquen negatividad.

- Sé específico en las palabras que utilices. Si la afirmación es demasiado genérica no es tan efectiva.

- Cuanto más simple, mejor. Si te resulta difícil pronunciar esa afirmación, más difícil será que la lleves a la práctica.

- Las afirmaciones no deberían ser imposibles de lograr. Podría existir algún impedimento para que alcanzaras tu objetivo. Por ejemplo, no te crecerá otro brazo solo porque pienses que estaría bien tener tres. Ya puedes ir haciendo afirmaciones para que te salga otro brazo, que eso nunca pasará.

- Crea afirmaciones que te aporten alegría, felicidad e ilusión.

- No abandones. Las afirmaciones llevan su tiempo.

Véase también el capítulo 30: La Ley de la Petición

15

LA LEY DE LA CLARIDAD

Con intención y centrándome puedo conseguir claridad en mi vida para lograr mis objetivos con propósito y alegría.

La Ley de la Claridad afirma que si eres claro con lo que quieres lograr en la vida, tus intenciones son claras y hay claridad en tu propósito, lograrás obtener tus deseos. Pero si no eres claro y vas sin dirección ni propósito algunos, será difícil que consigas tus objetivos. Muchas religiones, entre las que se cuentan el taoísmo y el budismo, enseñan la importancia de la claridad en sus doctrinas. En nuestros tiempos hay muchos hombres de negocios, profesionales y gente normal y corriente que están enseñando a los demás que es muy importante ser claro con los pensamientos y los propósitos para conseguir nuestros objetivos. A veces quizá no sepas con exactitud definir lo que quieres, pero sabes cómo te sientes. En este caso es importante tener las sensaciones claras. Cuando conectes con la Ley de la Claridad es importante que hables en voz alta o escribas lo que intentas lograr o lo que sientes de una manera clara y concisa. Envía el pensamiento, las palabras o los sentimientos al universo con una intención clara. Si no sabes lo que quieres y no eres capaz de poner voz a tus intenciones para conseguirlo, es más difícil que lo que deseas llegue a ti. Cuanto más claro seas en lo que respecta a eso, antes lograrás tus objetivos.

Uno de mis propósitos siempre ha sido ayudar a los demás a que logren tener más claridad en su vida con lecturas intuitivas o enseñándoles temas metafísicos. Incluso he puesto un lema en mi página web: *Consigue mayor claridad en tu vida*. Para mí siempre ha sido importante saber lo que quiero conseguir y dar los pasos que debo para lograrlo. Ayudar a los demás a que tengan más claridad en su vida forma parte del propósito de mi alma. Cuando eres capaz de seguir la Ley de la Claridad, a menudo descubrirás que estás más vinculado al propósito de tu alma.

El significado de la claridad

¿Qué significa ganar en claridad? Significa que estás centrado y sabes exactamente lo que quieres, y eso se refleja en tus intenciones, creencias y sentimientos. Cuando tienes claridad interior, es más fácil lograr claridad exterior con tus decisiones, tus actos y tus triunfos. Y eso significa abandonar los pensamientos confusos, la incertidumbre o los actos fortuitos. Eres honesto contigo mismo porque has conectado la esencia de tu alma a tu propósito interior. Sin duda alguna, sabes quién eres, a dónde vas y lo que quieres lograr en esta vida. Eres puro en intención, auténtico en tus actos, y vives la vida con mucha integridad.

Cuando vives la Ley de la Claridad se abren puertas a las oportunidades inesperadas. Comprendes que cuando se cierra una puerta, se abrirá una ventana a una nueva oportunidad. Ya no te quedarás atrapado en patrones poco sanos que te impiden alcanzar todo tu potencial. Te darás cuenta también de que atraes a la gente, y que esta tenderá a confiar en ti en los lugares más insospechados porque irradias confianza. A lo mejor estarás haciendo cola en una charcutería y alguien al azar empezará a compartir contigo sus preocupaciones. Cuando tienes claridad interior, tu intuición te guiará y podrás darle la respuesta más pertinente para ayudarle en ese momento de su vida.

Cuando te falta claridad, tomar decisiones puede resultarte muy difícil, y puedes sentirte bloqueado y pensar que no puedes seguir adelante. Puedes llegar a convertir las menudencias en problemas insoslayables, volverte olvidadizo, sentirte enfadado, molesto, inquietarte con facilidad, mostrarte extremadamente emocional o pensar que todo lo que intentas hacer te sale mal. La letargia, el postergar las cosas y la sensación de verte sobrepasado se convierten en la norma de tu vida. Si es así como te sientes, ha llegado el momento de que busques claridad en tu vida. La claridad te volverá a poner en la vía, te dará energía, y volverás a ser capaz de conseguir tus deseos.

Pasos para conseguir la claridad

¿Cómo consigues tener claridad cuando eso es precisamente lo que te falta? Quedarte quieto esperando que suceda algo positivo no sirve de nada. Al contrario, lo que tienes que hacer es centrarte en un objetivo, tomar decisiones para ver cómo puedes lograrlo y ponerte en marcha. Piensa en tu objetivo con claridad y precisión, y permanece atento: céntrate y no pierdas la concentración.

A veces necesitarás dar pasos más pequeños. Si no tienes clara la dirección a emprender en lo que respecta a un tema determinado, elimina la negatividad o la incertidumbre que puedan asaltarte. Es decir, puedes centrarte en tus procesos de pensamiento. Si estás confundido, es porque en realidad no has decidido lo que quieres o lo que es adecuado para ti en una determinada situación. Es difícil emprender una acción cuando no estás seguro de la dirección que debes tomar. ¿Cómo se puede dejar de estar confuso para poder tomar una decisión? Se empieza haciendo una lista con los pros y los contras. Cuando escribes tienes que centrarte para poner las cosas en una categoría determinada, y eso significa que tienes que pensar y tomar decisiones sobre lo que escribes. Cuando lo pones sobre el papel, tu pensamiento se hace tangible. Ten el papel en la mano, míralo y ve leyéndolo hasta decidir si lo que hay escrito te conviene. Son pequeñas decisiones, pero irás despejando la energía y serás capaz de tomar otras decisiones más importantes.

La preocupación es uno de los mayores impedimentos para alcanzar la claridad. Cuando te preocupas alejas de ti la posibilidad de que se te ocurra algo. Y eso es así. La preocupación te sume en un estado de confusión, y entonces empiezas a plantearte esos «y si...» infinitos que carecen de dirección o propósito. Cuando dejas de preocuparte y piensas con claridad, es más fácil encontrar un resultado deseable y planificar cómo conseguirlo. Si sientes que estás haciendo todo lo que puedes pero sigues sin ser capaz de mostrarte claro en tus objetivos, quizá necesites simplificar tu objetivo final dando pasos individuales hasta alcanzarlo. En otras palabras, prepara una lista de pequeños objetivos que puedas lograr y que te lleven a conseguir el objetivo principal. Si quieres ser abogado, no puedes terminar el bachillerato y ponerte a practicar la abogacía. Primero debes terminar el instituto, pedir plaza en la facultad de Derecho, conseguirla, licenciarte en la universidad y aprobar un examen específico que te permita ejercer la profesión. Es decir, para convertirte en abogado, como mínimo tienes que cumplir cinco objetivos antes de lograr ese objetivo que te habías marcado a largo plazo. Cuando simplificas el objetivo a largo plazo y lo divides en varios subobjetivos, logras que cada paso sea más fácil.

Puedes hacer muchas cosas para ganar en claridad. A lo mejor te gusta hacer listas, como me pasa a mí, o quizá prefieras escribir un diario, montar una tabla de visualización, dibujar, pintar, meditar o rezar. Cualquier actividad que te ayude a mantenerte centrado y claro en una situación determinada te va a ayudar. En mi caso, cuando me siento confusa sobre la dirección que debo tomar, suelo ir a los establos. Cepillar un caballo o limpiar un pesebre tiene un no sé qué que me permite calmar la mente, centrarme y encontrar soluciones, o bien decidir el camino que debería emprender. A menudo los actos repetitivos (como limpiar la casa, lavar el coche o cualquier otra cosa que se te ocurra) le permite a nuestra mente encontrar una manera creativa de salir adelante.

Cuando te has marcado un objetivo, concédete un plazo de tiempo para alcanzarlo y haz algo cada día que te acerque a lo que buscas. Si no te impones una fecha límite, es fácil que lo pospongas y decidas dejarlo para mañana, o para la semana que viene. Pero si has escrito que tienes que lograr un objetivo antes de llegar a una determinada fecha, te esforzarás más en conseguirlo. Asegúrate de concederte un plazo de tiempo adecuado para no terminar frustrado, enfadado y agobiado porque te has echado encima una presión innecesaria. Es importante prestar atención al camino que recorres hasta llegar al resultado final, y no olvides detenerte para oler el café o las rosas que te encuentres por el camino. Estas paradas técnicas te ayudarán a conseguir incluso más claridad en la vida.

Inténtalo ahora

Hagamos un ejercicio de visualización creativa que te ayude a ganar en claridad cuando debas decidir entre dos cosas. Piensa en algo que debas decidir y a lo que no logras dejar de darle vueltas. Por ponerte un ejemplo, digamos que tienes que tomar la decisión de comprar un coche nuevo. Cierra los ojos. Imagínate mentalmente tu coche actual y otro coche nuevo aparcado al lado. Ahora, deja de observarlos y percibe cómo la energía se va desplazando en tu interior. Visualízala como si fuera una ligera bruma con unas motitas blancas que representan el poder que va surgiendo en ti. A medida que te va envolviendo, permite que se lleve todos los obstáculos que te impiden pensar con claridad. Y entonces prepárate para ver el lugar donde los coches están aparcados, porque allí verás un solo coche. Ese es el que necesitas. Mira ahora los dos coches. El coche que estás viendo es la respuesta a tu pregunta. Ahora, tu decisión está clara y tienes un objetivo en mente; puedes emprender la acción que sea necesaria para conseguirlo.

Unos consejos para llevarlos a la práctica

- Tómate tu tiempo para conectar con la energía de tu yo espiritual fundamental y así tener claro quién eres y lo que te gustaría conseguir en la vida.

- Anota los objetivos que te has marcado.

- Cuanto más pienses en tus objetivos y te centres más en los pasos que necesitas dar para lograrlos, más fuerza les otorgas para que den fruto.

- Sé específico y detallado al establecer tus objetivos.

- Prioriza tu lista de objetivos.

- Da a cada objetivo una fecha final.

- Aleja de ti la preocupación y los pensamientos caóticos.

- Haz algo cada día que imprima velocidad al proceso de llegar a tu objetivo.

- Permanece centrado en tus objetivos y revísalos a diario. Eso les dará poder para que se manifiesten en tu vida.

- Distánciate de las situaciones y las personas que no tienen claro su propio camino o tienen objetivos claramente opuestos a los tuyos. Sé responsable de tus propios actos y acepta la responsabilidad de mostrarte claro y centrado y de lograr lo que quieres en la vida.

Véase también el capítulo 36: La Ley del Despertar

16

LA LEY DEL ÉXITO

— 🕊 —

Logro el éxito trabajando con esfuerzo, con sentido positivo y alegría.

La Ley del Éxito significa que puedes alcanzar todos y cualesquiera de los objetivos que deseas, tanto si son materiales como si son emocionales o espirituales. En 1925 un libro titulado *Las Leyes del Éxito*, de Napoleon Hill, se publicó en una edición muy limitada. Las ideas contenidas en ese libro se basaban en otras leyes naturales y permitían que las personas que las aplicaran tuvieran éxito. El término «Ley del Éxito» le deja a uno atascado. Para vivir según la Ley del Éxito tienes que decidir lo que significa para ti tener éxito si en realidad quieres lograrlo. Es una cuestión importante que tienes que responder con sinceridad, de manera concreta y clara. Hay quien define el éxito como un trabajo bien pagado, una casa, un coche de lujo y todas las exquisiteces que pueda brindarte la vida. Otros sienten que no necesitan tener posesiones materiales para alcanzar el éxito. Tienes que definir lo que significa para ti el éxito basándote en tus propios pensamientos, en tus emociones y en tus objetivos. La definición del éxito es distinta para todos, y correcta para cada uno de nosotros.

Si por buscar el éxito ves que no puedes dejar de esforzarte, quizá ha llegado el momento de volver a valorar las cosas. Nuestro propósito en esta vida es reconectar con nuestro ser espiritual fundamental, nuestra naturaleza divina, y aprender lecciones que nos ayuden en el crecimiento de nuestra alma. Y eso debería suceder sin demasiadas tensiones o confusiones. Si crees que la vida es una lucha continua, no estás en armonía con tu auténtico yo espiritual, te estás esforzando demasiado, te aferras demasiado en controlar una situación o intentas forzar tu voluntad en lugar de dejar que las cosas pasen. El éxito llegará si persigues tus objetivos sin intentar controlar todo lo que necesitas para lograrlos. Hay veces en que tienen que suceder ciertas cosas, y eso queda fuera de tu control.

Contemplemos el éxito desde un punto de vista espiritual. Cuando tienes éxito en lo que haces, cuando tu frecuencia está conectada y alineada con lo que pretendes, esa vibración combinada va aumentando y crea un tirón en el universo para que aquello que deseas llegue a ti. Desde un punto de vista espiritual, el éxito significa alegría, satisfacción y el crecimiento espiritual que sientes cuando logras lo que deseas espiritualmente. Podemos estar hablando de un crecimiento espiritual, de amor, felicidad, paz, gratitud, alegría, de encontrar tu propósito o de ayudar a los demás a que encuentren la iluminación. El éxito espiritual trata del crecimiento interior y de las acciones positivas.

El éxito material es poder ser capaz de conseguir las cosas físicas que quieres en la vida. Quizá se trate de un coche nuevo, de un trabajo muy bien pagado, de varias carreras, de un barco, de una casa o de cualquier otra cosa que puedas lograr con esfuerzo o, sencillamente, comprar si has ganado el dinero suficiente para poder permitírtelo.

Sé flexible durante los cambios para tener éxito

El éxito se da cuando tienes claro el objetivo final y eres flexible a la hora de recibirlo. La palmera se dobla ante la fuerza de los vientos huracanados para no romperse y lograr el objetivo de sobrevivir a la tormenta. Si eres demasiado rígido y no te muestras dispuesto a doblegarte o seguir fluyendo cuando lo necesitas, estarás poniendo obstáculos en tu propio camino. Sé flexible, pero también sé fuerte.

Lo mismo se aplica al cambio. Todos y cada uno de nuestros momentos diarios aportan algo nuevo y diferente a nuestra experiencia. No dudo que a veces parezca que siempre haces lo mismo, pero no hay dos momentos idénticos en tu vida. Adaptarte al cambio es clave para tener éxito. El cambio trae oportunidades consigo. De ti depende aferrarte a ellas cuando aparezcan en tu camino y no permitir que pasen de largo. A veces perderás oportunidades porque no supiste reconocerlas. Por eso es muy importante ser consciente de las puertas y las ventanas que se abren al cambio y de la oportunidad que ofrecen a tu vida.

La Ley del Éxito se aplica tanto al comportamiento positivo como al negativo. A pesar de que mi deseo es que siempre te esfuerces en lo positivo, puedes tener éxito con un comportamiento negativo del mismo modo que puedes tener éxito con un comportamiento positivo. Eso sí, los dos caminos son muy distintos. Por ejemplo, digamos que intentas conseguir un trabajo en concreto pero hay otra persona con más antigüedad que tú y que ocupa el primer lugar de la lista. Si adoptas el enfoque positivo y te esfuerzas en demostrar al cuadro superior de tu empresa que superas con creces el perfil de tu puesto de trabajo, es posible que te lo ofrezcan, sobre todo si la persona que está mejor situada que tú en realidad no desea el ascenso porque eso le exigiría dedicarle más horas de las que está dispuesta a trabajar. Si alguien adopta un enfoque negativo y le causa problemas a la persona de mayor antigüedad, probablemente también consiga el puesto, pero ¿a qué coste personal, espiritual y para su alma? Si adoptas un enfoque negativo para conseguir el éxito estás creando un karma (siguiendo la Ley del Karma) que te afectará en forma de deudas que deberás saldar. Pero cuando adoptes un enfoque positivo, tus recompensas serán positivas. Si vives un éxito inesperado que parece caído del cielo, eso es una recompensa kármica por haberte mostrado positivo en el pasado o en una vida pasada.

Los actos muestran a los que te rodean exactamente el tipo de persona que eres interiormente. Si quieres tener un auténtico éxito, trata a los demás con dignidad y respeto, y asegúrate siempre de ir por el camino superior. Recuerda que lo que haces siempre tiene su compensación.

La Ley del Éxito también te insta a conservar una perspectiva optimista. Busca lo positivo y sigue la cadena de favores. Mira el vaso medio lleno en lugar de verlo medio vacío, reconoce los aspectos positivos de toda experiencia y situación y ve que hay esperanza y posibilidades a tu alrededor. El optimismo te llevará a otros lugares y te dará éxito. El pesimismo te frenará. Si has caído en la rutina del pensamiento negativo, ya es hora de que le des la vuelta para que puedas ver las posibilidades increíbles que te ofrece la vida.

Suelta lo que no te ayuda

He adoptado el hábito de desembarazarme de lo que ya no me sirve ni me aporta nada en general. Eso significa que si estoy depositando tiempo y energía en cosas que no me aportan los resultados que querría, y me he empleado a fondo en ello, ya es hora de soltar. Si ciertas personas me hunden, no son amigas mías y solo quieren utilizarme, las suelto. Si hay algo o alguna persona que me esté causando demasiada tensión o preocupación, o estoy viviendo alguna situación dramática, suelto todo eso. Prefiero moverme hacia delante en la vida sin tantos dramas y con el menor estrés posible. Pero tampoco creáis ahora que siempre he sido así. De joven me nutría en el drama como si fuera mi caldo de cultivo. Cuanto más intenso, mejor; más disfrutaba yo. Cuando crecí espiritualmente y conecté con mi esencia interior, me di cuenta de que estaba enzarzada en un remolino de discordia emocional que siempre me hacía sentir molesta, estresada o enfadada, y que eso era muy negativo para mí. Elegí a conciencia soltar todas esas cosas que me causaban inquietud, ¿y sabes lo que ocurrió? Sentí una paz y una calma como no había sentido jamás. La vida siempre te pondrá dramas en el camino; pero lo que importa es la manera en que elijas gestionarlos. Cuando eliminas las cosas que ya no te sirven, que no te ayudan para conseguir lo que quieres en la vida, despejas el camino para que se presenten nuevas oportunidades y aventuras.

Cuando vives según la Ley del Éxito tienes que ser persistente si quieres lograr tus objetivos, y no ceder nunca. Ser persistente es necesario para triunfar en general. Yo siempre he sido una lectora voraz, y siempre me he marcado como objetivo a largo plazo convertirme en escritora y publicar muchos libros, pero también me he divertido ayudando a otros autores en su trabajo. Gestioné varias páginas web para promocionar libros u ofrecer servicios a los escritores, pero lo dejé todo porque consumía demasiado tiempo del que tenía destinado a escribir. Ahora dedico toda mi jornada laboral a la escritura, y solo me dedico a montar portadas prediseñadas para otros escritores. Nunca me he rendido, y siempre he insistido en alcanzar mi objetivo de ser escritora y ayudar a otros escritores en sus tareas. Para llegar donde ahora estoy, tuve que elegir abandonar muchas cosas que me gustaban, pero que me impedían convertirme en una autora de éxito. Cada una de estas experiencias me sirvió para alcanzar distintos niveles de éxito, que hicieron de trampolines para conseguir que alcanzara el punto en el que estoy ahora. Mira cuál es el trampolín que hay en tu camino hacia el éxito para ver lo lejos que has llegado. ¿Fuiste persistente? ¿Qué soltaste para poder seguir delante?

Inténtalo ahora

Te presento un ejercicio rápido y fácil que te puede servir para empezar el día. Por la mañana, antes de salir por la puerta, ve al espejo y mírate a los ojos. Contempla tu esencia interior, tu verdadero yo espiritual, el que habita en el interior de tu cuerpo, y dite a ti mismo: «Hoy será un día fantástico. Me enfrentaré a todos los desafíos con una sonrisa y me obligaré a dar un paso más hacia todo lo que deseo. Soy una persona que triunfa intentando lograr sus objetivos». Son unas palabritas de ánimo que van fantásticas y te ponen de buen humor para pasar el día.

Unos consejos para llevarlos a la práctica

- Escribe lo que la palabra «éxito» significa para ti. Revísalo a menudo.

- Haz una lista de tus objetivos y repásala a diario.

- Confía en que tendrás éxito. Si lo esperas, te llegará.

- Cree que tendrás éxito y conseguirás tus objetivos.

- Suelta lo que ya no te sirve. Haz limpieza de lo viejo para darle espacio a lo nuevo.

- No tengas miedo de fracasar. Cuando eres valiente en tus propósitos, los miedos se superan.

- No abandones nunca tus objetivos primordiales.

- Trabaja con ahínco. No esperes que las cosas te vengan dadas, pero si es así, sonríe y da las gracias al universo por su regalo kármico.

- Sé flexible, fuerte y persistente.

- Solo tú eres responsable de tu éxito. No culpes a los demás si no lo has tenido. ¡Sal al mundo y haz que eso ocurra!

Véase también el capítulo 34: La Ley de la Prosperidad

17

LA LEY DE LA RELATIVIDAD

Hoy me veo como un individuo positivo, único, que se esfuerza por conseguir el éxito que desea.

La Ley de la Relatividad, que fue introducida por la teoría científica de Albert Einstein, afirma que todo lo que existe en nuestro mundo físico es real con relación a otra cosa. Hasta que no comparas dos cosas entre sí, estas permanecen aisladas, como entidades separadas. Cuando has comparado dos o más cosas entre sí, se vuelven relativas entre sí. Eso significa que no hay nada grande o pequeño hasta que lo relacionas con otra cosa. Un edificio de diez pisos solo es un edificio de diez pisos hasta que se compara con otro de tres; entonces sí que parece alto. Pero un edificio de diez pisos comparado con un rascacielos de sesenta hace que el edificio de diez pisos parezca muy pequeño. Todo es relativo. Le damos sentido en nuestra propia mente por medio de la comparación. De otro modo, eso solo existe como parte de un todo.

La Ley de la Relatividad significa que como seres espirituales todos experimentamos un único conjunto de lecciones que hará aumentar nuestra luz interior. Estas lecciones a menudo se presentan en forma de exámenes o problemas que hay que solucionar. La Ley de la Relatividad significa que, con independencia de lo mal que vivamos nuestra situación, siempre habrá alguien que en la vida que lo esté pasando peor que nosotros, y también que siempre habrá gente que tenga una vida más fácil. La lección es poder ser consciente de estas diferencias relativas y actuar en consecuencia. Cuando comparamos nuestra situación con la de los demás, se potencia nuestra capacidad de ver la vida desde diferentes ángulos mientras aprendemos a ayudarnos a nosotros mismos y a los demás basándonos en estas experiencias.

Sabemos que la luz existe cuando la comparamos con la oscuridad. En el mundo físico la luz se traduce en el día y la oscuridad en la noche. En el mundo espiritual, sabemos que hay luz en todos y cada uno de nosotros porque se ve en las buenas acciones que todos hacemos cada día. Pero también sabemos que hay oscuridad en cada uno de nosotros porque también la vemos en los actos negativos. Si la Ley de la Relatividad no existiera, nunca podríamos ver las diferencias ni ser capaces de crecer espiritualmente. Solo en el plano terrenal es donde vemos las diferencias entre nosotros, porque en el reino espiritual somos todos uno y el mismo, formamos parte de un todo, somos pura luz y pura bondad y estamos eternamente en paz los unos con los otros. Eso es lo que también tendríamos que esforzarnos por conseguir en el plano terrenal.

Cuando pienses en la Ley de la Relatividad y hagas comparaciones, es imperativo que te posiciones incluyéndote en esa comparación para poder elevar tu autoestima, seguir albergando pensamientos positivos y abandonar los modelos negativos para triunfar en lo que quieres en la vida. Si enfocas la Ley de la Relatividad desde un ámbito negativo, también puedes llegar a tener éxito, pero te costará muchísimo, y es posible que el objetivo último se te escape de las manos. Si cambias de manera de pensar, si cambias de lo negativo a lo positivo, será más fácil que logres tu objetivo último.

Aprender a partir de la relatividad

Si todo es relativo, ¿cómo aprendes las lecciones? Todo se basa en tus reacciones y en las acciones que emprendas en respuesta a todo aquello a lo que te enfrentas. Cuanto más positivos sean tus reacciones y tus actos, más vas a crecer espiritualmente. Si tu reacción es negativa o tu actitud es la de compadecerte, te comportas como un llorica y siempre piensas por qué es a ti a quien le sucede todo lo malo, esta reacción negativa te impedirá crecer y tener éxito. Tus lecciones ya querías aprenderlas antes de nacer en el plano terrenal de la existencia. Intenta recordar que todas las experiencias te aportan un crecimiento espiritual, de manera que tus reacciones sean correctas y emprendas las acciones necesarias para conseguir ese crecimiento.

Cuando vives según la Ley de la Relatividad, das sentido a lo que sucede en tu vida. Sin esta ley, la vida no tendría sentido. Solo existirías, lo harías todo de manera mecánica, vivirías sin ningún propósito en la vida, sin objetivos, y la vida sería aburrida y trivial. Pero existe, y tú puedes establecer tus propios objetivos y esforzarte en conseguirlos comparando los pasos que estás dando con los que han dado otras personas que han alcanzado el éxito.

Es importante recordar que no hay que usar la Ley de la Relatividad contra uno mismo. Si te comparas con alguien que es profesional en algo que tú todavía estás estudiando, o con alguien que tiene éxito en un campo en el que tú quieres sobresalir, eso es positivo para mantenerte motivado, alcanzar tu objetivo y esforzarte en lograr la misma cota de éxito. Sin embargo, si te comparas con esa persona de manera desfavorable, quizá pienses que ha llegado muy arriba y que tú jamás podrás alcanzar su mismo nivel de éxito; y entonces te estarás forjando una mala imagen de ti mismo y probablemente te sentirás mal. Eso es usar mal la Ley de la Relatividad, y es contraproducente. No seas infeliz por usar la ley de manera negativa.

En lugar de eso, usa la Ley de la Relatividad para mantenerte motivado y en el camino de alcanzar tus propios objetivos; deja que potencie tu autoestima. Aunque la Ley de la Relatividad indique que deberías compararte con los que todavía no han logrado lo que tú ya tienes para forjarte una mejor imagen de ti mismo, también me gustaría prevenirte contra eso, porque no te conviene terminar con un complejo de superioridad y pensando que eres mejor que los demás. Esta clase de comparaciones pueden bloquear tu avance. Contempla tu propio camino y elévate en lugar de mirar de arriba abajo a los demás para sentirte mejor. Siempre hay alguien que hace las cosas mejor que los demás; todos tenemos nuestros dones, talentos y capacidades que nos convierten en el ser espiritual único que somos. Cuando comprendemos y aceptamos esta idea, estamos dando un paso más para vivir en armonía como uno solo.

Compara, no juzgues

La Ley de la Relatividad no consiste en juzgar a los demás. Es una simple comparación. Es una manera de darte cuenta de las cosas buenas que hay en tu vida cuando sientes que van mal. Sientas lo que sea que ahora estés sintiendo, por muy difícil o mala que creas que es tu situación, piensa que siempre podría ser peor. Si comparas tu situación con otra peor, la Ley de la Relatividad puede ayudarte a que te sientas mejor respecto a tu propia situación, y a darte cuenta de que no es tan mala como al principio pensabas. Te permite ver la situación de otra manera basándote en el sentido que das a tu propia situación si la comparas con otra situación peor. Si la comparación te ayuda a sentirte mejor con lo que estás viviendo, te da una perspectiva más clara o da más sentido a la manera en que avanza tu vida sin emitir juicios, estarás usando la ley correctamente.

Cuando te compares con los demás, es importante que recuerdes que todos somos seres individuales únicos con distintos planes de vida. Cada una de nuestras experiencias es única, así como todos somos únicos en el ámbito espiritual. Estas experiencias se suman hasta situarnos donde nos encontramos ahora mismo, en este mismo instante, en nuestro camino vital. Quizá quieras ser campeón de *skateboard* y te compares con alguien que ya lo ha conseguido. Si te caes, no te deprimas. Ese campeón tuvo que caerse de su *skateboard* muchas veces para desarrollar la técnica que necesitaba y convertirse en campeón. Tú también puedes ganar, y las caídas que experimentes solo mejorarán tu técnica. Da las gracias cada vez que resbales de tu tabla o cuando transites por socavones, porque tu habilidad aumentará, y el éxito, cuando logres tu objetivo, será espectacular.

Inténtalo ahora

Cambiar tu marco mental usando la Ley de la Relatividad es muy importante. Y, sin embargo, es fácil quedarte atascado en tus viejos hábitos y en una mentalidad negativa. Si no cambias tu manera de pensar, terminarás por sentirte enfadado o agobiado. En este ejercicio hay que marcarse un día para partir de cero. Elige un día del calendario para abandonar todos los pensamientos negativos y posicionarte en un lugar de relatividad que fluya con tu yo único y espiritual y con tus deseos personales. A partir de ese primer día, dale importancia cada mañana. Ahora, toma dos tarros y ponle a uno una etiqueta con una cara sonriente para los pensamientos y las acciones positivas, y al otro, una cara enfadada para las acciones y los pensamientos negativos. Cuando te estés arreglando por la mañana, mírate a los ojos y di que vas a tener un día fantástico lleno de cosas positivas, que te divertirás y tendrás éxito. Sé muy consciente de tus pensamientos negativos para reconocerlos cuando aparezcan. Cada vez que te sorprendas a ti mismo pensando o actuando de manera negativa, pon una moneda de 50 céntimos en el tarro de la cara enfadada; y cada vez que pienses o emprendas una acción positiva, saca una moneda de 50 céntimos del tarro de la cara enfadada y ponla en el tarro de la cara sonriente. El tarro de la cara sonriente no tardará en rebosar, y el de la cara enfadada terminará vacío.

Unos consejos para llevarlos a la práctica

- Cambia los pensamientos para propiciar el éxito.

- Puedes crear tu propia relatividad y tu propio éxito a través del pensamiento, la reacción y la acción.

- Las cosas son. El universo trabaja con neutralidad. El modo en que te veas incluido en el gran esquema de la vida será directamente proporcional al éxito que vas a conseguir.

- Contémplate a ti mismo como una persona que tiene, es y logra sus deseos para asegurarte el éxito.

- Usa la Ley de la Relatividad para ser fuerte en el ámbito del alma.

- Mantén al mínimo tu capacidad de autosabotaje con la Ley de la Relatividad para elevarte en lugar de sentir que nunca vas a lograr tus objetivos.

- Usa la Ley de la Relatividad no para compararte a otra persona, sino para comparar vuestros caminos cuando intentáis alcanzar objetivos similares.

- Usa la Ley de la Relatividad para apoyar tus objetivos, deseos y sueños haciendo evaluaciones positivas.

- Recuerda que las cosas siempre podrían ser peor y que siempre pueden mejorar. Usa el lugar en el que ahora estás como un trampolín para llegar a donde quieres ir. Da un paso adelante y salta, no recules y te hundas.

- Compara, sencillamente; no juzgues.

Véase también el capítulo 2: La Ley de la Divina Unicidad

18
LA LEY DE LA CORRESPONDENCIA

Hoy creo mi propia realidad basándome en mis creencias interiores.
Brillaré de alegría, y sobresaldré.

La Ley de la Correspondencia afirma que las leyes del mundo físico respecto al movimiento, la luz, la vibración y otros ideales científicos tienen su ley correspondiente en el universo espiritual. La Ley de la Correspondencia se especifica en *El Kybalión*, y dice: «Como es arriba, es abajo; como es abajo, es arriba». También se define así: «Como es en el interior, es en el exterior»; y en la versión reducida de «Como es arriba, es abajo». Pero, veamos: ¿qué significa todo eso exactamente?

Como es en el interior, es en el exterior

«Como es en el interior, es en el exterior» significa que tal y como te sientes por dentro, en tu auténtico núcleo espiritual, en tus creencias y pensamientos, eso se refleja en el exterior a través de tus actos y tu conducta, e influirá de una manera determinante en las experiencias que vivas en este ámbito de la existencia situada en el plano terrenal. Por eso, y para tener éxito, tienes que asegurarte de que tu mundo interior fluya bien, sin dramas, con intenciones positivas, y que la felicidad y la alegría abunden, porque esas son las cosas que quieres experimentar en tu realidad física. Si tu mundo interior se encuentra en un estado de constante inquietud y va de tragedia en tragedia, sumido en las preocupaciones y las batallas continuas, eso es lo que vas a vivir en el plano físico. Y como tu vida interior se refleja en tu vida exterior, tienes que cuidar de tus emociones, tus pensamientos y tu manera de ver el mundo físico. Si está en desequilibrio, tu realidad física, incluyendo tus relaciones con los demás, tu profesión, el dinero que puedas ganar, tu prosperidad y el éxito en la vida..., todas esas cosas también estarán en franco desequilibrio.

Si notas mucha negatividad en el mundo físico, eso es porque tu interior está sumido en la negatividad. La Ley de la Correspondencia te ayuda a localizar tu negatividad interior para que puedas eliminarla de una vez por todas. Puede ser que hayas enterrado tan hondo sentimientos negativos como la rabia, los celos o el miedo que te niegues a reconocerlo incluso ante ti mismo. Ese es el momento en que tienes que descubrir los rasgos negativos que hay en ti, para que lo que se refleje en el exterior sea positivo. Imagina que te bañas en una fuente espiritual. Verás que se dan cambios en tu entorno. Si antes tenías miedo de que las personas te abandonaran, ahora ya no lo harán, sino que esas personas pasarán a formar parte de tu vida. Si has estado reprimiendo la rabia, los demás ya no expresarán su rabia contigo, sino que serán amables. Si abandonas esa falta de confianza que tienes en los demás, encontrarás personas que confiarán más en ti. Cuando cambias tú, los demás cambian para reflejar tus cambios interiores. Lo que crees se refleja en el universo y en tu realidad física, o sea que asegúrate de creer que vas a tener un éxito rotundo.

Tal y como es arriba, es abajo

«Tal y como es arriba, es abajo» significa que el mundo físico se corresponde con el mundo espiritual y con el universo. La existencia tiene muchas capas, así como el universo espiritual, capas que somos incapaces de ver y nos resultan desconocidas, salvo si usamos la Ley de la Correspondencia. Esta ley nos permite lograr la armonía a través de la comprensión, y recibir las verdades espirituales que se encuentran entre el reino espiritual y el plano terrenal de la existencia. Muchas religiones sostienen el ideal de «así en la Tierra como en el cielo», y eso también es un reflejo de la Ley de la Correspondencia. Considera durante unos instantes la cantidad de amor y energía positiva que hay en el reino espiritual. Esa cantidad se corresponde directamente con la cantidad de amor que sientes en el corazón por el mundo que te rodea, las personas que hay en tu vida y las cosas de que disfrutas. Como formas parte del todo, es fácil ver las conexiones que existen entre el reino espiritual «de arriba» y tú mismo, que vives en el reino físico «de abajo».

En el reino espiritual cada uno de nosotros es responsable de su esencia única. Estamos ahí para los demás, pero no somos responsables de su camino. El camino de cada entidad es único en sí mismo. Lo mismo ocurre abajo. No somos responsables del camino de los demás. Podemos ofrecer nuestra ayuda y guiarlos, pero en último término serán ellos quienes tomarán sus propias decisiones, que van a influir en su camino. Tú solo eres responsable de tu propio camino y de tu crecimiento espiritual. Aunque quieras intentar ayudar a alguien que va por el mal camino, en realidad lo único de lo que tienes control es de ti mismo, de tu manera de sentirte, de pensar, y de las cosas que haces en la vida.

Si te gobierna la rutina y no sabes lo que tienes que hacer para cambiar, primero acepta la responsabilidad de tus propias acciones. Si estás equivocado, admítelo ante ti mismo. No tienes que admitirlo ante nadie más por el momento, aunque más adelante quieras hacerlo, pero tienes que ser sincero contigo mismo. Realmente, es muy fácil admitir la responsabilidad propia cuando las cosas van fantásticamente bien, pero ¿qué sucede cuando haces algo mal? ¿Echas la culpa a los demás cuando el error en realidad es tuyo? Echar la culpa a los demás es fácil, y es muy difícil aceptar que te has equivocado. Sin embargo, cuanto más aceptes tu responsabilidad por lo que estás haciendo, pensando, diciendo y sintiendo, más fácil te resultará. Examina tu vida a fondo. Mira lo que has hecho y los lugares a los que has ido. Piensa en cómo tus pensamientos y tus actos han influido en tu camino hasta el día de hoy. ¿Ves un patrón? ¿Es positivo o es negativo? ¿Tienes que cambiar tu actitud, tu ética en el trabajo o cualquier otra cosa para conseguir un resultado distinto? En ese caso, empieza hoy mismo a hacer cambios internos para que influyan positivamente en tu exterior. Puedes tener todo lo que desees en la vida, pero has de querer eso, y cambiar lo necesario para lograrlo.

Cada situación te brinda una oportunidad para aprender algo nuevo sobre ti mismo. Actuando así, crecerás y te moverás hacia delante sin cesar, y eso forma parte del propósito de tu ser. Tu trabajo consiste en asegurarte de que aprovechas cualquier oportunidad para aprender. La vida no es almibarada. Tienes que aceptar que hay cosas buenas y malas, y aprender de ambas. «Como es arriba», Dios, la Fuente, el universo o como llames al poder superior de la creación, quiere que tengas éxito y consigas todo lo que desea tu corazón, pero «como es abajo», es tu responsabilidad lograr que las cosas sucedan con los dones que se te han concedido. Yo siempre digo que el universo trabaja siguiendo su propio horario; y que las cosas que ayer queríamos llegarán en el momento adecuado. No puedes forzar las cosas para que sucedan ahora mismo, pero sí puedes cambiar en tu interior en este preciso instante. Todo depende de ti.

Déjà vu y sincronicidades

¿Alguna vez has experimentado un *déjà vu*? ¿Has vivido alguna experiencia particularmente extraña? ¿Sabes lo que es la sincronicidad, ese momento en que suceden varias cosas que parecen estar ligadas entre sí de una manera compleja y que, en cambio, no están conectadas? Eso es un mensaje que te dan de arriba para que prestes más atención a lo que está pasando en tu vida. Para mí, el *déjà vu* es la indicación de que estás en el camino correcto. Es la señal que tu yo divino planeó cuando se encontraba todavía en el reino espiritual para hacerte saber que vas en la dirección correcta. Cuanto más a menudo y con más determinación veas los *déjà vu*, más potente será el mensaje que te indica que sigas adelante, porque lo que buscas se encuentra a la vuelta de la esquina. Personalmente no creo en las coincidencias. Creo que todo sucede por una razón aun cuando no sepamos cuál es en el momento en que vivimos la experiencia. A veces este motivo se revela posteriormente, y en otras ocasiones se descubre al regresar al plano espiritual. Cuando prestes atención a los signos que se te envían, estarás abriendo la conciencia y haciendo que te resulte más fácil lograr el éxito y hacer realidad tus deseos. Si ignoras esos mensajes, estás perdiendo la oportunidad de obtener rápidamente lo que deseas. Vivir la vida con los ojos abiertos te permite esperar lo inesperado, creer en lo increíble y lograr lo que puede parecer inalcanzable.

Inténtalo ahora

Este ejercicio es difícil, pero quiero que pienses en él siendo sincero contigo mismo de una manera brutal, completa y profunda. Plantéate un objetivo. ¿Se trata de una relación amorosa, de una casa, de un coche, de la salud, de ser más feliz en la vida o de un objeto físico? Quiero que hagas una lista de las cosas que haces y que te impiden lograr tus deseos. ¿Es por tu actitud? Si es así, ¿qué aspecto de tu actitud te está limitando? ¿Estás enfadado, sientes celos, eres demasiado competitivo, crees que no te lo mereces o estás intentando esforzarte tanto por complacer a los demás que no persigues tus propios sueños? Haz una lista de todo lo que se te ocurre que llevas en tu interior y te impide lograr tu objetivo y moverte hacia delante. No escribas sobre nadie, y no culpes a nadie tampoco. Si sientes la necesidad de culpar a alguien, mira en tu interior y descubre qué ha despertado esa culpa. Cuando hayas completado la lista, quiero que escribas al lado de cada entrada un acto positivo que puedes hacer para cambiar lo que te está frenando y poder moverte hacia delante. Revisa la lista continuamente, y haz el ejercicio de vez en cuando. Si eres consciente de lo que contiene, puedes cambiar y crearte una nueva realidad.

Unos consejos para llevarlos a la práctica

- Acepta que tienes una responsabilidad sobre ti mismo, tus pensamientos y tus actos.

- No culpes a los demás.

- Sé sincero contigo mismo. Es tu vida, y es tu camino.

- Date cuenta de que no puedes cambiar a los demás ni ser responsable de su camino.

- Conecta con el flujo de la energía universal y cosecha las recompensas que buscas.

- Si estás atascado en la rutina, ponte en acción para lograr cambios internos y ver resultados externos.

- Usa la Ley de la Correspondencia para adquirir conocimiento a partir de lo desconocido.

- Espera lo inesperado.

- Entrégate incondicionalmente.

- Solo tú puedes cambiar la dirección que tu vida está emprendiendo. Eleva tu punto de mira y ve a por tus sueños.

Véase también el capítulo 20: La Ley de la Cooperación

19

LA LEY DE LA COMPENSACIÓN

Si doy, recibiré, sea hoy, mañana o en un momento futuro.

La Ley de la Compensación afirma que siempre se te recompensará por la energía empleada, y que el universo te la devolverá multiplicada por diez. Es lo que se conoce como la Ley del Karma, que apareció por primera vez en el antiguo *Rigveda* hindú. Aunque no esperes recibir nada por tus actos, o aunque no quieras recibir nada por lo que has hecho, el universo seguirá compensándote por la energía que has entregado, tanto si es positiva como si es negativa..., y tanto si quieres como si no.

Piensa en esta ley como si fuera un círculo enorme. Despliegas tu energía hacia fuera, y esa energía la recibe otra persona, que a su vez la brinda a otra persona diferente, hasta que esa energía vuelve a ti. La persona que recibe tu energía se presta a ello para que a ti te compense la donación. Puede regresar a ti en forma de amor, dinero, relaciones, objetos materiales, felicidad, alegría o bendiciones. Para impedir que la energía negativa regrese a ti, intenta enviar siempre energía positiva. ¿Has oído alguna vez el dicho «lo que se siembra se recoge»? Es un dicho al que suele recurrirse para hablar del karma, pero que también puede usarse para hablar de la Ley de la Compensación. La energía devuelta puede considerarse consecuencia de tus actos.

Podrías recibirla instantáneamente, al cabo de unos días, unos meses o unos años, o podría llegarte en tu próxima vida. No hay límite temporal para saber cuándo la Ley de la Compensación te devolverá tus actos, pero ten por cierto que los recibirás.

Si sientes que en tu vida no tienes la abundancia suficiente, es posible que sientas que no deberías recibir nada a cambio aunque hagas el bien; en ese caso, no solo te pones un obstáculo, sino que también se lo pones a quien recibe tu energía. La energía fluye de manera circular, por eso debes recibir energía si has dado energía. Cuando les dices a los demás que no hace falta que te devuelvan un favor, estás obstruyendo el libre flujo de energía. Un buen ejemplo de ello es la manera que tenemos de manejar los cumplidos. Hay muchas personas que no se sienten cómodas cuando reciben un cumplido de los demás. Quien te está haciendo un cumplido te está dando energía positiva; si no lo aceptas con buena predisposición, estás bloqueando la energía, y a la persona que te la ha enviado le va a costar más trabajo recibirla.

La abundancia es infinita

La abundancia del universo es inagotable. Hay de sobra para todos los que vivimos en esta existencia, y aún hay más. La abundancia se encuentra a tu plena disposición si la quieres. El universo quiere que tengas todo lo que necesitas, e incluso más aún. Si pides al universo que te dé de beber y tú vas con un dedal, el universo te llenará ese dedal. Si te traes una piscina, te llenará la piscina entera. No importa cuánto necesites o quieras, siempre podrás recibir todo aquello que has pedido, e incluso más. Cuanto más des, más recibirás a cambio.

La Ley de la Compensación nos insta para que aumente nuestra capacidad de dar y recibir. Nos anima a dar las gracias más a menudo y a quejarnos menos, a pagar por lo que recibimos con dinero o a cambio de nuestra amabilidad y a mirar el papel que representan los demás cuando se trata de compensaciones. Cuando vivas según la Ley de la Compensación, intenta no culpar a los demás. Sé dueño de tus propios actos, y si no te gusta lo que ves, haz cambios. Los cambios en tu realidad te ayudan a reconocer los efectos que la Ley de la Compensación tiene en ti en un plano espiritual.

La mayoría piensa en el dinero cuando se refiere a la Ley de la Compensación, sencillamente, porque la compensación significa que uno recibe su recompensa. A pesar de que la ley va mucho más allá de las finanzas propiamente dichas, planteémonos lo que es la ley en lo que respecta al dinero durante unos instantes. Además de dar y recibir en un ámbito espiritual, esta ley puede ayudarte a entender los asuntos financieros y las ganancias materiales; y a manejarte con ellos haciendo que abras más los ojos a las consecuencias que puedas sufrir por tus inversiones y tus donaciones a beneficencia, y por tu manera de gastar, ahorrar y manejarte con el dinero.

Compensación financiera

Para que la Ley de la Compensación trabaje para ti en el terreno financiero, primero tienes que reflexionar sobre tu concepto del dinero. ¿Piensas en tu estado financiero desde una falta de abundancia? Si estás atascado en la mentalidad de la carencia, inconscientemente envías energía de carencia. Y a cambio, carencia recibirás, y eso te impedirá salir adelante financieramente. Si quieres romper este ciclo, reflexiona para intentar descubrir por qué piensas de esta manera.

Considera cómo manejas tu dinero. ¿Cuentas hasta el último céntimo sin soltar ni uno? Si es así, podrías estas creándote bloqueos innecesarios. Cuanto más des, más recibirás a cambio. Y eso es cierto, tanto si hablamos de dinero, de emociones o de pensamientos como si hablamos de las cosas que te dices a ti mismo y a los demás. Esto no significa que seas irresponsable con el dinero, sino que no lo acapares, que des solo por el hecho de dar. Una vez conocí a un hombre que cada vez que pagaba su almuerzo dejaba el cambio en la bandeja. Cuando tiraba las sobras, también tiraba el cambio. Esta es una de las maneras en que puedes soltar el dinero, aunque no le ayuda a nadie que el dinero vaya a parar al fondo de una bolsa de basura. Una manera en que ese hombre podría haber prestado su ayuda habría sido dejar el cambio como un regalo sobre la mesa, para el próximo que fuera a ocuparla. Dar dinero, o comprar cosas con dinero y regalarlas, o entregar dinero a causas respetables o a alguien que lo necesite es una manera de ayudar a que la abundancia llegue a tu vida y te sientas bien contigo mismo.

La Ley de la Compensación no significa que vayas a recibir exactamente lo que das. Por ejemplo, si te has ofrecido como voluntario para ayudar a alguien en una mudanza, quizá esa persona no te ayude a ti a mudarte en un futuro, pero puede que aparezca en tu puerta a la semana siguiente y te invite a cenar por haberla ayudado. Has recibido algo a cambio de tu buena obra cuando no lo esperabas. Así funciona la Ley de la Compensación. Vivir según dicha ley exige paciencia. Ya conoces el dicho: «lo bueno se hace esperar». Y eso se aplica a esta ley. Quizá tengas que esperar, pero serás recompensado por tus pensamientos, tus sentimientos y tus actos.

Compensarte a ti mismo

¿Te das a ti mismo? ¿O siempre estás dando a los demás? Con la Ley de la Compensación es tan importante darte a ti mismo como lo es dar de ti mismo. Ha de haber un equilibrio. Cuando te das a ti mismo estás expresando amor por ti y estableces una profunda conexión con tu alma. Pero no vayas a crearte una carencia porque siempre estás dándote a los demás; asegúrate de tomarte el tiempo necesario para hacer cosas que sean como regalos para ti. Si necesitas relajarte, ve un día al Spa. Si quieres potenciar tu autoestima, ve a cortarte el pelo, a hacerte la manicura o a practicar ejercicio al gimnasio. Cuando te das a ti mismo estás reconociendo, valorando y abrazando tu esencia espiritual, y eso hace que aumente tu sensación de autoestima y se eleve tu frecuencia espiritual. Estás equilibrando tu propia energía dándote a ti mismo la misma importancia que das a los demás. Tratando a los demás como te tratarías a ti mismo te aseguras de que la energía positiva regrese a ti.

Recuerda siempre ser sincera y positiva cuando des. Si das alentado por malas razones o porque esperas recibir algo a cambio por el favor prestado, te estás cargando de negatividad, y negatividad es lo que recibirás a cambio. Da desde el corazón, con amor, y por el gusto de ayudar a los demás y a ti mismo. Ya recibirás del universo una cantidad ilimitada de abundancia como recompensa por vivir según la Ley de la Compensación.

Inténtalo ahora

Para este ejercicio me gustaría que dieras algo a otra persona de corazón. Quizá puedas echarle una mano, darle apoyo emocional o emplear tu tiempo para una buena causa. Da por dar, no porque esperes recibir algo a cambio. Lleva un diario en el que anotes las cosas positivas que te suceden, sobre todo las inesperadas. Pueden ser pequeñas cosas, como que alguien te abra la puerta y la sostenga para que pases, o cosas importantes, como que alguien te ayude en una situación difícil en el trabajo. Sea cual sea tu experiencia, escríbela. Eso te hará ser más consciente de la energía que vuelve a ti. Y eso puede ayudarte a hacerte una idea de cómo funciona la Ley de la Compensación en tu vida. No tienes que llevar el diario durante mucho tiempo, y tampoco anotarlo todo como si fuera un registro. Solo es una guía para que te sitúes en la vía correcta hasta que dar y recibir con tranquilidad se convierta en una segunda naturaleza para ti.

Unos consejos para llevarlos a la práctica

- Recibirás compensaciones por la energía que das; o sea que intenta que lo que das sea positivo en lugar de negativo.

- Aprende a aceptar buenamente lo que recibes en lugar de negarlo para que el flujo de energía no se bloquee.

- Da por una buena causa, no porque quieras recibir algo a cambio.

- No te niegues la abundancia universal porque pienses que no hay bastantes cosas para pedir.

- Examina tus pensamientos para asegurarte de que no te aferras inadvertidamente a modelos de pensamiento negativos que puedan influir de manera adversa en la energía que recibes.

- Cuanto más des, más recibirás.

- Si tu copa rebosa de abundancia, coge una copa mayor para poder aceptar las cosas que el universo te está ofreciendo.

- El universo cree que tienes derecho a ser compensado por la energía que gastas, y te la va a devolver de alguna manera, de alguna forma, tanto si quieres como si no.

- Elige enviar energía positiva, y recibirás esa misma energía a cambio.

- Si tienes problemas para dar o recibir, mira en tu interior para encontrar la causa, y examina cómo te sienta eso. Recupera el equilibrio para vivir en armonía según la Ley de la Compensación.

Véase también el capítulo 8: La Ley de la Abundancia

20

LA LEY DE LA COOPERACIÓN

— 🕊 —

Hoy sacaré el máximo partido de cualquier experiencia que tenga cooperando conmigo mismo, con lo Divino y con las personas con quienes me cruce.

La Ley de la Cooperación significa que como ser espiritual cooperas contigo mismo, con lo Divino y con el prójimo para poder crecer y aprender en el plano terrenal de la existencia. Cooperar con lo Divino para reforzar el crecimiento espiritual ha constituido una parte fundamental de muchas religiones desde la antigüedad, tal y como sucede en nuestros días, y a menudo significa dejar de lado el ego para que lo Divino pueda obrar a través de ti con el fin de mejorar tu vida y también el mundo. Eso significa sacar el máximo provecho de lo que recibes sin quejarte, o ponerte en acción para propiciar el cambio.

Por definición, cooperar significa trabajar juntos con el fin de lograr un mismo resultado. Cooperamos con las personas a diario en nuestro trabajo, en encuentros ocasionales y cada vez que nos proponemos un objetivo en común. Vivir según la Ley de la Cooperación significa tomarnos nuestras responsabilidades en serio y ofrecernos a ayudar a los demás a que logren sus objetivos. Eso tiene que ver con enseñar a los demás, siguiendo tu propio camino y expandiendo tu conocimiento de lo Divino.

La Ley de la Cooperación significa que se te presentarán muchas oportunidades en tu vida diaria donde puedas elegir cooperar. Hay tres áreas principales en las que la Ley de la Cooperación te ayuda a avanzar en tu camino espiritual y te aporta los resultados que deseas. El primero es cuando cooperas contigo mismo, el segundo es cuando cooperas con lo Divino y el tercero, cuando cooperas con los demás. Veamos cada uno de estos ámbitos en profundidad.

Cooperar contigo mismo

A veces somos nuestro peor enemigo. Podemos gastar un montón de energía intentando jugar la mano de la baraja que nos ha tocado en la vida o podemos unirnos al flujo universal de esta vida y emplear nuestra energía para cooperar y aceptar la situación, y luego poder realizar las elecciones que nos aporten un cambio positivo. ¿Conoces el dicho: «si la vida te da limones, haz una limonada»? Bueno, pues a eso me refiero. Puedes agotar tu energía luchando, discutiendo o quejándote de las situaciones en las que te encuentras, o bien puedes pensar cuál es la mejor manera de enfocar y usar lo que se te ha dado, o de hacer algo para cambiar la situación y lograr que se adapte a tus necesidades. Decide qué es lo que te está enseñando cada situación. Cuando aprendes algo creces espiritualmente, y a menudo te das cuenta de que la lección te aporta una información que te ayudará en tus objetivos. Es el momento de emprender la acción, basándote en esa lección, y moverte hacia delante cooperando contigo mismo en lugar de pensar que estás bloqueado y que nunca serás capaz de obtener lo que quieres por culpa de ese bloqueo. Siempre hay modos de superar, sortear y atravesar bloqueos. Solo tienes que cooperar para encontrarlos. No niegues los bloqueos que te salen al paso, porque eso solo hará que te pongas más a la defensiva. Reconoce la situación, coopera contigo mismo, trabaja con esos bloqueos y trabaja con el universo entero para aceptar la situación y moverte hacia delante para alcanzar futuros objetivos.

Cooperar con lo Divino

Una de las maneras en que cooperamos con lo Divino es enseñando a los demás a compartir nuestras experiencias. Cooperamos con nuestro plan maestro, creado cuando todavía estábamos al otro lado. A través de las enseñanzas no solo llegamos a conocer mejor nuestro yo espiritual, porque para ser maestro uno siempre tiene que estar aprendiendo, sino que además somos capaces de ayudar a los demás a seguir su propio camino espiritual proporcionándoles una información que les permita vivir con mayor iluminación.

Existen otras maneras de cooperar con lo Divino. Cuando te enfrentas a una situación, tanto si es positiva como si es negativa, haz todo lo posible para que esa situación salga bien. Quizá tu lección sea aprender que no eres tú quien ha de encontrar la solución, sino que ha de ser otro, y tu papel consista en cooperar para lograr los resultados deseados. Una de las maneras más duras de cooperar con lo Divino es ir soltando. Como seres humanos tendemos a querer controlarlo todo. Cuando sueltas algo, o a alguien, no pierdes nada; al contrario, estás permitiendo que la persona, la situación y tú mismo gocéis de la libertad que tenéis de cooperar con el universo. Todo eso forma parte de la marea de la energía universal. Cuando lo sueltas todo, también tienes que soltar la preocupación asociada a esa cosa o a esa persona. Preocuparte por algo no va a cambiar el resultado, y es un rasgo negativo que puede bloquearte.

Cuando cooperes con lo Divino, sé flexible. Piensa en unos árboles azotados por la tormenta. Los árboles flexibles se combarán y los rígidos se romperán. A través de la cooperación con lo Divino te aseguras de doblarte y de no romperte cuando te enfrentas a las dificultades. Lo Divino quiere que tengas éxito y domines las lecciones que has venido a aprender. Procura recibir lo mejor, deja fluir las cosas, y estate preparado para lo inesperado. Eso no significa que esperes a ver si te va a pasar algo malo, porque sería contraproducente y no sería cooperativo. Si siempre esperas lo negativo, no podrás disfrutar de lo positivo cuando aparezca. Haz lo contrario: suelta y vive en el ahora.

Cooperar con otras personas

En muchas ocasiones necesitarás trabajar con los demás para lograr un objetivo en común. Es algo que a menudo te encuentras en el trabajo. Trabajar consiste en lograr un objetivo en común y conseguir un mismo resultado final. Por ejemplo, digamos que trabajas en un supermercado. Tu trabajo de cajera es asegurarte de controlar debidamente a los clientes y de que vivan una experiencia fantástica comprando en el supermercado. Para que el supermercado funcione, también ha de haber un encargado, unos reponedores, unos jefes de compras, unos charcuteros, unos panaderos, unos empaquetadores y los que atienden los pedidos. Y todo ese personal tiene que cooperar para que el negocio funcione debidamente y proporcione un servicio fantástico al cliente, además de dar beneficios. Todos los empleos son importantes en el funcionamiento general de un supermercado. Estoy segura de que en algún momento dado habrás trabajado o te habrás cruzado con un empleado quisquilloso, problemático, uno que no colabora con nadie, ni siquiera con los clientes. Cuando esta persona se encuentra en su lugar de trabajo, los demás están a la que saltan, pero cuando se va, se restaura la armonía. Cuando eres alguien que coopera, trabajas en armonía con los demás. Y además descubrirás que esa cooperación también se da en otros ámbitos. Cuando ves a un conductor con el vehículo averiado y decides ayudarlo a empujar para apartar el coche de la carretera, o bien sales de una tienda y coincides con otra persona que también sale y le sostienes la puerta para que pase, estás siendo útil y además cooperas con otro en un momento dado para conseguir un único resultado. Al contemplar todas y cada una de las experiencias para ver lo que has aprendido, estarás viviendo según la Ley de la Cooperación.

Hay ciertas características importantes que tenemos que tener en cuenta cuando cooperamos con los demás. Escucha lo que te dicen y asegúrate de que comprendes exactamente lo que hay que hacer para lograr el objetivo deseado. Comparte tus propias ideas, capacidades y tiempo para alcanzar el objetivo. Si ves que otra persona está tan cualificada como tú para hacer el trabajo, elige dedicarte a otra cosa y deja que sea ella quien se ocupe de eso. Cuando aportas tu grano de arena, o cuando te comprometes en tiempos de dificultades, demuestras a los demás que formas parte del equipo cooperante y animas a todos sus miembros a hacer lo mismo que tú. Demuestra que valoras el trabajo y la cooperación de los demás en pos del objetivo final. Cuando a los demás se les reconoce lo que han hecho y se les anima a seguir haciendo un buen trabajo, se refuerza el vínculo entre los que cooperan por lograr un mismo objetivo porque todos ellos se sienten necesarios. Anímalos por el camino a lograr que ese resultado final que desean alcanzar sea estimulante y divertido.

La Ley de la Cooperación te insta a tener fe en que las situaciones que vas a vivir te beneficiarán a largo plazo. Estas experiencias te ayudarán a crecer en espíritu. Cualquiera que sea el objetivo que deseas de la vida, la Ley de la Cooperación te ayudará a conseguirlo, pero tienes que poner de tu parte. Empieza a cooperar ahora mismo para asegurarte el éxito, la felicidad y la abundancia en tu vida.

Inténtalo ahora

¿Cómo podrías lograr un objetivo gracias a la colaboración? Si pides a los demás que te ayuden, ¿llegarías a tu objetivo con mayor rapidez? ¿Qué consecuencias tendría haber pedido ayuda? Y esas personas que te ayudan, ¿habrán vivido una experiencia inolvidable? ¿Van a recibir algo a cambio de ayudarte? ¿O bien has de ser tú solo quien alcance personalmente ese objetivo? Si ese es el caso, ¿cómo vas a lograrlo si tienes que cooperar contigo mismo y con lo Divino? Escribe un diario que refleje este ejercicio y el tiempo que tardas en conseguir tu objetivo. Anota cuánto han cambiado las cosas por el hecho de mostrarte cooperativo.

Unos consejos para llevarlos a la práctica

- Intenta abstenerte de crear dramas innecesarios.

- Aprende a soltar.

- Muestra tu reconocimiento a los demás y al trabajo que están haciendo.

- Trabaja contigo mismo, con el universo y con los demás para crear un entorno de cooperación positiva que fluya hacia delante.

- Acepta que los demás quizá estén mejor cualificados que tú para hacer algo y deja que lo hagan. Seguro que se te dan bien ciertas cosas y que es ahí donde se te necesita. Cree que alcanzarás tus objetivos cuando cooperes.

- Dóblate, no te rompas.

- Si una situación te parece injusta, contémplala desde una perspectiva neutral. ¿Ves más cosas de las que hay? Si es así, no estás cooperando contigo mismo. Suéltalo y recupera tu equilibrio.

- La cooperación permite brillar a todos, satisfacer sus necesidades y ofrecer experiencias y lecciones que de otra manera nunca se alcanzarían.

- La cooperación no consiste en ser pasivo y dejar que los demás lo hagan todo. Es estar absolutamente comprometido y ser responsable de tus propios actos, y trabajar con la intención de alcanzar un mismo objetivo.

Véase también el capítulo 18: La Ley de la Correspondencia

21

LA LEY DE LA PERSPECTIVA

Hoy miro de un lado a otro, de arriba abajo, de delante atrás, para que mi punto de vista siempre cambie y nunca se estanque.

La Ley de la Perspectiva afirma que toda persona tiene un punto de vista o una actitud únicos que dependen mucho de sus creencias personales. Si nuestras creencias cambian, la perspectiva cambia. La vida es como la percibes. Santo Tomás de Aquino estableció que cualquiera puede decidir lo que es verdad, y que no tendría que hacer nada si sentía que eso iba contra la ley natural. En esa época la idea fue muy liberadora en muchos sentidos para las personas. Indicaba que la perspectiva de una persona determinaba su propia verdad.

Tu manera de percibir tus experiencias es importante cuando analizas tu vida. La perspectiva que demuestres tener determina lo que piensas acerca de algo, cuál es tu reacción y si vas a emprender alguna acción en concreto a favor o en contra. La perspectiva influye en tu realidad día a día. Te da la oportunidad de elegir actuar de manera positiva o negativa basándote en cómo percibes las situaciones. Tu perspectiva afecta a tus emociones. Te hace desear que llegue un acontecimiento, o hace que lo temas. Puedes sentirte ilusionado con una relación, entusiasmado o como si hubieras pisado la luna, o puedes sentir desconfianza, ser pesimista o, sencillamente, pensar que estás por encima de eso. Según la perspectiva puedes llegar a ser curioso, comprometido, temeroso, a estar encantado, a ser competitivo y compasivo. En general, afecta a todas las emociones humanas y determina las emociones que te inspiran ciertas situaciones y personas.

La clave para usar la perspectiva y conseguir lo que deseas en la vida es usarla para comprender diversos puntos de vista. Es ponerte en la piel de otro, pensar las cosas de otra manera, y es cambiar tus pensamientos para cambiar tu realidad. Es usar la perspectiva para ponerte en el asiento del conductor y hacerte cargo de tu vida en lugar de circular como un pasajero que va viendo pasar el paisaje ante sus ojos. Es ampliar tu manera de ver el mundo para incluir más información. La perspectiva puede ayudarte a superar tiempos difíciles o quitarte de la cabeza la idea de que no puedes seguir adelante con tu vida. Ver cómo puedes desatascarte desde otra perspectiva te aporta nuevas ideas que pueden impulsarte a abandonar la rutina y entrar en una frecuencia más elevada desde donde des la bienvenida al cambio para seguir avanzando de nuevo.

Tu nivel de conciencia y tu conexión con tu yo espiritual determina la manera en que vives las experiencias diarias. Si tu estado de ánimo es extremadamente optimista tiendes a ver las cosas de manera positiva, y eso consigue que tu día a día avance con fluidez y menos estrés. Pero si andas corto de sueño o estás agobiado, estresado o agotado, todo eso actúa como un factor que determina tu perspectiva y puede conseguir que las cosas que antes eran positivas ahora parezcan negativas. Tu perspectiva cambia día a día en función de factores externos. Si haces demasiadas cosas y no descansas lo suficiente, necesitas hacer cambios para quitarte tareas y poder dormir lo que debes. Cuando uno está cansado, incluso las colinas más pequeñas parecen montañas, y en lugar de ver el vaso medio lleno, lo vemos medio vacío. Todo depende de la perspectiva. Hacer algo espontáneo e inesperado puede alentar una mentalidad positiva, y tu perspectiva puede pasar de ser negativa a ser positiva.

Tiempo, amor y perspectiva

Tu perspectiva también afecta al tiempo. ¿Te has dado cuenta de que cuando esperas algo que te hace ilusión parece que ese día no llega nunca, y que cuando tienes una fecha límite y has de acabar una tarea, no paran de interrumpirte y el tiempo parece que vuela? Pues sucede otro tanto de lo mismo cuando te estás divirtiendo con lo que haces. Puedes llegar a estar tan ensimismado trabajando en un proyecto que te encanta que te das cuenta de que te ha pasado el día y, con tanta concentración, te ha pasado la hora de comer. Ahora bien, cuando se trata de un trabajo que no te apetece o no te gusta, no paras de mirar el reloj cada cinco minutos y el día parece que nunca acaba. ¿Qué pasaría si cambiaras la perspectiva? ¿Podrías lograr que ese día tan aburrido transcurriera con mayor rapidez si buscaras compensarte de alguna manera después del trabajo?

Si contemplas la vida desde la perspectiva del amor puedes comprender mejor a los demás porque eso te permite identificarte con su postura, su punto de vista y su perspectiva. No es preciso que concuerdes en todo con ellos, pero trascender tu propia perspectiva para valorar y comprender la de otra persona te permite comprender mejor sus procesos de pensamiento y las causas que justifican sus actos y conductas. En el mundo de la empresa eso es muy útil porque, cuando comprendes a los demás, es más fácil trabajar como un equipo para alcanzar objetivos comunes o comprender mejor a la competencia. Al comprender su perspectiva, podremos ver en qué punto se encuentran y hacia dónde planean dirigir su estrategia, y eso puede ayudarte a avanzar cambiando de manera favorable tu modo de actuar y reaccionar porque les comprendes mejor.

Si intentas ser rico financieramente hablando, cuando comprendas la perspectiva y los caminos que han elegido los que ya son ricos, verás el camino que puedes seguir y que ya sabes que conduce al éxito. Los más ligeros cambios de perspectiva pueden incluso abrirte puertas que siempre habías pensado que estarían cerradas. Tu nuevo modo de ver las cosas puede ofrecerte oportunidades que ni siquiera sabías que existían desde tu antiguo punto de vista.

Fijar objetivos y planes

La Ley de la Perspectiva también puede influir en los objetivos y los planes que te hayas fijado. Cuando iba a la universidad quería ser modelo y actriz, y me licencié en Arte Dramático. Trabajé como modelo mientras estudiaba y luego conseguí varios papeles de actriz, para los que la licenciatura no me sirvió de gran cosa. Sin embargo, sí me aportó un mayor conocimiento sobre las personas, y eso no me habría pasado si no hubiera cursado esos estudios. Como actriz interpreté distintos personajes, y tuve que entender las razones por las que cada personaje actuaba como lo hacía. Eso me permitió adoptar una perspectiva distinta sobre mí misma. Cuando empecé a escribir novelas, mi licenciatura en Arte Dramático me sirvió de mucho para ayudarme a diseñar los personajes de mis libros con la intención de que me salieran redondos y fueran creíbles. Mis objetivos y mis planes cambiaron al terminar la universidad, y eso cambió mi perspectiva en esa época, pero las experiencias que viví me sirvieron para que pudiera desarrollar los personajes de mis novelas (aunque eso no pueda aplicarlo a mis libros de ensayo). Cuando hagas planes y te marques objetivos, nunca los grabes a fuego vivo para que no cambien. Irás conociendo a otras personas y teniendo nuevas experiencias, y es posible que cambies de perspectiva, lo cual podría alterar tus planes iniciales. Si esperas que las cosas cambien, el cambio nunca te pillará desprevenido. Todo cambia; lo que ayer pensabas que era malo hoy puede ser genial en función de tus nuevos conocimientos. Si eres capaz de moverte con el flujo de la vida y una perspectiva cambiante, vivirás sin tanta tensión y tendrás más éxito.

La Ley de la Perspectiva también significa comprender bien lo que importa en tu vida. Demuestra que eres capaz de encontrar la manera de comprometerte para tener éxito y ser feliz con lo que haces y con los planes que te has propuesto seguir. Eso significa que tienes que preguntar a los demás cómo ven esa nueva situación, para comprender su perspectiva sin juzgar ni ponerte a la defensiva. Es ser flexible y ser capaz de aprender, de estar comprometido, dar ánimos y ayudar a los demás, porque a veces su éxito puede servir para que tú tengas todavía más éxito.

A medida que te acerques a tus objetivos recuerda estar siempre en sintonía con tu perspectiva. Si eres positivo y optimista verás las cosas con una luz más diáfana que si estás de mal humor. A veces los problemas que parecían irresolubles en plena noche plantean una solución muy clara durante el día. Y eso es debido al cambio de perspectiva. Significa también que la negatividad está sumida en la oscuridad, que el sentido positivo se encuentra en la luz porque ves la situación desde un punto de vista diferente. Deja que tu luz brille en la oscuridad para que la negatividad se borre y busca una nueva perspectiva a tu vida, a tus objetivos y a tu camino al éxito.

Inténtalo ahora

Te presento un ejercicio divertido para que examines tu perspectiva. Coge un vaso de agua y un paquete de colorantes alimenticios que contenga los colores azul, rojo, amarillo y verde. Llena el vaso de agua hasta la mitad y déjalo sobre una mesa. Coge papel y lápiz y ponlos a tu lado, para poder ir tomando notas sobre lo que ves y lo que sientes. Desde tu propia perspectiva, ¿ves el vaso medio lleno o medio vacío? ¿Por qué? Escríbelo. Ahora elige uno de las cuatro botellitas de colorante alimenticio y pon una gota en el vaso de agua. ¿Ha cambiado tu perspectiva cuando has añadido una gota de color? Sigue añadiendo gotas, tomando nota de lo que ves en el agua a medida que va cambiando de color. Cuando el vaso contenía agua sola, ¿pensabas que era clara, fresca o pura? A medida que ibas añadiendo más colores, ¿se volvió luminosa, vibrante o turbia? Cuando termines este ejercicio, fíjate de qué manera tan sutil unos cambios de color pueden alterar completamente la perspectiva que tienes del agua.

Unos consejos para llevar a la práctica

- Para cambiar tu perspectiva, ponte en la piel de otro durante unos instantes y ve las cosas desde su punto de vista.

- Tu nivel de conciencia influye en tu perspectiva y en las acciones que hagas en una situación dada.

- Para que aumente tu capacidad de contemplar una situación desde múltiples perspectivas, eleva tu frecuencia espiritual.

- Si descubres que estás juzgando a los demás en lugar de intentar ver su punto de vista, ya es hora de que analices tu propia perspectiva.

- El éxito se consigue con compromiso, aliento, flexibilidad, y con la búsqueda continua para intentar comprender lo que quizá no sabemos.

- La falta de sueño, ir muy estresado o sentirse agobiado por la vida puede empobrecer nuestra perspectiva. Asegúrate de que descansas lo suficiente y no te pasas para poder ver con claridad.

- Para que el tiempo transcurra lento o deprisa, cambia la percepción que tienes de él.

- Una nueva perspectiva puede permitirte ser creativo, espontáneo y tener éxito.

- Si no estás seguro de lo que motiva que alguien sostenga un determinado punto de vista, pregunta. Os ayudará a ambos a conoceros mejor. Quizá no estéis de acuerdo, pero a veces hay que coincidir en que no estáis de acuerdo.

- Mira el lado positivo de todas las cosas.

Véase también el capítulo 22: La Ley del Pensamiento

22

LA LEY DEL PENSAMIENTO

—🕊—

Mis pensamientos son positivos, armoniosos y poderosos. Me guían para que logre mis objetivos y me permiten fortalecer mi carácter para ayudarme a mí mismo y a los demás.

La Ley del Pensamiento significa que tu estado de ánimo, sea positivo o negativo, se refleja en tu realidad externa. Los pensamientos están hechos de una energía que puede encaminarse a un resultado específico. Eso significa que cambiar tu estado de ánimo es cambiar tu realidad. Si no te gusta cómo te va la vida, hazte cargo de tus pensamientos y cambia de rumbo para tomar un camino de prosperidad y felicidad. Filósofos como Platón, Aristóteles, Heráclito y Parménides de Elea defendieron teorías sobre la Ley del Pensamiento basadas en la contradicción y la no-contradicción, y a menudo fueron la causa de encendidos debates. Heráclito creía que las cosas cambiaban y que en ellas debía de existir el cambio mismo, mientras que Aristóteles sostenía que nada podía existir y no existir al mismo tiempo. Si aplicas estas dos teorías a la espiritualidad de la Nueva Era, en tu interior ya existe lo que quieres ser, y la negatividad no puede existir cuando hay positividad.

Siempre he creído que los pensamientos son criaturas vivas que lanzas al mundo como una puja para lograr lo que quieres. El pensamiento es una fuerza increíblemente poderosa que puede crear, sanar y cambiar vidas. Siempre he intentado que mis pensamientos fueran positivos, y nunca he querido pensar en las cosas que no quiero que sucedan. Cuando manifiestas tus pensamientos en voz alta, les das incluso más poder para lograr lo que quieres, y esos pensamientos terminarán por manifestarse en tu vida. La intención que subyace a tus pensamientos también es muy importante; elige, por consiguiente, una intención positiva cuando vivas según la Ley del Pensamiento.

La comparación y los pensamientos en contraste

Cuando escribo, mi enseñanza consiste en comparar y contrastar lo positivo y lo negativo, que no es lo mismo que quedarte sentado pensando en la fatalidad o en todo lo malo. La diferencia es que, cuando hablo de cosas que no son tan positivas en mis libros, eso le sirve al lector para reconocer lo que podría estar haciendo y que nunca se le había ocurrido antes. Le ofrece múltiples perspectivas mientras aprende sobre el tema. Si el lector ve algo en sí mismo que puede cambiar es que contrastar le sirvió de herramienta para aprender.

Controlar de manera consciente el pensamiento negativo significa ser consciente de los pensamientos negativos que no te benefician en absoluto cuando te los planteas. Si tienes un desliz y piensas en negativo, contrarréstalo con un pensamiento positivo para intentar que el pensamiento negativo no se manifieste. Si aparecen los problemas o te vuelves negativo, aléjate de la situación, recorre diversos escenarios posibles mentalmente o mira cómo resolver el tema, y luego retómalo al cabo de un rato. Darte un descanso te permitirá ver lo que tiene de positivo una situación negativa. La mayoría de las veces, cuando volvamos a la situación, la verás bajo una nueva luz o se habrá resuelto por sí sola. No intentes nunca resolver situaciones negativas con más negatividad. Te saldrá el tiro por la culata, te enfadarás y te pondrás a los demás en contra. Es mejor apartarse que ponerse a discutir o a pelearse por algo que podría resolverse de otra manera.

Sé consciente de que tienes que seguir adelante

La Ley del Pensamiento te insta a tener conciencia de tu mentalidad, así como de tus emociones en un momento dado. Si te enfadas, es fácil caer en pensamientos negativos y actuar con negatividad, y probablemente lo lamentarás cuando tus emociones recuperen la normalidad y vuelvan a ser positivas. Para superar estos pensamientos negativos, ¡haz algo, por favor! Si estás cansado, descansa. Si estás enfadado, irritado o aburrido, ve a dar un paseo, monta en bici o haz alguna actividad que le dé energía a tu cuerpo. Cuando tienes energía física, te sientes más positivo y energético. No eres solo un producto de las circunstancias. Si deseas cambiar de situación en la vida, lo puedes lograr cambiando de mentalidad para crear la vida que quieres. Tus pensamientos crean tu mundo externo. Las cosas no te pasan porque sí, sino que las estás manifestando en el momento adecuado gracias a tus pensamientos. Eres responsable de la vida que te estás creando y de las experiencias que vas viviendo por el camino. Nadie puede cambiar tu vida por ti; eso es algo que tienes que estar predispuesto a hacer tú mismo. Cuando hayas tomado la decisión y empieces a cambiar tus pensamientos, no mires atrás: sigue adelante con fuerza y con la determinación que te da pensar que triunfarás en todo lo que hagas.

Los pensamientos positivos pueden ayudarte a forjar el carácter. Tu estado de ánimo, tus valores y la intención que demuestres tener en la vida son lo que te hará destacar como una persona en quien se puede confiar y que obra en consecuencia. Cuando piensas que eres fuerte en todos los ámbitos de la vida, esa fuerza irradia hacia fuera e influye en los que te rodean. Cuando influyes positivamente en los demás, a la gente le apetece mucho estar contigo. Te respetan, y quieren que la vida te trate bien.

La caja parlante que hay en tu mente

No podemos hablar de la Ley del Pensamiento sin hablar de esa caja parlante interior a la que tanto le gusta expresarse en tu cabeza para plantearte dudas, o para que vayas saltando de un pensamiento a otro reviviendo durante todo el día situaciones pasadas para darles distintos finales. Puede hacerte pensar en lo que podrías haber dicho, en lo que deberías de haber hecho o en cómo tendrías que haber manejado una situación si hubieras tenido tiempo para reflexionar sobre ella. Si no la controlas, esta caja parlante interior puede crear pensamientos erráticos, hacer que te replantees las cosas una y otra vez y andar sin rumbo hasta encontrar otro tema para debatirlo mentalmente. Esta charla interior es un ruido mental que te puede mantener en un estado de distraída irritación si así lo permites. Si la situación ya ha pasado, lo mejor que podemos hacer es aceptarla y seguir adelante en lugar de planteárnosla una y otra vez en nuestra mente. La Ley del Pensamiento significa tomarse tiempo para acallar la mente. Si tu mente va a mil por hora por tu charla interior y no paras de darles vueltas a todas las cosas que existen bajo el sol, perderás tu centro, y será más fácil que la negatividad se cuele en tu vida.

Entrenar la mente para que piense en cosas buenas en lugar de en cosas malas te puede llevar un cierto tiempo. El subconsciente puede resistirse, pero si insistes, lograrás cambiar y no tardarás nada en tener buenos pensamientos, que además sean positivos. Aclárate el pensamiento con algo que te relaje o inspire. Cuando metes en tu pensamiento cosas que te gustan, el resto se aleja de ti y todo queda en silencio. Otra manera de centrarte en los pensamientos positivos es pensar en tu frecuencia espiritual. Siente la pureza de tu ser, deja que te empape la energía de la esencia de tu alma liberando cualquier pensamiento negativo al que te estés aferrando. Siente que te vuelves más liviano en espíritu y que te embarga la positividad de tu alma. Cuanto más aquietes la mente, cultives los buenos pensamientos y abandones los malos, más tranquilo, equilibrado y armonioso te sentirás.

Ir en pos de tus sueños exige ser positivo y estar centrado. Si tu mente no coopera contigo porque la negatividad se le cuela o porque tu charla interna no se detiene, ¿cómo puedes seguir centrado en tu objetivo? Los pensamientos están en constante movimiento; pueden obrar milagros que cambien drásticamente tu vida a mejor si intentas lograr de manera activa que tus pensamientos sean poderosos, positivos y puros. Tus pensamientos forman parte del flujo universal de la conciencia. Por eso se te pueden ocurrir ideas y maneras únicas de hacer las cosas. Considera que tus pensamientos son divinos, dinámicos y sostenibles. Si alguno de tus pensamientos no encajan en estos criterios, suéltalo. Los pensamientos negativos quizá no remitan si no les plantas cara, pero tú eres dueño de tus propios pensamientos, y eres tú quien elige los que se quedan y los que se marchan. Terminarás por hacerlo bien, y en tu mente habrá armonía gracias a pensamientos positivos que cambiarán tu vida.

Inténtalo ahora

Yo uso este ejercicio para acallar esa pequeña caja parlante y tranquilizar mi mente. A ver si te sirve. En mi caso, imagino que hay varias puertas en mi mente. Detrás de cada una de ellas hay una pequeña habitación con una estantería. A cada una de esas puertas les pongo un nombre; digamos, «familia», «actividades de los niños», «casa», «caballos», «escribir» y «Largo de aquí». Cuando pienso en algo que no puedo atender en ese momento, me imagino que abro la puerta correspondiente en mi mente y pongo ese pensamiento en la estantería. Más tarde, cuando tengo tiempo, abro la puerta y me dedico a trabajar lo que había metido allí dentro. La puerta que lleva el nombre «largo de aquí» es donde pongo los pensamientos negativos que quiero erradicar de mi mente. Tras esa puerta imagino el espacio y las estrellas. Cuando coloco un pensamiento negativo tras esa puerta, viaja por el espacio hasta convertirse en una estrella rutilante. De vez en cuando, abro esa puerta y me fijo en la cantidad de estrellas que me están mirando. Así es como los pensamientos negativos que he mandado fuera se convierten en algo bonito, brillante y lleno de luz.

Unos consejos para llevarlos a la práctica

- Sé consciente de la mentalidad que tienes.

- Abandona los pensamientos negativos que te impidan lograr tus sueños.

- Ten presente que tu mente seguirá parloteando y planteándote pensamientos negativos hasta que hayas adquirido la práctica suficiente para erradicar de inmediato los pensamientos negativos y substituirlos por pensamientos positivos.

- El pensamiento es una parte divina de la conciencia universal. Deja que te dé poder.

- Controla el pensamiento negativo a través de la práctica.

- Silencia la charla infinita de tu mente pensando en una cosa, un lugar, una persona o un acontecimiento que te inspiren.

- Cambia tus pensamientos para cambiar las circunstancias de tu vida.

- Los pensamientos son entes poderosos y vivos que pueden ayudarte a lograr tus objetivos.

- Pon a trabajar tus pensamientos, envía eso al universo y disfruta de los beneficios que te aportará.

- Los pensamientos generan lo que son. Piensa en positivo para seguir adelante en la vida y trabaja los pensamientos negativos para poder soltarlos; de esta manera no te perjudicarán.

Véase también el capítulo 21: La Ley de la Perspectiva

23

LA LEY DE LA PASIVIDAD

Yo soy una parte activa de mi vida. Viajo en el asiento del conductor. Me responsabilizaré de mí mismo y seré lo que yo soy.

La Ley de la Pasividad significa que hay veces en la vida en que no es necesario que reacciones o emprendas acción alguna; pero que, en cambio, hay otras en que adoptar un papel activo y tomar decisiones es exactamente lo que debes hacer. La idea de la pasividad fue muy importante en la filosofía a partir de que Aristóteles la incluyera en su lista de categorías. En *Acerca del alma* Aristóteles dijo: «La mente, en sentido pasivo, es tal porque viene a ser todas las cosas, pero la mente posee otro aspecto, según el cual hace ella todas las cosas; es este un estado positivo como la luz, pues la luz, en algún sentido, hace actuales los colores, que solo son potenciales. La mente es, en este sentido, separable; no es pasiva ni está mezclada con nada, puesto que es esencialmente una actualidad; el agente, en efecto, es siempre superior al paciente, y la causa originaria es superior a la materia».[1] La Ley de la Pasividad significa comprometerse del todo con lo que quieres lograr en lugar de esperar a que lo que deseas llegue a ti. Es encontrar un equilibrio entre la

---

1. Fragmento de Aristóteles traducido por el doctor Francisco Olmedo Llorente. *(N. de la T.)*

pasividad y la actividad. Cuando eres demasiado pasivo, estás tan ligado a la carencia que no intentas provocar los cambios necesarios por activa para lograr tus objetivos. Por otro lado, si te muestras demasiado activo y enérgico, podrías volverte demasiado agresivo.

Si tienes una mentalidad pasiva, harás todo lo posible para evitar la confrontación, seguirás al grupo o harás lo que quieren los demás en lugar de expresar en voz alta tus deseos; o quizá te culpes a ti mismo de que las cosas vayan mal en lugar de analizar dónde se encuentra exactamente esa culpa. Quizá te dé por callar, por ocultar tus sentimientos, y no permitas a los demás que conozcan tus deseos o necesidades. Si te guardas las cosas dentro, los demás pueden pisotearte o aprovecharse de tu buena predisposición. Te sentirás mal contigo mismo o te costará tomar decisiones. Ser demasiado pasivo puede hacer que te preocupe lo que los demás piensan de ti, o que ciertas situaciones despierten tu indiferencia. Puedes parecer indiferente, cuando en realidad eres de los que se preocupan. La Ley de la Pasividad te insta a salir del caparazón y convertirte en una persona más activa en la vida, si en tu caso eres pasivo, o bien acotar más tu campo de acción, si eres excesivamente dominante.

Comportamiento pasivo y activo

Cuando hagas cambios en tu vida para lograr lo que deseas, obsérvate bien, a fondo, para ver si tu conducta es pasiva o activa. ¿Te disculpas a menudo por tus sentimientos, cambias tus palabras para no ofender a nadie o pones las necesidades de los demás por delante de las tuyas propias? ¿Te da miedo correr riesgos porque siempre imaginas que sucederá lo peor? ¿Evitas establecer contacto visual con los demás, te ninguneas o pides excusas cuando alguien intenta culparte de algo? ¿Aceptas la culpa aunque no sea tuya? ¿Das a los demás tanta autoridad que les permites que tomen decisiones por ti? ¿Haces cosas que te desagradan, sencillamente, porque es lo que lo desea otra persona? ¿Siempre dices sí cuando quieres decir no? Estas características pertenecen al personaje que es demasiado pasivo, y eso puede conducirte a creer que no tiene ningún sentido lo que haces o a ser extremadamente crítico contigo mismo.

En el caso de que te encuentres en el otro extremo de la escala y seas una persona que toma parte activa en su vida pero te has vuelto más dominante o rígida en tus expectativas, quizá te pases la vida diciendo a los demás lo que tienen que hacer, esperes obtener lo que quieres cuando lo quieres sin considerar los sentimientos de los demás o adoptes una actitud demasiado agresiva cuando las cosas no suceden exactamente como las habías previsto. Quizá eres tan corto de miras que solo contemplas las necesidades y los deseos que para ti tienen importancia. Es posible que sientas que ya lo sabes todo y que eres un experto en todas las materias. Cuando alguien explica lo que ha hecho, eres de los que dicen que han hecho eso mismo, pero incluso mejor. Si te resuena lo que estoy contando aquí, ha llegado la hora de que reflexiones y cambies de actitud. Ser demasiado pasivo o demasiado dominante permitirá que la negatividad bloquee tu camino al éxito. Si te tomas un tiempo para reflexionar sobre tu esencia espiritual, podrás centrarte en ti mismo y actuar equilibradamente.

Es cierto que en ocasiones necesitarás adoptar una actitud pasiva, y otras en que tendrás que tomar decisiones de manera activa para gestionar una situación. Cuando seas capaz de equilibrar ambas capacidades, podrás fluir entre estas dos actitudes sin problemas. La Ley de la Pasividad te impide situarte en cualesquiera de los dos extremos.

Las palabras pueden cambiar la pasividad

Deja de ser tan pasivo, cambia tu lenguaje. Digamos que estás en un comedor y buscas un lugar donde sentarte. En lugar de decir: «¿Te importa si me siento aquí?»; tú di: «¿Está ocupado este lugar?» Si la respuesta es no, siéntate y disfruta del almuerzo. Si la respuesta es sí, busca otro asiento y haz la misma pregunta. Cuando estés conversando, di lo que piensas en lugar de pedir permiso al otro diciendo algo así como «Si te parece bien, me gustaría...» Es cierto que a veces uno tiene que pedir permiso antes de hacer algo, pero hacerlo continuamente es actuar con pasividad. Cambia, di lo que pretendes hacer y pregúntale a la otra persona si le gustaría unirse a ti. Cuando tienes control sobre tus actos y tus palabras, y cuando confías en lo que quieres lograr, puedes alcanzar unos resultados sensacionales. Pasas a convertirte en una persona que actúa en la vida, y eso hace que te resulte más fácil lograr todo lo que deseas. Sé directo cuando te comuniques. Haz afirmaciones que empiecen con «Yo», concreta, y que los demás conozcan tu punto de vista. Escucha de manera activa y encuentra soluciones a los problemas en lugar de echarte la culpa por tenerlos. Usa tus propias palabras para asegurarte de que los demás no son indiferentes a tus opiniones, deseos o necesidades. Emprender estas acciones te ayudará a dejar de ser tan pasivo y a volverte más activo... sin caer en la agresividad.

Si te das cuenta de que eres demasiado dominante, puedes cambiar tu lenguaje y tu manera de abordar a los demás. Intenta involucrarlos en tus conversaciones para que se sientan importantes en el proceso de la toma de decisiones. Si dejas participar a los demás y les demuestres que valoras su opinión, verás que serán ellos quienes te darán ánimos y colaborarán contigo cuando seas tú quien intente alcanzar sus propios objetivos. A nadie le gusta sentirse arrastrado a actuar. Cuando escuches lo que piensan los demás y conozcas sus ideas, todos estarán dispuestos a ayudarte con lo que intentas tú, y tú te sentirás más inclinado a ayudarlos a ellos.

Una sensación de incomodidad suele acompañar al comportamiento pasivo, y también al extremadamente dominante. Intenta fijarte en cómo reaccionas ante los demás y cómo reaccionan los demás ante tu comportamiento. Si una situación te incomoda, en lugar de aguantarte, expresa lo que sientes. Eso aliviará tu insatisfacción, porque piensa que la otra persona a lo mejor ni siquiera es consciente de ello si no eres tú quien se lo comenta. Cuando te des cuenta de que alguien no te mira o, sencillamente está de acuerdo en todo lo que dices, probablemente esa persona se sienta incómoda contigo o le incomode una determinada situación. Quizá te mire buscando tu aprobación, pero tema equivocarse y decir algo que te moleste o le haga parecer inferior ante tus ojos. Si crees que eso es lo que está pasando, cambia el tono de la conversación o la situación que estáis viviendo para que esa persona se involucre de una manera más activa y se sienta más cómoda.

La Ley de la Pasividad significa que te respetas ti mismo y a los demás de una manera saludable. Si te notas desequilibrado o te muestras demasiado pasivo, quizá no te estás respetando lo bastante; si eres demasiado dominante, quizá sea porque los demás te infunden poco respeto. Cuando falta el respeto, lograr el éxito es casi tarea imposible.

Cuando te dispongas a hacer realidad tus objetivos en la vida, recuerda que eres tan importante como cualquier otro individuo de este planeta. Da un paso adelante y ve a buscar lo que quieres, di tu opinión y sabe que tienes todo el derecho de hacerlo. Si ves que las cosas han ido demasiado lejos, da un paso atrás y modérate para que tu camino sea más fácil. En esta vida todos vamos a la par. Respeta, ayuda y anima al otro a alcanzar su grandeza.

Inténtalo ahora

La pasividad significa retraerse y no reaccionar ni emprender acción alguna. Piensa hoy si deberías reaccionar o actuar en las situaciones que estás viviendo o si ha llegado el momento de mostrarte más pasivo y dar un paso atrás. Intenta hoy ser más pasivo y no te muestres tan activo. Observa los efectos de tu pasividad durante el día.

Unos consejos para llevarlos a la práctica

- Si alguien te pide un favor o que hagas algo por él, tú di sí solo si en realidad quieres. No hay nada malo en decir que no. Solo porque te pidan algo no significa que tengas que hacerlo.

- Estás en tu derecho si quieres cambiar de parecer, de opinión, y emprender la acción oportuna.

- Evita elegir el camino más fácil para salvar una situación. Haz un esfuerzo y actúa cuando toca. Huye de la pereza.

- No seas demasiado duro contigo mismo. Cambiar los hábitos lleva su tiempo.

- Aleja el miedo de tu vida. Deja de preocuparte por lo que los demás piensen de ti y haz lo que sientes que es correcto para tu ser espiritual.

- No eres el felpudo de nadie. No dejes que los demás se aprovechen de tu buena predisposición.

- Hazte con el control de tu vida de manera activa para lograr todo aquello que deseas.

- Baja un poquito el volumen si te has vuelto extremadamente dominante persiguiendo el éxito.

- Respétate a ti mismo y a los que te rodean para lograr tus deseos. Probablemente ayudarás a otra persona a hacer realidad sus sueños, y ella te ayudará a ti.

- No te guardes las cosas dentro, que crecen. Terminarás por explotar o te dará un ataque.

Véase también el capítulo 13: La Ley de la Acción

24

LA LEY DEL SACRIFICIO

Hoy elijo soltar lo que ya no me sirve para alcanzar lo que más deseo.

La Ley del Sacrificio afirma que, para obtener algo que quieres, tienes que perder, o soltar, algo que está presente en tu vida actual. Eso se aplica a todos los aspectos de tu vida, desde las relaciones humanas hasta la prosperidad, y determina el tiempo disponible que se tiene al día. Siempre es buena idea empezar dando para no tener que perder de la manera más imprevista. El sacrificio implica que hay que renunciar a algo si se desea lograr otra cosa más valiosa. Según el diccionario más importante de la lengua española, «sacrificio» significa «ofrenda a una deidad en señal de homenaje o expiación», y también «acto de abnegación inspirado por la vehemencia del amor». En un contexto religioso, sacrificar era dar ofrendas a los dioses de una religión en concreto para tenerlos satisfechos. Desde un punto de vista espiritual quiere decir que si soltamos algo voluntariamente conseguiremos algo que deseamos y que nos dejará más tranquilos.

Cuando gastas dinero en algo que deseas, sacrificas un dinero por ese objeto, pero el objeto tiene más valor para ti que ese dinero en cuestión. Si quieres un coche, estás dispuesto a realizar los pagos mensuales necesarios para conseguir ese vehículo que te lleve adonde necesites. Si deseas un trabajo mejor remunerado, sacrificas el tiempo y la energía necesarios para ascender de posición en el mundo de la empresa porque sientes que un aumento de sueldo y un trabajo mejor valen más que el tiempo que comporta conseguir ambas cosas. La Ley del Sacrificio puede ser muy simple: hay que dar algo a cambio de otra cosa. Esa misma ley también puede ser compleja y tener consecuencias impredecibles, sobre todo si la desconoces. Piensa en un tarro lleno de canicas. Solo caben unas cuantas. Cuando el tarro está lleno hasta los topes, o bien sacas una canica para poner otra nueva o, si la metes a la fuerza, saldrá otra disparada, y a lo mejor la que sale era la que querías guardar. Así es como funciona la Ley del Sacrificio. La cantidad de espacio de que dispones para conservar todo lo que quieres es limitada. A medida que vas progresando en la vida, vas cambiando. Y lo que antes deseabas ahora ya no te atrae o lo consideras innecesario. Ahí es donde puedes elegir voluntariamente soltar ciertas cosas (sacar una canica del tarro), porque si no tomas una decisión, el universo la tomará por ti (¡saldrá disparada una canica cualquiera si llenas demasiado el tarro!)

«Siempre llevo las de perder.» ¿Te suena esta frase? Es la frase que dicen las personas que sienten que no paran de perder y que nunca consiguen nada bueno en la vida. Y eso sucede cuando uno se fija más en lo que sale de su vida que en lo que llega a ella.

La Ley del Sacrificio puede ayudarte a desapegarte de ciertas situaciones por obligación, o bien poniéndote en la situación de tener que tomar una decisión. Quizá te estés planteando romper una relación y no pares de darle vueltas a la cabeza. En el momento en que la otra parte es quien toma la decisión, tú ya has perdido la posibilidad de elegir, y lo que te va a tocar es gestionar la pérdida. Te habría ido mejor si hubieras sido tú quien hubiera concedido la libertad a esa persona imponiendo tus propias condiciones en lugar de perder la capacidad de decidir por ti mismo.

Economía y sacrificio

Hablemos de dinero, de la generación de riqueza y de la prosperidad, que es de lo que a la mayoría de la gente le gustaría gozar. Cuesta mucho estar centrado y mostrarse positivo si uno siempre está preocupado por el dinero. Si uno de tus objetivos es lograr que aumenten tus ingresos, tienes que poner todo tu empeño en ganar más dinero. Si eliges ir a la facultad para estudiar una carrera que te permita tener una profesión bien pagada, en ocasiones tendrás que renunciar a salir con los amigos o a pasarte el día relajándote porque vas a tener que estudiar. Al elegir lo que estás dispuesto a sacrificar para estudiar tu carrera, te aseguras de que cuando aterrices en un buen puesto de trabajo no habrás contraído ninguna deuda que debas devolver al universo. Cuando vemos a esas personas que de la noche a la mañana triunfan, tendríamos que detenernos a observar su trayectoria profesional. ¿Ese actor o esa actriz que protagonizan una determinada película han desempeñado papeles insignificantes antes de conseguir el definitivo? Si es así, el artista ya habrá pagado su deuda, y ahora obtiene la recompensa por los sacrificios hechos con el objeto de lograr un papel protagonista en una película.

Para avanzar, hay que dejar otras cosas atrás. Es la Ley del Sacrificio en acción. Aferrarse a todas las cosas mientras avanzas, sencillamente, es algo que no funciona. Terminarás instalado en una rutina que nunca te permitirá conseguir lo que deseas. Cuando sueltes todo aquello que quieres sacrificar para poder avanzar por tu propio camino, es cuando volverás a moverte hacia delante. ¿Y si te ofrecen esos ingresos de seis cifras que deseabas desesperadamente, y por los que has sacrificado tiempo y energía, y descubres que para conseguirlos tienes que mudarte al otro extremo del país si quieres seguir trabajando de lo que te gusta? Puede que te resistas al principio, porque mudarte significa abandonar a los amigos y a la familia, y no verlos tan a menudo: ya se sabe que hablar por teléfono no es lo mismo que estar con ellos. Pero si ese trabajo representa todo lo que sueñas, tienes que decidir si es más importante y más valioso para ti eso que seguir cerca de la familia y los amigos. En cualquier caso, tendrás que sacrificar una de las dos cosas. Piensa que siempre tienes la posibilidad de ir a visitar a tus familiares y amigos si aceptas el trabajo; la otra posibilidad es que renuncies a ese trabajo para seguir viviendo cerca de casa y esperes a que te ofrezcan otro puesto en alguna localidad más cercana. Uno siempre ha de hacer elecciones si es consciente de la Ley del Sacrificio y vive según sus dictados.

La voluntad de sacrificarse

Si quieres ser feliz en la vida y sentirte menos frustrado y arrepentido, comprender el funcionamiento de la Ley del Sacrificio te irá muy bien. Es imposible que consigas lo que quieres si no estás dispuesto a ceder a cambio, pero si te comprometes incondicionalmente y te sientes cómodo con las decisiones que tomas en la vida y las elecciones que haces, encontrarás la felicidad y vivirás muy bien sin lamentarte de nada.

En la vida siempre encontrarás personas dispuestas a sacrificarse más que los demás para lograr sus sueños. Cuanto mayores sean tus objetivos, más sacrificios tendrás que hacer para llegar a donde quieres llegar. Seguro que también conoces gente que te dice que tiene grandes metas pero no dan ni un solo paso para alcanzarlas. No todos se esfuerzan por igual en alcanzar sus objetivos. Los que lo hacen, tienen éxito; los que no, no lo consiguen. Solo tú puedes decidir la clase de persona que eres y cuántas cosas estás dispuesta a abandonar para conseguir lo que quieres. Si decides que los sacrificios bien valen tu esfuerzo, tienes que saber que aún tendrás que abandonar más cosas para conservar el éxito cuando ya hayas llegado adonde te habías propuesto. En caso contrario, corres el riesgo de perder todo aquello por lo que tanto te habías esforzado.

Tuyos son los sueños y los deseos. Haz los sacrificios necesarios para conseguir todo lo que quieres en la vida.

Inténtalo ahora

Para ver si estás dispuesto a hacer los sacrificios necesarios y conseguir lo que deseas, fíjate primero en los que han recorrido un camino similar al tuyo. No te fijes solo en el resultado final; al contrario, fíjate en el esfuerzo que han hecho para lograr ese resultado. ¿Cuántos años tarda un músico o un actor en alcanzar el estrellato? ¿Y qué me dices de ese hombre o de esa mujer de negocios de altos vuelos o del emprendedor que es propietario de una empresa multimillonaria? Anota todo lo que deberías hacer para conseguir tu sueño. Y deja mucho espacio en blanco debajo de cada entrada, porque vas a necesitarlo luego. Termina la lista, y luego escribe todo lo que tendrías que abandonar para alcanzar tu objetivo debajo de todo lo que tendrías que hacer. Cuando hayas terminado la lista, estudia bien cada uno de sus puntos. ¿Puedes renunciar a lo que has escrito para lograr lo que quieres? Sé sincero contigo mismo. Cuando hayas sopesado lo que te gustaría conseguir, quizá descubras que tu objetivo original ya no se adecua tanto a tu persona, sino que has dado con otro que es perfecto para ti.

Unos consejos para llevar a la práctica

- Sacrifica lo que consideras menos valioso para lograr lo que para ti tiene más valor.

- Por muy capaz que seas de lograrlo, también hay que tener la voluntad de hacerlo. Querer es poder.

- Es mejor ser el primero en abandonar que arriesgarse a perder algo que habrías preferido conservar.

- La Ley del Sacrificio exige que exista una compensación entre ganancias y pérdidas.

- Cuando te resistes a sacrificarte, te bloqueas y dejas de moverte en pos de tus objetivos.

- No puedes tener lo que quieres y seguir conservando lo que tienes que abandonar. Elige.

- Sé sincero contigo mismo. Si no estás dispuesto a abandonar algo para conseguir lo que quieres, quizá es que no deseas eso en realidad.

- Cuando consigas lo que quieres, tendrás que seguir abandonando otras cosas si quieres conservarlo.

- Si te bloqueas, vuelve a hacer una valoración global.

- Solo tú puedes decidir si los sacrificios valdrán la pena.

Véase también el capítulo 33: La Ley de los Ciclos

25

LA LEY DE LA RESPONSABILIDAD

Hoy me responsabilizo de mí mismo, de las personas y de las cosas cuya responsabilidad recae en mí.

La Ley de la Responsabilidad afirma que como seres espirituales tenemos que reaccionar ante las situaciones en las que nos encontramos y con las personas que conocemos de una manera apropiada. Ser responsable significa que tenemos que tomar nuestras propias decisiones y actuar con independencia dando cuenta de nuestros actos y sin echar la culpa a los demás. Espiritualmente, tenemos el deber de gestionar nuestras vidas y las de aquellos que están a nuestro cargo con sensibilidad y responsabilidad. Ser responsable moralmente significa hacer lo correcto en circunstancias difíciles. Nuestra reacción ante las necesidades de los demás nos permite crecer, elevar nuestra frecuencia y vivir según la Ley de la Responsabilidad.

Ser una persona responsable significa buscar el bienestar de los demás y el tuyo propio, y cuidar de las situaciones que dependen de nosotros. Para ser responsable de los demás, primero responsabilízate de ti mismo. Ocúpate de tus necesidades emocionales, de tu espiritualidad y de tu cuerpo físico para poder enfrentarte a los desafíos que te plantea el universo cuando se te exige ser responsable de alguien o de algo.

Demuestra responsabilidad y conseguirás la abundancia

Para tener más responsabilidades en la vida, tienes que demostrar que sabes gestionar tus responsabilidades actuales. Si quieres lograr el éxito financiero, aprende a gastar, ahorrar e invertir con sabiduría. Cuando lo hayas conseguido, te darás cuenta de que el dinero fluye hacia ti porque has demostrado que sabes gestionarlo. Si siempre estás en números rojos, o si constantemente te falta dinero para pagar las facturas porque lo gastas en lo que quieres pero en realidad no necesitas, terminarás como aquel al que siempre le cuesta llegar a fin de mes. Haz un presupuesto y cíñete a él. Quizá tengas que elegir quedarte en casa en lugar de salir con los amigos, o decidir que no te compras algo que deseas, pero ceñirte al presupuesto te permitirá seguir tu camino y, a la larga, eso redundará en tu propio beneficio. No solo tendrás más dinero al mes para pagar lo que debes porque te estás gestionando bien, sino que además estarás inculcándote una buena autodisciplina.

El universo siempre nos coloca en situaciones para que demostremos que somos responsables y sabemos tomar las decisiones correctas. De nosotros depende reaccionar bien y ser responsables de nuestras acciones. A veces perdemos irremediablemente la oportunidad de demostrarlo, y cuando eso ocurre, el universo nos quita esa posibilidad y nos la vuelve a presentar en un futuro. Es importante ser consciente y prestar atención, para que cuando se presente la oportunidad podamos aprovecharla. A veces meteremos la pata, elegiremos ser irresponsables y perderemos la oportunidad que se nos ofrece. Pero cuando eso ocurra, se volverá a presentar otra oportunidad en el futuro en la que, con suerte, nos sentiremos preparados para reaccionar bien, y eso significará que entonces sí sabremos gestionar esa responsabilidad.

No culpes a los demás de tus actos

Ser responsable de tus actos significa que no echas la culpa a los demás. Significa que, si estás equivocado, admites estarlo. Ser responsable de los demás consiste en cuidar de ellos y en tratarlos bien. Cuando echas la culpa a los demás por tu falta de responsabilidad, no solo te estás negando la oportunidad de seguir avanzando en tu camino espiritual, sino que además entregas tu poder a los demás. Ellos saben que no tienen la culpa, y tú sabes que la culpa no es de ellos: ¿qué necesidad tienes de culparles entonces? Si haces eso les brindas la oportunidad de que te lo puedan recriminar en un futuro actuando mal contigo. Si asumes tu culpa cuando actúas de una manera irresponsable, conservas tu poder interior, y eso te convierte en una persona más fuerte y equilibrada.

El crecimiento espiritual y emocional

El crecimiento espiritual también se basa en la responsabilidad. En la vida se nos presentarán situaciones que pondrán a prueba nuestras creencias espirituales. Si apruebas estos exámenes, demuestras al universo que puedes gestionar el crecimiento de tu alma, y que incluso eres capaz de gestionar más cosas. Por poner un ejemplo, yo misma dediqué varios años a hacer canalizaciones en línea sin cobrar nada a cambio. Usaba mi intuición para ayudar a los demás. Nunca hice publicidad de mi página web porque tenía la sensación de que, si alguien necesitaba mi ayuda, sería capaz de encontrarme. A medida que fui siendo conocida, el tiempo que dedicaba a las canalizaciones fue en aumento, hasta que descubrí que ya no me quedaba tiempo para hacer otras cosas en la vida. Un día alguien me dijo que tenía que cobrar por mis canalizaciones, porque esa era una manera de valorarlas. Y le encontré sentido, porque, como seres espirituales que somos, todos tenemos la responsabilidad de valorarnos a nosotros mismos y de valorar nuestro trabajo. Y entonces empecé a cobrar por mis canalizaciones, muy poquito, eso sí, pero de ese modo le puse precio a mi tiempo. Con los años, cuando el universo me recompensó por haber demostrado que actuaba con responsabilidad, mi precio aumentó. En la actualidad, mi contribución es enseñar escribiendo libros, y por eso he tenido que poner freno a las canalizaciones. Ha sido una manera de demostrar que soy responsable ante mí misma y ante los que me piden estas canalizaciones. Mi propósito es retomarlas con el tiempo, pero ahora mismo mi responsabilidad consiste en esforzarme escribiendo libros, porque con eso ayudaré a un mayor número de personas que si me dedico a las canalizaciones individuales. A medida que he ido creciendo espiritualmente he tenido varias oportunidades de demostrar que soy espiritualmente responsable de mí misma y de los demás. Si no me hubiera puesto a prueba, no se me habría presentado la oportunidad de escribir libros que pudieran ayudar a miles de personas en el ámbito espiritual. Estoy extremadamente agradecida por la oportunidad que se me ha dado, y espero que mis palabras puedan servirte de ayuda.

La Ley de la Responsabilidad significa que tú también eres responsable de tus propios sentimientos. Tus sentimientos son tuyos, y solo tuyos. Si no puedes hablar con alguien en concreto acerca de lo que sientes, sin preocuparte de cómo le sentarán tus palabras, pasarás a ser responsable de sus emociones, además de tener que responsabilizarte de las tuyas propias. Y si actúas de esta manera, cargarás con la preocupación de si vas a herir sus sentimientos cuando hables de los tuyos propios, y proyectarás tus sentimientos en ellos. Es un poco injusto, ¿verdad? Estás asumiendo que no van a saber gestionar lo que tú sientes, y que vas a tener que traicionar tus propios sentimientos para no herirlos. Sin embargo, tú no puedes saber cómo se siente la otra persona si ella no te lo dice, y cabe la posibilidad de que puedas malinterpretar las cosas. Puedes pensar que alguien se muestra distante contigo cuando, en realidad, está sorprendido y no te lo dice.

En el ámbito espiritual, no entra en tus responsabilidades asumir las cargas de los demás. Cada cual tiene que llevar su propia carga si quiere seguir avanzando en el camino espiritual, del mismo modo que todos tenemos que seguir nuestro propio camino. Cuando cada cual asume sus propias cargas en la vida, cuando asume la responsabilidad de sus acciones, de sus palabras y de todo lo que hace, profundizamos en nuestra conexión espiritual con el todo. Uno asume más responsabilidades, y cosecha más éxitos. Ahora bien, el hecho de que no asumamos la carga de los demás no quiere decir que no podamos prestarles nuestra ayuda si se da el caso. Dedicarles unas palabras para orientarlos, de confianza o de apoyo, les harán saber que estás de su lado, y que estarás a su lado también cuando tengan que llevar su carga. Puedes ayudarles, pero no puedes coger su carga y ponértela sobre tus propios hombros. Hacer algo así no es justo para ninguna de las dos partes, y aminorará el avance espiritual de ambos.

La Ley de la Responsabilidad imparte unas lecciones muy valiosas; puede darte poder y volverte humilde al mismo tiempo. Te ayuda a darte cuenta de que la vida no es solo lo que te pasa a diario, sino que lo importante es tu manera de reaccionar. Puede ayudarte a cambiar por dentro, y cuando eso ocurre, eso se refleja provocando cambios en tu propia realidad. Cuando te muestras responsable, lograr lo que quieres es fácil porque no solo te das permiso para recibirlo, sino que además dices que te encargarás de todo lo que recibas porque eso forma parte de tu responsabilidad. Cuanto más demuestres que gestionas bien las cosas, más cosas te dará el universo.

Inténtalo ahora

Piensa en una situación reciente en la que no asumieras la responsabilidad de tus actos. ¿Cómo influyeron esos actos en los demás? Por ejemplo, imagina que no has hecho bien tu trabajo en la empresa, y que otro ha sufrido las consecuencias de tu negligencia. Aprovecha la oportunidad, rectifica y aclara las cosas con esa persona. Puedes disculparte por tu comportamiento, ayudarle a terminar sus tareas o hacer algo agradable por ella para compensarla por tus actos. Y de cara al futuro, asegúrate de responsabilizarte de lo tuyo y de no crear situaciones negativas para los demás por haber actuado como un irresponsable.

Unos consejos para llevarlos a la práctica

- Asume responsabilidades para crecer espiritualmente y conseguir más poder y abundancia.

- Ser responsable significa no asumir las cargas de los demás, porque eso iría en perjuicio de su propio crecimiento.

- No eches la culpa a los demás por tu falta de responsabilidad. Sé dueño de tus propias elecciones y decisiones.

- Si actúas de manera irresponsable, perderás la oportunidad de disfrutar de la situación y la responsabilidad que se te brindan, y estas volverán a presentarse en una nueva ocasión. Sé responsable y aprovecha las oportunidades que se te ofrecen.

- Cuando demuestres que eres responsable, el universo te recompensará y te dará más cosas de las que responsabilizarte, y eso redundará en una mayor abundancia en tu vida.

- Cuando te parezca que una situación se descontrola, analízala para ver qué parte de responsabilidad tienes antes de intentar restablecer su equilibrio.

- Primero responsabilízate de ti mismo; así podrás gestionar mejor las nuevas responsabilidades.

- Aprende a soltar aquello que intentas controlar y que no entra en tus responsabilidades. Deja que sea el responsable quien lo gestione.

- Tú eres responsable del crecimiento de tu alma; sigue adelante sintiéndote positivo y ligero.

- Acepta la responsabilidad que tienes en las situaciones difíciles para recuperar tu equilibrio, pero solo si eres tú quien debe asumirla.

Véase también el capítulo 9: La Ley de la Luz

26

LA LEY DEL APEGO Y EL DESAPEGO

Hoy me desprenderé de los apegos y de las conductas obsesivas. Dejaré fluir mis pensamientos y seré creativo al enfocar mi vida. Situaré mis expectativas en la incertidumbre, y aceptaré de buen grado lo que el universo tenga que ofrecerme.

La Ley del Apego y el Desapego afirma que puedes tener cualquier cosa que desees, pero cuando tu felicidad y tu sensación de autoestima dependen de eso, es que estás apegado y tienes que soltar; en caso contrario, eso pasará a controlarte. En el taoísmo, el jainismo y el budismo, el desapego consiste en liberarse del deseo y, consecuentemente, del sufrimiento. Eso se aplica a las cosas materiales, a las relaciones y a cualquier ámbito de tu vida en el que sientas que no puedes vivir sin algo en concreto. Las cosas materiales tendrían que disfrutarse como si fueran regalos que recibimos de la abundancia universal gracias a nuestro esfuerzo. Cuando convertimos un regalo en una necesidad, estamos imponiendo a ese regalo una condición, y podemos terminar enredados en una telaraña de angustia que nos habremos creado nosotros solitos.

Obsesionarse con las cosas

Una cosa es desear tener una casa preciosa o un coche fantástico, pero si conviertes eso en una obsesión, las consecuencias pueden ser negativas. En lugar de sentirte cómodo contigo mismo y valorarte como persona espiritual que eres, cuando tu deseo se convierte en una necesidad acuciante, eso perjudica todo el trabajo interior que has hecho. Lo que quiero decir es que si pasas de querer tener una mansión en Beverly Hills a necesitarla para demostrarte que vales mucho, estás asociando la casa a la sensación de tener éxito. Y siguiendo esta mentalidad, te considerarás un fracasado si no puedes adquirirla. No tienes que demostrar que eres digno de tener esa casa ante nadie, ni siquiera ante ti mismo, pero cuando eso es lo que piensas o sientes, te estás atascando en la mentalidad del apego.

Deja que te dé otro ejemplo. Yo me siento apegada a mis caballos porque los amo profundamente, y aunque como criadores nos dedicamos a la cría y venta de estos animales, me apego en seguida y establezco lazos con ellos, y luego los echo terriblemente de menos cuando tienen que irse a sus hogares definitivos. Este tipo de apego es distinto al que describe la Ley del Apego y el Desapego. El tipo de apego que plantea esta ley se refiere a cuando uno se siente tan apegado a algo o a alguien que, si no lo consigue en esta vida, siente como si perdiera valor ante sí mismo o ante los demás. En mi caso, cuando vendo un caballo, aunque sea uno de los que crío desde que nace, lloro cuando se marcha, porque amo a estos animales y los echo de menos, pero no me siento peor persona porque se haya ido. Según esta ley, en cambio, cuando alguien muestra apego por los caballos siente que su mundo se viene abajo cuando pierde a uno de estos animales, y su vida ya no tiene ningún sentido.

Estar apegado a cosas como las casas, los coches, los animales, el dinero, los barcos o cualquier otro objeto que pueda poseerse a menudo nos hace experimentar emociones negativas como la autocomplacencia, los celos y la arrogancia. Esta clase de apego bordea la obsesión. Es importante no permitir que nuestro deseo por algo se convierta en una necesidad obsesiva ligada a nuestra propia valía.

Obsesionarse con las personas

Cuando te apegas a las personas de esta manera, ¿sabes qué pasa? Que te controlan, que pueden manipularte y aprovecharse de ti. Tu apego obsesivo les ha dado poder sobre tus pensamientos, tus actos y tus elecciones, porque el poder y el control que les has dado sobre tu persona es mayor que el que te has reservado para ti mismo. Si estás viviendo una situación parecida, pregúntate por qué sientes eso. ¿Por qué te obsesionas con una persona determinada? ¿Por qué estás cediéndole tu poder? ¿Por qué sientes que ya no serías ese ser espiritual increíblemente maravilloso que eres si esa persona ya no estuviera en tu vida? ¿Es porque tienes miedo de estar solo? ¿Es porque perderla significaría que tienes que buscarte a otra persona? Es importante para tu crecimiento espiritual que no bases nunca cómo te sientes contigo mismo en el hecho de que otra persona forme parte de tu vida. Una de las lecciones más importantes que hay que aprender es a ponerse en pie, por propia iniciativa, a enfrentarnos a lo que somos en el ámbito del alma y a responsabilizarnos de lo que hacemos en el plano físico. Todos merecemos amor y respeto, y merecemos también disfrutar de una relación basada en unas condiciones de igualdad. El apego obsesivo no cabe en una relación satisfactoria porque la desequilibra. Puede dificultarte mucho abandonar una relación que ya no te conviene porque siempre estás buscando excusas para justificar el comportamiento de la persona por la que sientes apego. Para crear una relación duradera y amorosa con otra persona, tienes que basarte en el amor incondicional y en la completa aceptación del otro, con sus virtudes y sus defectos.

Si estás apegado a alguien de manera obsesiva, ¿has considerado siquiera cómo debe de sentarle a él ese apego? Habrá personas que se aprovecharán de ti, porque cuando te apegas a alguien de una manera obsesiva, te vuelves vulnerable. Pero también habrá quien se sentirá muy incómodo ante ese interés tan desmesurado que sientes por él, y quizá intente apartarte de su camino porque nota que eres empalagoso y dependiente, y se siente asfixiado de tanta atención como le prestas, aun cuando no la necesita. El hecho de que te aparten es conveniente para tu crecimiento espiritual, y es por tu propio bien..., pero siempre y cuando los demás consigan explicarse como es debido y logren que tú captes el mensaje, y eso puede costar mucho cuando hablamos de personas que demuestran un apego obsesivo. Lo que provoca en realidad los apegos en las relaciones es que todos queremos llamar la atención, que nos escuchen y nos valoren en nuestra individualidad y como seres únicos que somos. Todos queremos que nos quieran. Cuando depositamos nuestra energía en conseguir todo eso del exterior, de otras personas, antes de aprender a querernos y a valorarnos como los seres únicos que somos, en realidad no nos estamos demostrando un amor incondicional. Y hasta que no podamos amarnos incondicionalmente, no podremos amar sinceramente a otra persona ni avanzar en nuestro camino espiritual.

El apego suele estar basado en el miedo y vuelve rígidos los pensamientos y las expectativas, porque uno cree necesitar una cosa o una persona, aparte de a uno mismo, para ser feliz. Cuando esperas que la felicidad te venga de fuera en lugar de surgir de tu yo interior, empezarás a sentirte decepcionado cuando los demás ya no te hagan feliz. No se lo achaques a ellos, sino a ti mismo, por mostrarte extremadamente apegado y tener expectativas poco realistas. Todos queremos que nos reconozcan como esas personas especiales y únicas que llevamos en nuestro interior, pero tu luz no puede brillar con tanta intensidad cuando la oscurecen tus apegos. Cuando dejes de tener miedo y te des cuenta de que no necesitas a nadie ni a nada para ser feliz, estarás poniendo en práctica la parte del desapego que se cita en la Ley del Apego y el Desapego.

Cuando sueltas los apegos que has creado, al universo le resulta más fácil reaccionar y darte la abundancia que mereces y te gustaría recibir. Puedes centrarte en tu objetivo con pasión sin mostrarte obsesivo o apegado. Si sientes que estás cruzando la línea y empiezas a mostrar un apego obsesivo, retírate. Pregúntate si no estás desarrollando una fijación por un objetivo en concreto. Si es así, haz cambios en tu vida. No hay nada malo en ser intenso cuando actúas, lo negativo es obsesionarte con ello.

¿Qué sucede en realidad cuando te desapegas de los apegos? Comprendes mejor tu yo interior, demuestras compasión contigo mismo y eres capaz de comprender el punto de vista de los demás o darte cuenta de que no necesitas eso en tu vida para ser feliz. Los apegos no duran. Siempre terminan en una ruptura o una separación, y si no te sientes cómodo con tu yo interior, vas a pasarlo mal. Es mejor soltar todos los apegos y permanecer como un observador desapegado durante un tiempo para comprenderte mejor a ti mismo y a los que te rodean.

Desapegarse de los apegos puede asustar un poco al principio, porque pasas de la obsesión a la incertidumbre, de controlar a dejar de controlar, pero cuando estás dispuesto a hacer ese cambio, a desapegarte, te liberas de los condicionamientos del pasado y de los obstáculos que impiden que conectes con tu verdadero yo espiritual. Suelta y volarás libre.

Inténtalo ahora

Cuando sueltas los apegos avanzas en tu camino espiritual. Sal a pasear y a ver gente. ¿Has advertido alguna tendencia o interacción obsesivas entre las personas? Quizá notes que alguien está celoso porque su compañera se ha quedado mirando a otro. Puede que otra pareja esté discutiendo porque uno de los dos intenta controlar lo que hace o dice el otro. Ahora, piensa en ti. ¿Has sido una persona controladora o celosa? ¿Los comportamientos de los demás se reflejan en tu vida? A veces es difícil ver lo que nos hacemos a nosotros mismos; por eso quiero que observes a los demás. Como observadores silenciosos, a menudo somos testigos de lo que soslayamos en nosotros mismos. Si descubres en ti síntomas de apego, piensa si puedes hacer algo para cambiarlo y liberarte. Puede que te lleve un tiempo, pero puedes hacerlo.

Unos consejos para llevarlos a la práctica

- Suelta todo lo que ya no te sirva.

- El universo no puede reaccionar si tú interfieres con tus apegos. Suéltalos para recibir.

- Tu autoestima nunca debería basarse en la opinión que los demás tienen de ti o en conseguir algo en concreto.

- Distanciarte de los apegos puede hacer que te sientas inseguro de cara al futuro. Considéralo una aventura, considera que puedes llenar una nueva página de tu vida con libertad.

- Si te sientes obsesivamente apegado a otra persona, contempla la situación desde su punto de vista para ver tus actos con mayor perspectiva.

- El apego se basa en el miedo. El desapego se basa en sentir amor incondicional por uno mismo.

- Los apegos nunca duran, porque la necesidad a la que se asocian es falsa.

- Las decepciones provienen de los apegos.

- Tener apego significa entregar tu poder. Distánciate para ser honesto con tu propio yo espiritual.

- Para lograr el éxito, abandona los apegos y sigue adelante con pasión.

Véase también el capítulo 38: La Ley del Equilibrio y la Polaridad

27

LA LEY DE LA FE

— 🕊 —

Hoy tengo fe en que mi mundo es como debería ser; superaré todos los obstáculos que me salgan al paso sin dejar de esforzarme por alcanzar mis objetivos.

La Ley de la Fe afirma que si crees en algo con gran convicción y confías en que lo que crees sucederá, así será, y lo imposible se convertirá en realidad. La Ley de la Fe nos conecta directamente con la sabiduría universal. Con la fe no hay lugar a dudas. Comprométete con tus creencias y confía en que lo divino te traerá aquello en lo que crees. Cuando tienes fe, no tienes miedo. Y eso es porque has estado escuchando a tu guía interior y sabes sin ningún genero de dudas que recibirás el resultado que deseas porque tienes fe. La Ley de la Fe se menciona en la Biblia, Romanos 3:27: «¿Dónde, pues, está la jactancia? Queda excluida. ¿Por cuál ley? ¿Por la de las obras? No, sino por la ley de la fe». (Versión Reina Valera).

La Ley de la Fe no está vinculada a ninguna religión en especial; todos podemos sentir la fe. La Ley de la Fe significa que hay que creer aunque no tengas pruebas de que se manifieste aquello en lo que crees. Se necesita una absoluta confianza, fiarse y creer sin fisuras. Significa ignorar a todos los detractores que intenten sembrar la duda en tu mente. Haz lo contrario, escucha tu yo interior intuitivo para que te guíe y se fortalezca tu fe. El poder de la fe es una de las emociones más fuertes. La fe es inquebrantable, comprometida, y no tiene miedo a nada.

La fe es la creencia en lo Divino, en la abundancia universal y en Dios, en el Creador, en la Fuente. La fe significa saber que todo saldrá como está planeado por la Divinidad si es para el bien de todos. La fe va más allá de lo que has aprendido sobre la espiritualidad. Es la emoción de más alta frecuencia. En ocasiones no se manifestará aquello que deseas cuando así lo quieras, pero si te aferras a tu fe, recibirás lo que deseas en el momento adecuado. Otras veces, en cambio, es posible que las cosas no sucedan porque no es por el bien de todos. Por ejemplo, imaginemos que tienes fe en que algo que deseas sucederá, pero que eso podría herir emocionalmente a la persona con quien mantienes una relación. Aquello que crees que sucederá quizá no llegue a pasar nunca, porque no es para el mayor bien de todos los involucrados. Imaginemos que han pasado unos años y esa relación ha terminado, pero tú sigues teniendo fe en que lo que deseabas en el pasado sucederá. Este es el momento en que puede suceder, porque no hay nadie a quien le afecte negativamente que tú recibas lo que deseas. Nunca dejaste de tener fe, y aunque el momento no era el adecuado, ahora sí lo es. Por eso no puedes imponerle límites al tiempo sobre lo que deseas conseguir en la vida. Todo pasa a su debido tiempo.

No confundas el poder de la fe con lo que se denomina la fe ciega. La fe ciega significa, sencillamente, que esperas que algo suceda sin haber trabajado para lograrlo ni haber construido una base sobre la cual poder construir. Y eso suele pasar cuando no ves la unicidad de lo Divino, sino que ves lo que quieres como algo separado del todo universal. La fe crea milagros, la fe ciega crea problemas. Si practicas la fe ciega, tus probabilidades de lograr lo que deseas serán menores. Todo se reducirá a una cuestión de suerte. A veces las cosas pasarán como uno quiere, pero lo más probable será que ocurra todo lo contrario, porque la pureza y el poder de la auténtica fe no están trabajando para ti.

Fe en tu intuición

En el mundo actual, todos queremos que nos demuestren cómo funcionan las cosas. A veces hemos de tener fe en lo que no podemos ver ni puede ser demostrado. Es muy posible que te enfrentes a muchas adversidades a causa de tu fe. No importa aquello en lo que creas; siempre habrá personas en el mundo que querrán poner a prueba tu fe porque no pueden probar su existencia. Tenemos un ejemplo perfecto en la intuición. No puedes demostrar que tienes presentimientos, impresiones o intuiciones. Es algo que sucede porque sí. Una médium no puede demostrar que el espíritu que ve u oye está allí; lo único que puede hacer es pasar el mensaje y esperar que resuene en la persona que lo recibe. Cuando nadie ve lo que ves tu, lo único que queda es la creencia y la fe de que esa impresión es la correcta y de que tendrá sentido para la persona que reciba el mensaje.

Cuando hablamos de intuición, la razón de que todos quieran pruebas es porque no existe ninguna persona intuitiva que sea exacta al cien por cien. Y si te dicen que sí lo son, búscate a otra intuitiva que te haga la canalización. Nadie puede tener la certeza absoluta, porque entonces no habría ningún motivo para que estuviéramos en el plano terrenal aprendiendo lecciones. Si pudiéramos verlo todo, seríamos Dios. Ha de haber un margen para el error para que la persona intuitiva aprenda, y eso genera un mar de dudas en las personas que no creen en la intuición o en las capacidades psíquicas. Te voy a dar un ejemplo. Yo misma me he dedicado a las canalizaciones intuitivas durante mucho tiempo. Forma parte de mí misma, de mi propia naturaleza. Y tengo una fe absoluta en que lo que noto, lo que veo, es lo que la persona necesita saber en el momento de la canalización. Quizá en ese momento no tenga ningún sentido, pero en el futuro lo tendrá. Recuerdo una vez en que empezaba a hacer canalizaciones para el público en línea y tenía muy poco margen de tiempo para atender a un gran número de personas. Después de las canalizaciones las personas me comentaban que había hablado con mucha precisión. Me quedaba muy asombrada con sus comentarios, porque decían que había sido increíblemente precisa en lo que les había dicho. Pero se metió el ego por en medio, y empecé a pensar que yo era la bomba y que siempre acertaba. Y por supuesto, en ese momento intervino el universo para poner a mi ego en su lugar: durante las dos semanas siguientes, me equivoqué en todas mis canalizaciones, hasta que me di cuenta de que me había crecido demasiado pensando en mí misma. Cuando aprendí la lección y dejé a un lado mi ego, las canalizaciones volvieron a ser precisas, y se restableció la creencia y la fe en mí misma y en la guía universal. El ego sabe cómo interponerse en tu camino haciéndote creer que eres muy importante y entibiando tu fe en lo que el universo te tiene reservado.

La fe lleva a la iluminación

A mayor fe, mayor iluminación. Verás las cosas con claridad, tal y como son, en lugar de observarlas tras unos cristales de color de rosa. La fe no se aplica solo a una religión específica. Muchas religiones, e incluso las personas que no profesan ninguna religión en concreto, creen en el poder de la fe porque es una ley universal, una frecuencia elevadísima, que forma parte de nuestra conexión con la unicidad del universo. Está en todos nosotros y, como tal, es importante que tengamos fe en nuestras vidas. Cuando tienes fe, cualquier cosa es posible. A tu éxito solo lo limita el poder que tiene la fe en tu propio éxito. Como seres espirituales, la fe es crucial para nuestra existencia. Cuando comprendes que estás conectado con la unicidad del todo y tienes fe en que lo que intentas lograr dará sus frutos, el universo te entrega lo que tu fe percibe.

La fe funciona: es sanadora, y es una fuerza conductora que llevamos en nuestro interior. No importa si lo que deseas es algo grande o insignificante, o si la situación o el problema es simple o complejo. Lo único que importa es que tengas fe en que tu problema se solucionará o conseguirás lo que deseas. La fe te da motivos para seguir adelante en los momentos en que quieres abandonar. Puede ayudarte a superar los contratiempos temporales que se presentan en tu camino.

Inténtalo ahora

¿Cómo reconoces la fe? Creyendo. La fe es un profundo sentimiento interior que nadie más experimenta como la experimentas tú. Para reconocer qué es para ti la fe, busca un lugar tranquilo donde puedas replegarte en ti mismo para conectar con tu ser espiritual. Pide a tu yo superior que te envuelva con la fe como si fuera una manta. Visualiza lo que sientes. ¿Esa manta es suave, fuerte, tiene poder? ¿Vibra acorde con tu propia vibración o produce un sonido profundo e intenso? Visualiza cómo la fe se presenta a ti en tu esencia interior. De este modo, cada vez que sientas que pierdes la fe porque la negatividad intenta abrirse paso a través de ti, saca tu manta de fe y envuélvete en ella, permite que te dé su poder y que tu fe se refuerce.

Unos consejos para llevarlos a la práctica

- La fe no se asocia a ninguna religión en concreto. Todos podemos tener fe porque nos conecta con la sabiduría universal y con lo divino.

- La fe te llena de una fuerte convicción y confía en que las cosas sucederán para el mayor bien de todos. Si algo no funciona como a ti te gustaría, es que no es el momento adecuado.

- La fe anula el miedo, que puede retraerte e impedir que consigas tus objetivos.

- La fe no puede demostrarse, pero es más fuerte que cualquier otra emoción y su frecuencia es altísima. Para elevar tu frecuencia, ten fe.

- Cuidado con la fe ciega. Puede darte falsas esperanzas y crearte problemas.

- Para practicar la fe, sabe lo que quieres, cree que lo conseguirás y luego suéltalo sin perder la fe de que vas a conseguirlo, o de que lo conseguirás en el momento adecuado. Soltar y renunciar a todo control es un elemento clave en la fe.

- Si no logras algo con la rapidez que deseas, recuerda que el universo cumple con su propio horario. Ten fe en que conseguirás lo que quieres a su debido tiempo.

- Abandona toda duda y permite que la fe llene ese vacío.

- No dejes nunca de tener fe. Te acompañará en todas las dificultades que se te presenten en el camino y hará que te resulte más fácil superarlas. Como seres espirituales, la fe es crucial para nuestra existencia.

Véase también el capítulo 11: La Ley del Propósito

28

LA LEY DE LA ATENCIÓN

— 🕊 —

Soy plenamente consciente de dónde pongo mi atención, y procuraré que sea positiva y que siga avanzando hacia delante para que me aporte felicidad y alegría.

La Ley de la Atención afirma que todo aquello en lo que ponemos nuestra atención se manifestará en la vida. Es una ley simple, pero muy importante para lograr el éxito y conseguir lo que deseamos. Cuando prestas atención a algo en concreto, sobre todo si te centras completamente en ello, su energía crece y se expande a medida que se siente atraído hacia ti.

¿Qué es la atención? Es la capacidad de concentrarnos, de aplicarnos a una tarea mentalmente, de centrarnos. Es aquello en lo que pensamos, el uso que hacemos de las palabras, y las acciones que emprendemos basándonos en esos pensamientos y esas palabras. El tiempo que dedicas a pensar y a hablar de eso también contribuye a situarlo en el centro. Cuanto más tiempo y energía dediques a algo, más probable será que lo consigas. En *Meditaciones acerca de la filosofía primera*, publicada en 1625, Descartes afirma que podemos dudar de todo. Cuando se le plantearon objeciones a este punto, el filósofo reaccionó afirmando que solo cuando prestamos atención las ideas claras ocupan un lugar en el que la duda no tiene cabida.

Si descubres que tu manera de pensar está tomando un sesgo negativo, ten pensamientos positivos para volver a recuperar tu centro y prestar atención a la cuestión que estás tratando. Todos tenemos expectativas distintas cuando intentamos conseguir nuestros objetivos, porque nuestras ideas sobre cuál será el resultado cuando hayamos conseguido el objetivo difieren. Hay personas que se esfuerzan hasta extremos imposibles, asumen muchas tareas y persisten en la ilusión y el esfuerzo de hacer muchas cosas a la vez. Otras necesitan ir más despacio, no barajar demasiadas cosas a la vez, y a pesar de que también se esfuerzan lo suyo, lo hacen a un ritmo diferente. Hay personas que pueden esforzarse por conseguir un objetivo durante un tiempo y luego dejarlo durante un período antes de retomarlo. No sienten la premura de llegar al resultado final. Todos creamos nuestra propia realidad basándonos en nuestra conexión única con lo Divino y en la energía que destinamos para poner toda nuestra atención en alcanzar nuestros objetivos. Lo que es adecuado para una persona quizá no lo sea para nosotros. Quizá te estés distrayendo del tan deseado objetivo, pero es que a lo mejor hay algo que, en realidad, en ese momento requiere tu atención. Así es la vida. Así es como funcionan las cosas. Aunque tengas que desviar tu atención de algo durante un tiempo, no pasa nada. Ya te centrarás más adelante. Lo importante es que nunca renuncies a tus sueños y siempre los tengas en mente, aun cuando no puedas prestar más atención de una manera activa a lo que tienes que hacer para alcanzar el resultado final.

Profecías que se cumplen por sí solas

Estoy segura de que habrás oído el dicho: «Ten cuidado con lo que piensas, porque podría convertirse en realidad». Ten cuidado con tus pensamientos y con tus palabras. Que sean positivos, poderosos y llenos de luz. Trabaja los sentimientos de miedo o la negatividad en lugar de ignorarlos o reprimirlos. De esa manera no dominarán tus pensamientos mostrándote el peor de los escenarios posibles. Cuando siempre tienes miedo de lo que pueda suceder, lo atraes según la Ley de la Atención. Estás dando poder a todas esas cosas negativas al pensar de esa manera, al hablar así de ellas y al permitir que crezcan dentro ti cuando no tienes por qué permitir que eso suceda. Que la atención positiva sobre las cosas que deseas que ocurran pueble tu mente en lugar de prestarles una atención negativa que imagine el peor de los escenarios posibles. Imagina mentalmente lo que quieres, préstale toda tu atención y pide que te llegue.

Las profecías que se cumplen por sí solas se crean centrando nuestra atención en lo que deseamos. También pueden crearse si prestamos demasiada atención a lo que tememos. ¿Cuál de las dos cosas preferirías? La mayoría de la gente prefiere la profecía que se cumple y les da lo que quieren de la vida en lugar de darles lo que temen. ¿Por qué vamos a poner nuestra energía y atención en algo que tememos? Eso sería como intentar derrotar tus propios propósitos, ¿no te parece? Cuando piensas en prestar tu atención a algo de esta manera, te ayuda a ver con claridad cómo puedes expresar lo que quieres. Si no quieres que se cumpla algo que no deseas que suceda, ¿por qué prestas tu atención a esas posibilidades? No lo hagas. No tienes por qué vivir una experiencia negativa, porque te invade el miedo y una preocupación que van a acabar con tus pensamientos positivos.

Como seres espirituales, nuestra capacidad de centrar la atención en algo y luego conseguirlo porque nuestra energía lo atrae hacia nosotros es un don que nos brinda el universo. Si no somos conscientes de la verdadera naturaleza de este don y de cómo podemos usarlo para seguir adelante en la vida en el plano físico, y para comprender los principios del plano espiritual con el fin de poder conectar con lo divino, nos estaremos haciendo un flaco favor. En nuestra frecuencia, en la esencia fundamental de nuestros seres, todos conocemos las leyes espirituales del universo. Comprendemos cómo funcionan y lo que deberíamos hacer para que nuestras vidas se desarrollen bien en el ámbito físico y podamos aprender las lecciones que necesitamos para crecer espiritualmente. Es nuestro trabajo, en este preciso instante, recordar esta información, sobre todo la manera en que usamos la Ley de la Atención. A medida que busquemos información de lo Divino y respuestas a nuestra existencia individual, a nuestro propósito y a cómo podemos llegar a conectar mejor con nuestra auténtica esencia espiritual, es obligatorio que hagamos esa búsqueda con los ojos bien abiertos y centremos nuestra atención en la verdad interior.

Tenemos el control absoluto sobre nuestra atención. Es obligatorio si queremos sobrevivir. Los animales salvajes deben fijar su atención en el entorno, y deben hacerlo siempre, para mantenerse a salvo de los depredadores y seguir viviendo. Si desvían su atención, se convierten en presas. Lo mismo les sucede a los humanos. Mira cuántos heridos hay por estar atendiendo al teléfono móvil en lugar de fijarse por donde andaban. Cuando prestas demasiada atención a algo hasta el punto de dejar de velar por tu propia seguridad, y cuando te das cuenta de que eso sucede continuamente, ha llegado el momento de valorar lo que estás haciendo. Si el teléfono te está distrayendo tanto que hace que dejes de prestar atención al trabajo o a la familia, puedes terminar quedándote sin empleo y peleándote con los tuyos, pero seguramente te irá fenomenal con los amigos, porque no paras de enviarles mensajes y de ignorar todas las cosas y a todas las personas de las que eres responsable a diario.

Cuando fijamos nuestra atención en desarrollar nuestra espiritualidad y conectar con lo Divino, satisfacemos parte de nuestro propósito en el plano terrenal. La transformación espiritual puede llegar por centrar la atención en nuestra espiritualidad y permitir que se convierta en una parte tan integral de nuestro ser que, incluso cuando desviamos la atención hacia otro lado, buena parte de ella se centre en lo Divino de manera subconsciente. Cuando eso sucede, has despertado a nivel espiritual. Eres consciente de que formas parte de la conciencia universal, de que eres una parte del todo. Cuando hayas despertado, habrás pasado a un estado más consciente de la conciencia en el que comprenderás la importancia que tiene prestar atención a las cosas de la vida que potencian tu ser, aseguran tu éxito y transforman tu espiritualidad.

Aquello a lo que prestas atención puede construirte o destruirte. La atención es un arma fuerte y poderosa. Toma conciencia de las cosas y las personas a las que prestas atención. Si estás prestando atención a algo equivocado, haz un cambio y vuelve a centrar tu atención en las prioridades de tu vida.

Inténtalo ahora

Quizá ni siquiera seas consciente de que fijas tu atención en la negatividad. Compruébalo llamando a una amiga íntima y conversa con ella. No le digas por qué la llamas, pero fíjate bien y presta atención a lo que dices, y si algo de lo que dices suena muy negativo, anótalo o grábalo. Cuando cuelgues, mira lo que has escrito o escucha la grabación. ¿Podrías haber dicho las cosas de otra manera para que sonaran positivas en lugar de negativas? ¿Adviertes un patrón en todo eso? ¿Te está preocupando algo en el plano subconsciente de esta conversación que ni siquiera sospechabas que te molestaba? Esta es una buena manera de comprender cómo hablas y saber a qué le prestas atención durante una conversación. Cuanto más consciente seas, más fácil te resultará darte cuenta de que estás fijando tu atención allí donde no debes. Cuando hayas tomado conciencia de eso, podrás corregir tu comportamiento.

Unos consejos para llevarlos a la práctica

- Tu atención no es ilimitada. Cuando prestas tu atención a algo en concreto, la desvías de otra cosa.

- Todo lo que haces requiere un cierto grado de atención.

- Sé consciente de las cosas en las que te fijas para poder usar la Ley de la Atención en tu propio beneficio.

- Aquello en lo que fijes tu atención volverá a ti.

- Abstente de fijar tu atención en lo negativo.

- Crea profecías que se cumplan por sí mismas prestando atención a las cosas positivas que quieres que te pasen en la vida.

- No ser consciente no es excusa para que no prestes atención a lo que quieres conseguir de la vida. Solo tú puedes crear tu propia realidad y tener éxito si prestas atención a lo que quieres conseguir.

- Tienes un absoluto control sobre aquello a lo que prestas atención. Hazlo con sabiduría.

- Cuando tengas dudas, detente. La duda desviará la atención hacia lo negativo y obtendrás el resultado contrario al que esperabas. Cree en ti mismo y fija toda tu atención en el éxito.

- Haz que despierte tu espiritualidad prestando atención a tu conexión con lo divino.

Véase también el capítulo 6: La Ley de la Intención

29

LA LEY DEL PERDÓN

Me libero de la negatividad perdonando a los que me han herido,
ofendido o enfadado, y les envío amor.

La Ley del Perdón se basa en el amor y consiste en liberar la rabia, el resentimiento, el odio, la amargura o cualquier otra emoción negativa que alberguemos hacia alguien o hacia algo; consiste en perdonar por todo el mal que nos han hecho, tanto si ha sido a sabiendas como si no. El perdón es un componente clave en muchas religiones, incluyendo el judaísmo, el budismo y el cristianismo, por nombrar algunas. El perdón también es clave en las relaciones íntimas y en toda relación humana.

Todas y cada una de las personas pueden elegir vivir según la Ley del Perdón. Cuando perdonas a alguien, permites que el amor supere los sentimientos negativos y que se libere la animosidad que la otra persona te inspira. El perdón no consiste en aceptar el mal comportamiento de la otra persona, en excusarlo o en decir que actuó bien. Se trata de soltar los sentimientos negativos que albergamos en nuestro interior y que generaron nuestras acciones para que no tengan un efecto negativo en nosotros y no se cree un nuevo karma. No importa si te hicieron daño aposta o hirieron tus sentimientos por un error inocente. Liberas tus sentimientos cuando perdonas a la otra persona, y eso a su vez influirá en sus sentimientos. Hay personas que se sentirán aliviadas de que ya no sientas rabia ni estés enfadado con ellas. A otras les importará menos lo que pienses o sientas porque les da igual, tanto si les perdonas como si no. Cuanto antes puedas romper cualquier tipo de conexión con ellas a través del perdón, tanto mejor.

Sé que es muy fácil de decir, y muy complicado de hacer. Perdonar a alguien no siempre es una elección fácil, sobre todo si te han hecho daño. El perdón puede hacerte vivir emociones muy complejas que te ayudarán a sanar, y así podrás perdonar sin reprimirte por esa situación y sin juzgarte a ti mismo. Pero cuando llegues a ese punto y hayas trabajado esas emociones por ti mismo, serás capaz de perdonar. Habrás crecido espiritualmente y te habrás desembarazado de la negatividad.

Pasos para el perdón

Cuando perdonas, sueltas el karma futuro. Estás reconociendo que la situación te influyó y estás perdonando los actos de la otra persona para que esta lección en concreto no se repita en tus vidas futuras. Eso no significa que no exista ninguna clase de deuda kármica que la otra persona no deba pagar, a menos que también se perdone a sí misma por sus actos. Como seres espirituales que somos, todos formamos parte de un todo, y todos somos uno. Por eso, cuando perdonas al otro, ¿no te estarás perdonando a ti en realidad?

Hay que dar varios pasos durante el proceso de perdonar a la persona que te ha herido. Cuando perdonas a alguien, no lo haces por él, lo haces por ti, para poder soltar esas emociones negativas que surgen de tu experiencia y seguir adelante con tu vida. Enfréntate a tus sentimientos identificando a los que te han hecho daño y fijándote en cómo viviste esa experiencia. Quizá sientas rabia, odio, decepción y otras emociones similares cuando revises la raíz del problema. Para perdonar, tienes que afrontar estas emociones y trabajarlas. Asegúrate de no perder de vista los motivos por los que resultaste perjudicado. Comprende que negarte el perdón tan solo es ocultar tu dolor y reprimirlo. Y hasta que no te enfrentes a ello, siempre llevarás el dolor a cuestas. Lleva un tiempo curarse mientras se trabaja el proceso del perdón. En lugar de replantearte la experiencia una y otra vez en tu mente y revivir el dolor de la herida, piensa en un objetivo positivo que puedas conseguir basándote en tu experiencia y trabaja en pos de ese objetivo. Cuando perdonas y sigues adelante con tu vida, logras arrebatar el poder que esa persona que te hirió tiene sobre ti. Cuando te centras en sentir más alegría y felicidad en la vida, puedes archivar ese acontecimiento en el pasado. Y lo que es más importante, pacta contigo mismo que vas a hacer todo lo necesario para poder sentirte mejor y seguir adelante. Sé siempre amable contigo mismo, porque perdonar a otra persona es muy difícil. Te llevará tiempo y una buena parte de tu vida llegar al punto en el que podrás decir que en realidad has perdonado a esa persona.

El perdón sana

El perdón es una emoción de elevada frecuencia. Da poder, cura y libera del karma a la persona que lo ofrece, si lo hace con honestidad. Si no has perdonado a la persona de corazón y has soltado todas las emociones negativas asociadas a la situación y a sus actos, en realidad no la has perdonado, por muchas veces que hayas dicho que sí de palabra. El perdón tiene que ser completo. Cualquier rescoldo de animosidad se propagará como las llamas si no se libera por completo al perdonar. Perdonar a alguien también significa contemplar y asumir la responsabilidad que tienes en una determinada situación. ¿Has hecho algo por lo que debas disculparte tú además de tener que perdonar a la otra persona? ¿Necesita esa otra persona perdonarte a ti también? Cuando te perdones a ti mismo por el papel que has desempeñado, deja que el amor que sientes por ti mismo sustituya los sentimientos negativos que albergas por haber participado en esa situación y perdónate.

¿Alguna vez le has dicho a alguien que le perdonabas cuando en realidad no le has perdonado lo que te hizo? Ese no es el auténtico perdón. Si siempre vas a recordar la transgresión, esta sigue formando parte de ti, y te está consumiendo de manera solapada. Cuando perdones, también tienes que olvidar.

Cuando los sentimientos negativos que te despierta otra persona van acumulándose en tu interior porque no la has perdonado, eso causa dolor. Puede que siempre estés enfadado, que te irrites con facilidad, o incluso puedes enfermarte o deprimirte. Para recuperar un estado de ánimo positivo, perdónala, perdónate a ti mismo y libera las emociones asociadas a esa situación o a esa persona. Si no estás seguro de si has conseguido perdonar, reflexiona durante unos instantes sobre alguna situación del pasado en la que alguien te hizo daño. ¿Cómo te sientes recordando esa situación? ¿Te sientes tenso, estás furioso o te enfadas solo de pensar en esa situación? Si es así, eso significa que en realidad no le has perdonado. Si piensas en la situación, no sientes nada negativo y en cambio la contemplas como algo que te sucedió y de lo que ya has pasado página, entonces es que en realidad ya has dado tu perdón a la otra persona involucrada, a la situación en sí misma y a ti mismo.

El perdón como transformación

El perdón forma parte integral de una transformación espiritual. Tu energía espiritual no puede alcanzar frecuencias más altas si te aferras a la rabia que te inspira alguien a quien deberías perdonar. Pero una vez que ya has perdonado, liberas esas emociones y tu yo espiritual puede seguir adelante. Imagina tu yo espiritual intentando empujar un cercado de cuerdas. Las cuerdas tienen una cierta elasticidad cuando las presionas, pero también ejercen una determinada presión sobre tu energía y, por mucho que lo intentes, no puedes atravesarlo. Sin embargo, cuando reconoces el problema que representa ese cercado de cuerdas y perdonas, la cuerda se rompe, eres más libre y permite que sane tu yo interior. Una vez identificados todos los motivos, las cuerdas se rompen, y eso le permite a tu alma seguir creciendo. Si no eres capaz de ver lo que te retiene, intenta reflexionar sobre esa situación y usa la visualización creativa al meditar para descubrir lo que representan estas cuerdas. Te sorprenderá saber que algo que creías que ya estaba superado desde hacía tiempo todavía sigue aferrado a ti.

Practicar el perdón conlleva cambios. Puede contribuir a subsanar relaciones, a sanar corazones rotos y a devolverte a ese camino que transitabas cuando te saliste de él. El perdón es poderoso, es de luz, y es necesario también para que la vida fluya en paz y armonía. Cuando se te dice que pidas perdón al otro no solo le estás perdonando, sino que te estás perdonando a ti mismo, porque sueltas el poder que él ejercía sobre ti cuando eras incapaz de perdonarlo. Ser capaz de perdonar te permite alcanzar frecuencias más elevadas y dotarte de un mayor poder espiritual.

Inténtalo ahora

Hablemos de perdonarte a ti mismo durante unos instantes. En realidad es difícil perdonarse a uno mismo, ¿verdad? Cuando esa caja parlante que llevamos en la cabeza se descontrola y no para de decirte que podrías haber hecho las cosas de otra manera (sobre todo si eras tú quien estaba equivocado), no es fácil quedarte en silencio. Tu yo superior también está allí, intentando ayudarte a que te perdones, pero esa caja parlante puede hablar por los codos y hacerlo en voz muy alta, a veces incluso por encima de tu yo superior, en un esfuerzo por captar toda tu atención y detallarte todos los aspectos negativos de lo que ha sucedido y diciéndote de qué manera habrías podido actuar. Cuando te des cuenta de que esto es lo que te sucede, deja de hacer lo que estés haciendo y céntrate mentalmente para lograr que esa caja parlante calle. Yo suelo soltarle un chitón mentalmente, y luego me esfuerzo mucho para oír lo que mi yo superior me está diciendo. Cuando dejas de prestar atención a tu caja parlante, podrás oír tu yo superior con claridad. Por eso, cuando esa caja parlante se esté aprovechando de tu mente, desvía tu atención y abandona la negatividad que te impide amarte hasta el punto de perdonarte todo aquello que necesita ser perdonado.

Unos consejos para llevarlos a la práctica

- El perdón te permite soltar las emociones que te impiden alcanzar tus deseos.

- Para tener éxito, practica el perdón.

- La transformación espiritual exige que perdones a los demás, a las situaciones y a ti mismo.

- La ausencia del perdón puede provocarte una tensión emocional y física, e incluso hacer que enfermes.

- Convierte en un hábito diario perdonar instantáneamente a los demás. A veces es fácil si el problema es insignificante, pero otros problemas requerirán que les dediques más tiempo y energía de tu parte si quieres perdonar de verdad.

- Si ofreces tu perdón, hazlo de corazón. Si no lo sientes así, no lo hagas.

- Acalla el parloteo mental para descubrir el amor que habita en tu yo superior y que te ayudará a perdonar.

- El perdón significa honrar tu propio camino y el camino de los demás.

- El perdón te ayuda a sanar si lo das libremente y sin condiciones.

- Sé abierto y deja que transcurra todo el tiempo que sea necesario para alcanzar el perdón.

Véase también el capítulo 10: La Ley de la Unidad

30

LA LEY DE LA PETICIÓN

—🕊—

Hoy me siento abierto a pedir ayuda con amor y espíritu positivo, y a aceptar ayuda cuando la necesito.

La Ley de la Petición afirma que, si necesitas ayuda, tienes que pedirla y estar dispuesto a aceptarla, y que no deberías ofrecer tu ayuda cuando nadie te la pide. Esa ley surgió en la primitiva religión cristiana, y la recoge la Biblia en el Evangelio de Mateo y el Libro de Santiago. Ofrecernos a ayudar cuando nadie nos lo pide no es lo mismo que hacer una buena acción espontáneamente. Significa específicamente que no debes interferir en los problemas de los demás por el hecho de que ese problema te toque de cerca y pienses que tú eres más capaz de resolverlo que la persona en cuestión. La Ley de la Petición trata de lo que el universo puede hacer por ti, y no de lo que tú puedes hacer por otra persona.

Como todos estamos sujetos al libre albedrío, el universo y los seres que viven en el ámbito espiritual no aparecen como por arte de magia para intervenir en las lecciones que estamos aprendiendo en el plano terrenal. A pesar de que hay intervenciones milagrosas, en el fondo son actos de bondad azarosos que impiden que nos suceda algo que no está escrito en nuestro plan, y por eso no se consideran una interferencia.

Tenemos que pedir ayuda al universo cuando la necesitamos, porque así podremos recibirla. Una vez que ya la hemos pedido, se nos asiste libremente. Sé sincero en tu petición: pide lo que necesites desde el amor y mostrando gratitud por la ayuda recibida. Intenta no ir con exigencias ni dar por supuesto que tienes derecho a conseguir todo lo que quieres. Hay veces en que pides algo que no estaba planeado que recibieras antes de encarnar, o quizá pides algo que, si se te concede, puede llegar a interferir en tu capacidad de aprender las lecciones que necesitas.

Signos en lugares inesperados

La ayuda que recibimos no siempre adopta la forma de una respuesta directa o una acción inmediata. A menudo le digo a la gente que está sopesando un problema que pida asistencia a sus guías y luego busque signos para dar con la respuesta. Ha habido muchas, mejor dicho, muchísimas veces en que he necesitado orientación y he terminado en una librería. Y entonces he pedido a mis guías que condujeran mis pasos hacia el libro que me ayudaría a resolver mi problema actual. Me pongo a recorrer todas las estanterías, de arriba abajo, hasta que me siento atraída por un libro. Muchas veces se trata de un libro que no tiene nada que ver con mi problema y que no me va a servir de ayuda. La energía del libro, en cambio, suele hablarme desde el ámbito del alma, y cuando lo cojo y lo abro por una página en concreto, es como si viera resaltados ciertos fragmentos del texto. Dijera lo que dijera el texto, en él siempre encontraba alguna pista que me ayudaba a resolver el problema. Mis guías habían respondido a mi petición de ayuda dirigiéndome hacia un texto que resonaría en mí para que yo pudiera resolver mi problema. Siempre doy las gracias por la asistencia recibida.

La Ley de la Petición también tiene su correlato fuera del ámbito espiritual. Piensa que, cuando necesitas ayuda, los demás no pueden leerte la mente. No saben lo que te pasa, y no van a poder ayudarte si tú no se lo pides. A veces eso significa que tienes que abrirte y dejar que te vean por dentro si lo que cabe es que te ayuden. El miedo a parecer débil o necesitado puede impedírtelo, pero si de verdad necesitas ayuda, si la necesitas en serio, deja que los demás te echen una mano, te ofrezcan un hombro sobre el que apoyarte o te den el amor que va implícito en el hecho de ayudar a quien se encuentra en una situación difícil.

Durante muchos años trabajé en el sector en la venta al por menor. Cada vez que decidía buscar un nuevo empleo, si sentía que el trabajo encajaría conmigo y lo deseaba realmente, siempre le pedía el puesto al entrevistador. A veces lo hacía con mucha formalidad, cuando veía que mi entrevistador se mostraba arisco, pero si su actitud era más relajada, le decía algo así como: «Me gustaría trabajar para su empresa. ¿Cuándo podría empezar?» A veces el entrevistador se sorprendía, y yo le decía entonces: «Si no le digo yo que me apetece muchísimo conseguir este trabajo y le pido que me dé una oportunidad, ¿cómo se enteraría usted de lo que quiero?» En otras ocasiones el entrevistador me decía que, como veía que yo era una mujer de *agallas*, me contrataba *ipso facto*. Cuando persigues lo que quieres en la vida a menudo tienes que pedírselo a otras personas. Yo quería el trabajo, y por eso pedí ese trabajo. Esto es actuar según la Ley de la Petición. La próxima vez que necesites ayuda o quieras algo que te lleve hacia tus objetivos, pídelo en positivo.

Desafíos en el plano terrestre

Vivir en el plano terrestre plantea desafíos que son únicos. Uno de ellos es cuando queremos salir disparados a ayudar a alguien que está pasando por una situación difícil sin que nos lo pidan. No niego que la intención sea buena, pero a veces las buenas intenciones pueden empeorar el problema de la otra persona. Así como el universo no interfiere en el aprendizaje de nuestras experiencias, no está en nuestra mano interferir en la experiencia terrenal de otra persona a menos que esta nos pida ayuda de una manera concreta y directa. ¡Qué difícil!, ¿verdad? Sobre todo cuando los demás toman decisiones que a tu manera de ver son equivocadas, basándote en tu propia experiencia. Piensa que ese es su camino. Si te lo piden, aconséjales. Pero si no te piden nada y tú interfieres diciéndoles lo que deberían hacer sobre una determinada situación, no solo te pones obstáculos en el camino de tu propia alma, sino que tú también te interpones en el suyo. Pueden terminar sintiendo que te has metido en medio del problema que tienen con la otra persona (si se trata de un tema de pareja) y eso les puede complicar la vida. ¿Cómo pueden decidir los pasos que hay que tomar si tú no dejas de intentar influirles diciéndoles lo que harías o dejarías de hacer si estuvieras en su piel? Eso puede llegar a sacarlos de quicio. Cuando creas que ese es tu deber, detente y piensa en lo que vas a hacer. ¿Estás intentando arreglar la situación porque viviste algo parecido, intentaste controlarlo y terminaste sintiéndote tan herido emocionalmente que nunca llegaste a superarlo? Esa fue la lección que tú debías aprender, pero quizá no sea eso lo que la otra persona deba aprender. Quizá para ella la lección sea aprender a comprometerse, mientras que para ti fue aprender a ser menos controlador. Todos tenemos distintas lecciones que aprender, y entrometernos dando nuestra propia opinión sobre la lección que la otra persona debe aprender puede hacer que te salga el tiro por la culata y te distancies precisamente de la persona a la que deseas ayudar. Cuando ella esté dispuesta a recibir tu ayuda y quiera tu consejo, te lo pedirá.

Hay veces en que las respuestas que necesitas ya están en tu interior. Mirando en tu interior a menudo encontrarás la respuesta. Si tienes un empleo que hace que te sientas desgraciado pero es el paso que necesitas dar para lograr tu objetivo final en tu carrera profesional, quizá esa profesión no seas la que más te conviene y necesites cambiar de camino. O bien quizá necesites aprender una lección vital pasando por la experiencia de tener un trabajo que no te gusta para que luego puedas valorar el trabajo de tus sueños cuando se te presente. Imagina que quieres ser el propietario de un restaurante, pero para valorar la totalidad de la experiencia tienes que trabajar sirviendo mesas y lavando platos, cosa que no te gusta en absoluto. Pero es lo que tienes que saber sobre el funcionamiento de un restaurante, si quieres ser propietario de uno y conseguir que tu negocio tenga éxito. Podría ser que en tu restaurante tuvieras que cubrir cualquiera de estos puestos en un momento dado y sin previo aviso, por eso necesitas esos conocimientos de antemano. Además, comprenderás mejor el punto de vista del lavaplatos, e incluso podrías hacer cambios que ayuden al buen funcionamiento del restaurante gracias a la experiencia que has vivido. Es un peldaño más en el camino que te lleva hacia tu objetivo final, o puede ser también el punto de inflexión que cambie las reglas del juego por la experiencia vivida.

Pedir ayuda puede ser difícil, sobre todo si eres de esos a los que les gusta sentir que no le deben nada a nadie. Pero cuando te presten ayuda con el corazón en la mano nunca sentirás algo así, y jamás se sabe cuántas cosas maravillosas podemos llegar a vivir ni lo que podemos llegar a aprender, sencillamente, por haber pedido ayuda con elegancia y con amor.

Inténtalo ahora

¿Cómo puedes lograr que sea más fácil alcanzar un objetivo si pides ayuda a otra persona? ¿Qué te cuesta? ¿Te sentirás herido en tu orgullo, avergonzado, o te sentirás inferior porque necesitaste ayuda de alguien? Todos necesitamos ayuda en un momento dado de nuestras vidas, y todos ayudamos a otro si nos pide ayuda en un momento dado. Si sientes que merece la pena por los costes que comporta, pide que sea otra persona quien te guíe. O bien, si realmente quieres algo de la vida, pídele a quien esté en situación de ayudarte que lo haga, que te brinde su ayuda o te abra las puertas que pueden conducirte a tu objetivo. Si tienes problemas para decidirte, escríbelo, trabájalo desde dentro, y si ahí no encuentras la respuesta, pídele a otra persona que te ayude. No es el fin del mundo que te ayuden y aprendas algo nuevo que te acompañará hasta el fin de tus días.

Unos consejos para llevarlos a la práctica

- Pedir ayuda no significa que seas débil. Significa que eres fuerte y te das cuenta de que la necesitas.

- No intentes imponer tu presencia cuando los demás tengan problemas. Ellos también tienen que aprender, igual que tú.

- Cuando se te pida ayuda, bríndala con amor y de todo corazón, sin juzgar; y sé sincero.

- Cada decisión que se toma nos da la oportunidad de aprender. No niegues a los demás la oportunidad que tienen de crecer espiritualmente interfiriendo en su camino.

- Gran parte de las respuestas que buscas ya están en tu interior.

- Si tienes que recibir, primero tienes que pedir.

- Sé claro y concreto cuando pidas ayuda.

- Tomar decisiones por otro causa resentimientos y puede dañar las relaciones. Permite siempre que sean los demás quienes tomen sus propias decisiones, aun cuando no estés de acuerdo con ellas.

- Muéstrate dispuesto a recibir ayuda cuando la pidas. Si no te sientes preparado, no la pidas.

- Respeta lo Divino que hay en todo ser humano.

Véase también el capítulo 14: La Ley de la Afirmación

31

LA LEY DEL PERMITIR

— 🕊 —

Permitiré que todo lo que deseo venga a mí. Me ocuparé de mis propios asuntos y dejaré que la energía universal haga su trabajo.

La Ley del Permitir afirma que tienes que confiar y permitir que el flujo natural de la vida discurra sin resistencias y con aceptación. La energía universal fluye en corrientes, como un río fluye en medio de sus dos orillas. Este concepto se encuentra en el origen de muchas religiones porque la creencia y la aceptación están relacionadas con el permitir. Cuando los que siguen la corriente creen, se alinean con el flujo de la vida en función de sus creencias, que les permiten aceptar en lugar de resistirse a las experiencias de la vida. La Ley del Permitir significa que las situaciones y las personas con quienes te cruzas tienen que ser aceptadas tal y como son para que puedan moverse libremente con el flujo y el reflujo de estas corrientes. De este flujo natural proviene el crecimiento. La Ley del Permitir significa que permites a los demás que sigan su propia corriente y su propio flujo, aun cuando lo que estén haciendo vaya en contra de lo que creemos o incluso pensemos que están cometiendo un error. Es su camino; y tienen que caminar por él para aprender sus propias lecciones.

La Ley del Permitir significa que no conoces cuál es la mejor manera de resolver un problema dado, aun cuando pienses que lo tienes todo planeado.

Estás en el plano terrenal de la existencia, por eso no puedes ser consciente del karma que lleva otra persona, del mapa vital que se trazó antes de nacer o de las lecciones que va a tener que aprender. Si apenas sabemos todo eso de nosotros, ¿cómo vamos a saber nada de los demás? No hay manera de conocer toda la información necesaria para determinar cuál es la mejor salida para nosotros; sin embargo, el universo sí lo sabe, y a menudo el resultado que imaginábamos se verá superado con creces por las cosas maravillosas que va a entregarnos. Es uno de los misterios del universo, hasta que se presenta en nuestras vidas. Aquí es donde actúa la Ley del Permitir. Como adultos, tenemos que permitir que las cosas fluyan libremente hacia nosotros, dejar que los demás hagan lo que quieran, cuando quieran y por las razones que deseen, y todo sin nuestra interferencia. Eso no puede aplicarse a los niños, porque todavía necesitan la protección y la guía de los adultos.

Suelta el control mostrándote abierto

Cuando se trata de tu propia vida, tienes que soltar el control, permitir que las situaciones se desplieguen como deben para que el universo pueda crear lo que deseas y manifestarlo libremente en tu vida. Si permites que el universo trabaje con tu energía para crear las cosas que deseas sin que tú interfieras, la vida fluye con suavidad y sin tanta tensión mientras tú alcanzas tus objetivos. Cuando intentas controlar en lugar de permitir, te pones obstáculos en el camino.

Para vivir según la Ley del Permitir tienes que mostrarte abierto y aceptar todas las situaciones que vives. Confía en que lo que se te ofrece proviene de la abundancia universal, confía en que es por tu bien, y que ahí fuera hay muchas cosas para ti si crees que en el universo hay una abundancia ilimitada y permites que esta entre en tu vida.

Comprender el flujo que va asociado a la Ley del Permitir te ayudará a eliminar el miedo y la negatividad. Quizá tengas un miedo subconsciente a tener éxito, o a estar solo, o bien a que no te valoren lo suficiente. Tus temores son los que te van a frenar. Si ves que opones resistencia en lugar de ceder, ha llegado el momento de que descubras por qué te estás resistiendo, y si tienes algún miedo por resolver.

Veremos que sentimos alivio, viviremos la aceptación y la libertad cuando permitamos que nos pasen las cosas como tienen que pasar, cuando permitamos que las personas sean quienes son en realidad, y cuando te permitas a ti mismo experimentar la aceptación. ¿Has oído alguna vez la frase: «Es lo que hay»? Pues esta frase significa que no puedes hacer nada, salvo aceptar una situación tal y como es. Esa es la Ley del Permitir. No puedes cambiar una situación: es lo que hay; no puedes cambiar a una persona, porque es como es, pero sí puedes aceptar ambas cosas y permitírtelo.

Luchar contra situaciones que escapan a nuestro control es un desperdicio inútil de energía que no te ayuda a crecer espiritualmente. Cando te implicas en campañas que van en contra de algo, puedes terminar atrayendo lo que intentas combatir, porque no estás permitiendo que sea lo que es; al contrario, intentas controlarlo. Dirás que conseguir lo que queremos en la vida cuesta mucho, ¿verdad? Pues en realidad no es cierto, pero a la mayoría nos han educado para que creamos que sí. Si crees que es difícil ganar mucho dinero o lograr el trabajo de tus sueños y además piensas que en la vida todo cuesta, y que cuesta mucho, así será; porque esta es tu manera de expresarlo. Pero si vives según la Ley del Permitir, lo difícil terminará siendo fácil porque permitirás que eso fluya hacia ti. ¿Qué clase de vida preferirías: una vida difícil con muchos obstáculos que debas superar en el camino o una vida que fluya apacible y sin problemas? Yo elegiría una vida apacible y sin problemas en lugar de tener una vida dura. La Ley del Permitir te ayuda a conseguir lo que permites que te llegue. Y para vivir una vida en la que las cosas puedan obtenerse con facilidad, tienes que centrar tu atención en permitir que todo suceda como tiene que suceder.

Creer es una parte esencial de la Ley del Permitir. Cuando crees en algo, dejas que entre en tu vida. Cuando no lo crees, opones resistencia y lo bloqueas.

Cambiar de la resistencia a la aceptación

Seguir la Ley del Permitir hará tu vida mucho más llevadera porque cambias de la resistencia a la aceptación. Te daré un ejemplo. Cuando empecé a hacerme mayor no comprendía mis capacidades intuitivas. No entendía por qué sabía cosas antes de que sucedieran, y ni siquiera podía explicarlo, solo me constaba el miedo que todo eso me inspiraba. Cada vez que intentaba encontrarle sentido y compartía lo que me estaba pasando con otra persona, esta o bien se burlaba de mí o bien me tomaba por una loca. Y no hace falta que diga lo desagradable que puede ser para una niña esta experiencia. Tú no quieres ser diferente de los demás. Al contrario, quieres encajar. Por eso aprendí a callarme. Me resistí a mis capacidades intuitivas durante muchos años. Pero un día me cansé de pasarme la vida escondiéndome. Estas capacidades formaban parte de mí, y cuanto más luchaba contra ellas, peor me iba la vida. Por eso dejé de luchar. Decidí que las personas eran libres de elegir si yo les gustaba o no les gustaba dadas mis capacidades. Yo no podía cambiar lo que sentían respecto a mí, y tampoco era mi problema. Aquello era asunto suyo, y formaba parte de su camino vital. Cuando me permití aceptar que mis capacidades formaban parte de mí y dejé de preocuparme por lo que pensaran los demás, mi vida se volvió más sencilla. Y como lo había pasado tan mal aprendiendo a manejar mis propias capacidades, decidí que ayudaría a los demás a aprender de mis propias experiencias. Con los años, aceptarlo me abrió las puertas hacia la enseñanza, y parte de esa enseñanza es este libro que estás leyendo. Pero para llegar a este tramo del camino tuve que permitirme aceptar mi naturaleza intuitiva y ceder a toda resistencia.

La Ley del Permitir dicta que tienes que salir de tus propios parámetros y *permitirte* ganar más dinero, tener relaciones más fructíferas y lograr todos los objetivos que te has marcado en la vida. Cuando permites que te lleguen más cosas, no hay límite de cantidad en lo que recibes. Y eso significa que tienes que cambiar tu manera de pensar y pasar de la carencia a una mentalidad positiva de abundancia, y pensar que ya tienes lo que deseas. Si sientes que nadas en la abundancia, tendrás abundancia. Si sientes que tienes éxito, tendrás éxito. Todo consiste en lo que te permitas tener y lograr. No compliques las cosas más de lo que ya lo están resistiéndote a ellas. Es cierto que tienes que aprender muchas lecciones, pero la vida no consiste en tener que estar luchando continuamente para seguir adelante. Ahora bien, si crees que eso es lo que hay que hacer para tener éxito, eso es lo que recibirás. Pero cuando cambies tu idea de resistencia y las emociones que van implícitas por la idea del permitir, estarás viviendo según la Ley del Permitir.

Inténtalo ahora

Hoy sé consciente de lo que haces. Presta una atención especial a lo que dices y a las acciones que emprendes. ¿Estás intentando crear una situación para que tus necesidades encajen en ella? ¿Eres de esos vecinos criticones, que se entrometen en todo y siempre andan chismorreando? Si descubres que es así, cambia tu manera de comportarte. Imagínate que una enorme tela de malla blanca cae del cielo, te cubre de ligereza y te llena de la calma que resulta del permitir. A medida que la sábana cae suavemente sobre ti te vas despojando de todos los sentimientos negativos que tienes, comprendes que no está en tu mano interferir en el camino de otra persona y abandonas la preocupación y la ansiedad que te generan las cosas que no puedes cambiar. Cuando te sientas centrado y en equilibrio, quítate esa tela de encima y regresa a tu día a día sin meterte en lo que no te llaman.

Unos consejos para llevarlos a la práctica

- ¿Estás intentando controlar una situación? Si es así, ¿qué temes que vaya a suceder si dejas que pase lo que tiene que pasar?

- ¿Estás viviendo alguna situación que te está afectando directamente de una manera negativa? Si no es así, no tienes por qué involucrarte en ella.

- ¿Estás intentando solucionar el problema de otra persona? ¿Te ha pedido ayuda? Si no es así, déjalo correr.

- Comprueba tu nivel de resistencia. Si lo que haces es resistir en lugar de permitir, estás poniendo obstáculos en tu camino.

- Siente el flujo de energía que hay en tu interior y permite que el flujo universal de energía se desplace a través de ti y te aporte positividad y abundancia.

- Deja de sentir que quieres algo y siente que ya lo tienes.

- Permitir exige que te abras y aceptes lo que quieres.

- La energía universal y la abundancia siempre fluyen hacia ti. De ti depende permitir que se conviertan en realidad.

- Deja las cosas en paz. Deja a la gente tranquila. En eso consiste el permitir.

- Cuando te sientes bien, feliz y en paz estás en situación de permitir. Si te sientes enfadado, molesto o irritado, te estás resistiendo.

Véase también el capítulo 39: La Ley de la Oferta y la Demanda

32

LA LEY DE LA DISCIPLINA

— 🕊 —

Pongo mis prioridades en un lugar preferente, y seguiré con disciplina el camino que me llevará a cumplirlas.

La Ley de la Disciplina significa hacer lo que debes aun cuando no quieras. Es tener la fuerza mental, la actitud y la determinación de superar las debilidades y controlar tus emociones en busca de lo que crees que es lo correcto aun cuando te sientas tentado a abandonarlo. Significa no rendirse. La Ley de la Disciplina también puede llamarse la Ley de la Autodisciplina, porque es la manera que tienes de gobernarte, por dentro y por fuera, para lograr tus objetivos. El concepto de disciplina existía en esas civilizaciones antiguas que se dedicaron a construir grandes monumentos, a declarar guerras e implantar religiones. En la actualidad es un importante precepto que rige el mundo laboral, y suele ser uno de los objetivos primordiales de todo emprendedor. En el ámbito militar, la disciplina está arraigada entre sus miembros como el medio de conseguir alcanzar los objetivos y de elevar el listón. La disciplina te ayudará a centrarte, a planificar y a triunfar. Refuerza mente, cuerpo y espíritu. Nadie puede lograr que seas disciplinado, pero si eliges serlo, como recompensa sentirás tu poder interior, te sentirás centrado, comprometido, independiente, y tendrás la fuerza de carácter necesaria para ir solo donde tú quieres. La disciplina procede de tu interior, de estar conectado a tu esencia espiritual y de la sensación de iluminación que logras tener al relacionarte con tu auténtico yo.

Ser disciplinado nos da la oportunidad de lograr más cosas en la vida, de hacer realidad nuestros sueños y hacer realidad lo que deseamos genuinamente. Significa que estás listo para cambiar y que tienes la fuerza de voluntad, la predisposición y el deseo necesarios para lograrlo.

Cada día te enfrentas a innumerables decisiones que en su momento parecen insignificantes, pero que contempladas como la parte de un todo te dan la clave que te indica que estás siguiendo la Ley de la Disciplina. Ser disciplinado significa acometer las tareas más difíciles en lugar de buscar una salida fácil. Significa tomar decisiones difíciles y comprometerte a seguirlas en lugar de mantenerte al margen o mostrarte dubitativo.

Evita los extremos

¿Conoces a alguna persona seria, de esas que todo lo hacen de manual, que nunca llega tarde y ejerce un control absoluto sobre todos los aspectos de su vida? ¿Conoces asimismo a alguien que nunca llega a tiempo, considera que las normas no le atañen, parece que no controle lo que le pasa en la vida, es muy indisciplinado y le iría de perlas que hubiera más disciplina en su vida? En la Ley de la Disciplina tiene que existir un equilibrio. La disciplina te ayuda a conservar el equilibrio entre las decisiones que tomas y tus actuaciones. De la misma manera que te sitúas en tu centro de energía para encontrar tu equilibrio espiritual, si sientes que eres demasiado rígido o te muestras demasiado indeciso, concédete ser más indisciplinado para recuperar tu estado de equilibrio.

Existen varias maneras de ser más disciplinado en función de tus elecciones. Las tentaciones y las distracciones pueden causar estragos en la disciplina. Dado que nuestra vida transcurre en el plano terrenal, nos sentimos tentados y nos distraemos con mucha facilidad. Si eres capaz de eliminar lo que te está distrayendo o tentando, hazlo. Cuando no puedas librarte fácilmente de una distracción, en lugar de postergar las cosas que tienes que hacer, ve a por tu objetivo primero y luego recompénsate permitiéndote esa distracción. A veces las distracciones son necesarias para conservar la agudeza mental y poder centrarte en la tarea que has de terminar. Cuando la tentación o la distracción consumen todo tu tiempo y no te permiten alcanzar tu objetivo, entonces es cuando tienes un problema.

Rendir cuentas

La Ley de la Disciplina significa que rindes cuentas de tus propios actos. Postergar las cosas solo retrasa lo que tienes que hacer, y ese retraso puede provocar efectos negativos. Si en tu trabajo debes hacer ciertas tareas en un determinado lapso de tiempo y nunca consigues terminarlas a tiempo, te quedarás sin empleo. Por muchas y muy variadas excusas que des a tu jefe explicándole las razones de que no hayas terminado, a él terminará por no importarle en absoluto. Si no haces el trabajo por el que se te contrató, a tu jefe no le quedará otro remedio que rescindir tu contrato y buscar a otra persona que termine las tareas oportunamente. Si no asumes la responsabilidad, otro lo hará por ti, y quizá eso no redunde en tu propio beneficio. Saber que tienes que rendir cuentas te ayudará a estructurar bien tu vida. Te ayuda a ceñirte a tus planes, a comprometerte con tu más alto propósito y a lograr grandes cosas.

Si te cuesta mucho vivir la vida con disciplina, empieza haciendo lo que más te cueste. Cuando hayas terminado con eso, te quedará todo el día para hacer lo que te gusta. Yo tengo ordenada mi lista de quehaceres: al principio escribo en ella lo que menos me gusta; y al final, lo que más me divierte. ¿Y por qué lo hago así? Porque sé que al final del día estoy cansada, y si ya he hecho lo que más me cuesta hacer, habré conseguido pasar bien la jornada. Ser disciplinado es como hacer malabarismos. Tienes que saber lo que es más conveniente para ti, y terminar lo que has de hacer ese día sin que se te caiga ni una sola bola al suelo. Si has escrito tantas cosas en tu lista que no puedes terminarlas todas en un solo día, quizá te ha llegado la hora de que abandones unas cuantas. Cuando te programes la jornada, no te costará nada adoptar la costumbre de terminar cada día todo lo que debes. Los hábitos se convierten en una segunda naturaleza, y exigen poco esfuerzo mental. Ser incapaz de mantenerse fiel a las propias prioridades es una de las razones que explican que uno no haga cosas importantes en la vida. Tienes que mostrar entrega, disciplina, y consagrarte a tus objetivos para poder realizarlos.

Empieza a moverte para lograr más cosas

La Ley de la inercia de Newton afirma que un objeto en reposo sigue en reposo, y que un objeto en movimiento sigue en movimiento con la misma velocidad y en la misma dirección si no se le aplica una fuerza externa. Piensa en ti mismo como si fueras ese objeto y aplícate la Ley de la Disciplina. Aunque te cueste iniciar una tarea, cuando te hayas puesto en movimiento, tenderás a seguir moviéndote hasta haberla terminado, a menos que aparezca una fuerza en desequilibrio (tentaciones, distracciones...) que te fuerce a tomar una dirección distinta. La tendencia natural de los objetos es seguir haciendo lo que hacen cuando están en movimiento. Por eso, aunque te cueste levantarte de la cama una hora antes para terminar una tarea, cuando te hayas puesto en pie y te encuentres trabajando, tenderás a seguir haciéndolo. Quizá te cueste ir al gimnasio, pero cuando ya estés allí, harás tus ejercicios. Por eso, no dejes de moverte, ataca; y mantén a raya esas fuerzas en desequilibrio que te interrumpen. Verás que irás dando grandes pasos para conseguir lo que deseas de la vida.

Ser disciplinado es una fuerza a la que puedes recurrir en cualquier momento de tu vida para mantenerte en el camino y terminar tu trabajo. Todos tenemos talentos únicos, y todos y cada uno de nosotros los usamos para alcanzar nuestros objetivos. Los individuos que cosechan más éxitos también son los más disciplinados a la hora de marcarse el tiempo exigido para alcanzar sus objetivos. Son capaces de confiar en esa fuerza interior que poseen para practicar todas las horas que sean necesarias y convertirse en grandes violinistas, o correr muchos kilómetros y ser medalla de oro de atletismo en los Juegos Olímpicos. Como observador, tú solo ves el resultado final: que esa persona ha alcanzado su objetivo; pero no ves todo el esfuerzo y el trabajo que ha tenido que dedicar para lograrlo. La disciplina y la dedicación son sumamente importantes, porque consiguen que en lugar de quedarnos en una medianía, sobresalgamos. Todo lo que quieras hacer o lograr será posible si vives según la Ley de la Disciplina. Serás más feliz y te sentirás más satisfecho por haber llegado hasta el final gracias a la concentración, la determinación y el empeño en alcanzar el éxito en última instancia. Cuando quieras algo, propóntelo, enfócalo con disciplina, insiste y no te rindas, porque al final tendrás lo que deseas.

Inténtalo ahora

Cuando se trata de disciplina, es importante terminar siempre lo que se empieza. Si dejas las tareas inacabadas, van a quedarte un montón de cabos sueltos por resolver. ¿Qué tareas te quedan por hacer? Anótalas todas, y luego concéntrate en terminarlas. Actuando de esta manera conseguirás sentirte satisfecho, pleno. La disciplina puede mantenerte a salvo de esos alocados cabos sueltos que te impiden seguir adelante.

Unos consejos para llevar a la práctica

- Haz ejercicio con regularidad para que aumente tu rendimiento intelectual, duerme bien y ten más fuerza de voluntad. Si te impones la disciplina de hacer ejercicio cada día en general te sentirás mejor.

- Que el éxito es fácil es uno de tantos mitos. Eso no significa que no sea posible, pero en el 99,9% de los casos, el éxito se logra con disciplina y esfuerzo, paso a paso.

- Si esperas que llegue el momento de que te apetezca hacer la tarea que debes, nunca la terminarás. Hazla ahora, tanto si te apetece como si no.

- Abstente de hacer todas esas tareas mecánicas que solo sirven para entretenerte cuando podrías dedicar el rato a conseguir tus objetivos.

- Las distracciones y las tentaciones pueden desviarte en tu camino al éxito. Intenta que sean mínimas. Permítete ceder a ellas tan solo para recargar pilas, o como recompensa por haber terminado tu tarea.

- Las excusas no te llevarán a tu objetivo. Elimina las excusas de tu vida.

- Invéntate una fecha límite, que tengas que compartir con otra persona, o que haga depender a los demás de ti para entregar un trabajo antes de un plazo determinado. Así será más probable que alcances tu objetivo a tiempo.

- Imponte objetivos de una manera activa. Toma nota de ellos, acepta la responsabilidad, y luego termínalos.

- Ignora a los que no creen en ti. Tú sabes que eres disciplinado y que lograrás tus objetivos independientemente de lo que hagan los demás para desviarte de tu camino.

- Si te pones a trabajar, seguirás trabajando. Lo más duro es empezar.

Véase también el capítulo 35: La Ley de la Paciencia

33

LA LEY DE LOS CICLOS

Tanto si va al alza como si va a la baja, fluiré con el ciclo de mi vida para convertirme en lo que soy capaz de ser y conseguir todo lo que es mío en esta vida.

La Ley de los Ciclos afirma que el universo está compuesto de energía que discurre en corrientes, ciclos, flujos y reflujos, y que vibra a diferentes velocidades según el momento. Dada la naturaleza de la energía universal, los acontecimientos de nuestra vida también seguirán una secuencia que se repetirá de manera regular. En cada ciclo, las subidas y bajadas se compensan gracias a unas fases intermedias de estabilidad. Los momentos de subida van a más velocidad, y los proyectos que se lanzan durante esas épocas tienen mayores probabilidades de éxito. Científicamente, eso está muy bien documentado en la naturaleza, y las estaciones del año son un buen ejemplo en lo que respecta al flujo de los ciclos y nos dan la pauta para que intentemos que los ciclos nos sirvan de ayuda. La primavera es el momento del renacimiento, del calor, del crecimiento, y de esa subida que va cobrando velocidad hasta que se nivela al llegar al verano. Luego, con el otoño, baja, hasta que vuelve a nivelarse en invierno, época de hibernación, de letargo y frío. La humanidad ha sobrevivido a la dureza de los inviernos a lo largo de los siglos porque la comida no le ha faltado, porque la gente ha sembrado en primavera y ha cosechado en otoño.

Es fácil subestimar la Ley de los Ciclos. La vemos a diario, y no pensamos en ella mientras disfrutamos de un amanecer y de una puesta de sol, de las estaciones del año, de las fases de la luna o del flujo de las mareas. Incluso el pálpito de nuestro corazón y la respiración siguen un ciclo. Observa la naturaleza y descubrirás que hay un auge y una decadencia en todos los ciclos del mundo. Por otro lado, como ser espiritual pasarás por ciclos en los que las cosas te irán de maravilla, y luego, de repente, todo se derrumbará a tu alrededor. Piensa que es algo natural.

Reconocer tus ciclos

Reconocer los ciclos de tu vida puede ayudarte a sacarles partido mientras el éxito no te llega. Si acabas de vivir una época de auge y te encuentras en el período de estabilización, sabrás que en tu camino tiene que llegar el momento de la decadencia, y que tienes que prepararte. Ser consciente es crítico cuando tratamos con los ciclos. Si no eres consciente del momento en que empieza un ciclo, no puedes actuar en consecuencia. ¿No te ha pasado nunca estar muy atareado un día de verano haciendo cosas y, sin darte apenas cuenta, cae la noche y los mosquitos se ceban en ti? Estabas tan ocupado que perdiste la noción del tiempo, no te preparaste para ese cambio de ciclo en que pasamos del día a la noche y no pudiste librarte de los insectos que salen cuando está oscuro. Si hubieras sido consciente y te hubieras preparado, podrías haber echado insecticida para los mosquitos antes de que oscureciera, y con la protección te habrías evitado las picaduras.

Antes de hacer planes, espera a que llegue la parte más favorable del ciclo para tener más posibilidades de éxito. Pongamos, por ejemplo, la industria de venta al por menor. Verás que la ropa y los productos que están a la venta coinciden con las estaciones. No encontrarás productos de verano en pleno invierno, o viceversa, porque, sencillamente, no se venderían. Comercializar productos específicos que coincidan con la estación garantiza un mayor número de ventas porque en ese momento es cuando se necesita el producto. Si tu objetivo es vender una creación tuya, elige la estación que sea más propicia para usarla y entonces lanza el producto. Cada vez que un ciclo adopte un movimiento descendente o vaya a la baja, espera al momento del auge y del incremento de energía para tener más probabilidades de éxito. Nuestra frecuencia fluye y refluye como la energía que se encuentra en el universo. Cuando eres capaz de entrar en sintonía con tu ciclo único de energía, puedes determinar cuándo se eleva tu frecuencia y cuándo disminuye. Ser consciente de tu flujo energético individual puede ayudarte a vivir en armonía con tu yo espiritual y tu energía universal. Hay un momento para todo en la vida. Si crees que no es el momento adecuado, o que deberías esperar, no vayas por delante arrasando con todo. Presta atención a tu intuición, a tu instinto, a tu yo superior, y espera antes de hacer lo que tenías planeado. Cuando llegue el momento apropiado, lo sabrás de corazón, lo sentirás en tu energía, y te sentirás tentado a actuar guiado por el tirón de la energía universal. No hay nada malo en esperar, aunque los demás te apremien para que actúes.

En tu vida vivirás muchos ciclos. En tu profesión puede que desempeñes distintos trabajos antes de decidirte por el que se adecua más a ti, o quizá vayas a estudiar a la universidad pensando en una profesión determinada y luego descubras que en realidad te desagrada y te veas obligado a cambiar de trayectoria. Una afición que te apasione puede convertirse en una empresa multimillonaria, o puede que vendas una propiedad que tienes y obtengas grandes beneficios. Los cambios personales a menudo se llevan lo viejo para dar paso a lo nuevo, y así te permiten que embarques en una nueva travesía de tu camino espiritual. La Ley de los Ciclos puede ayudarte a fluir con estos cambios y puede aportarte iluminación, creatividad y armonía.

Los ciclos de personas en tu vida

Las personas también son cíclicas en la vida. Con el paso del tiempo, algunos amigos íntimos del instituto salen de tu vida. Haces otras amistades, y volverás a hacer más en el futuro. Las personas entran y salen de nuestras vidas. Hay amigos que se quedan contigo para siempre, pero hay otros que solo están en tu vida durante un cierto tiempo antes de emprender una nueva dirección. Siempre hay algún motivo para que aparezcan en tu vida; disfruta de su amistad y aprende las lecciones que toca aprender mientras forman parte de tu vida. Todos crecemos, cambiamos y avanzamos durante las épocas de auge, decadencia y estabilización que se asocian a la Ley de los Ciclos. Las cosas que existen y las personas cambiamos. Cuando eres capaz de moverte en armonía con estos cambios sin quedarte atascado en el pasado es cuando estás en movimiento, y cuando vas hacia delante.

Nuestra manera de gestionar las dificultades nos permitirá experimentar la fuerza de carácter, y el crecimiento personal y espiritual. Cuando las cosas empiecen a serenarse en tu vida, lo que cabe esperar es un inicio de mejoría. Por eso, en lugar de quejarte, llorar y lamentarte mientras pasas por la fase de decadencia, piensa de manera positiva y empieza a planificar para cuando llegue el momento de estabilidad y de auge del ciclo. Actúa de manera distinta, por muy difícil que te resulte durante las épocas complicadas; intenta pasar por encima de tus problemas actuales y sigue siendo una persona positiva, animada, que nunca se rinde pensando que esas cosas fenomenales llegarán cuando finalice esta parte del ciclo.

Yo crecí en una familia que vivía del campo, y la siembra y la cosecha se hacían dependiendo del cambio de las estaciones, calculando las heladas y en función de las fases lunares. Contemplando los ciclos de la naturaleza y conociendo el momento en que sucedía cada cosa, podíamos planificarlo todo para conseguir una buena cosecha, que almacenábamos en conserva para cuando se presentara el ciclo de la decadencia (invierno). De esa manera siempre había comida para toda la familia durante la estación del letargo. Cuando eres capaz de ajustarte a un ciclo como el que se vive durante la siembra y la cosecha, te resultará más fácil ver el resultado de tus esfuerzos. Si has trabajado muchísimo durante la época de auge te encontrarás preparado en el momento de la decadencia. Puedes planificar tu propia vida analizando las situaciones que se te presentan y determinando en qué momento del ciclo te encuentras. ¿Es un buen momento para iniciar una relación o un nuevo proyecto? Si estás en el auge de tu ciclo individual, ¡te aseguro que lo es! Pero si sientes como si estuvieras viviendo un momento de decadencia, quizá sea mejor que esperes un poco antes de plantar las semillas de una relación, que esperes a que llegue el momento en que sabes que arraigarán, crecerán, florecerán y darán su fruto como hacen las plantas en primavera.

Si sabes cómo funciona la Ley de los Ciclos podrás planificar tu vida con mayor claridad para poder alcanzar el éxito. Quizá te cueste un poco tener una visión clara del momento que vives en tu ciclo único, pero cuando ya lo sepas, todo será posible.

Inténtalo ahora

Para determinar el lugar del ciclo auge/decadencia en el que estás, analiza lo que te ha pasado en la vida últimamente. Quizá tu respuesta automática sea «Me ha ido perfecto» o «Me ha ido fatal». Si todo te va perfecto, estás en el auge del ciclo, y si vives situaciones complicadas es que estás en la fase de decadencia. Si no estás seguro de por qué estás viviendo situaciones problemáticas y a la vez situaciones buenas, escribe una lista con los pros y los contras para saber en qué punto te encuentras. Quizá te encuentres en un momento de estabilización, o hayas alcanzado la cúspide de la fase de decadencia, que tiende a remontar hasta alcanzar la fase de auge, o al revés. Toma notas para poder revisarlas, o bien empieza un diario para este ciclo que te ayude a determinar cuáles son tus ciclos, cuánto dura cada fase y lo que sucede durante cada una de ellas. Es fantástico tener a mano esta información, pero has de emplear un tiempo para prepararla. Eso te ayudará a avanzar acorde con los ciclos en lugar de moverte en su contra.

Unos consejos para llevar a la práctica

- Haz planes durante las fases de estabilización y decadencia.

- Empieza los proyectos nuevos durante la fase de auge.

- Sigue tu propio ciclo único para controlar mejor tu proceso de toma de decisiones.

- Hay un tiempo para cada cosa.

- Si necesitas cambiar tus planes y esperar, hazlo. No hay nada malo en echarse atrás si sientes que el momento no es el adecuado. No hay nada peor que hacer caso omiso de tu intuición, y luego ver cómo las circunstancias demuestran que la intuición que en aquel momento tuviste de que tenías que esperar era la acertada.

- Sé consciente de tus ciclos espirituales y de los ciclos del mundo natural cuando hagas planes.

- Valora las personas que hay en tu vida mientras estas sigan en ella.

- No des por sentada la Ley de los Ciclos; al contrario, úsala para sacar el máximo partido posible a tu vida.

- Cuando te encuentres en la fase de decadencia, no abandones la esperanza. Mantente positivo, haz planes y desea que llegue la fase del auge.

Véase también el capítulo 24: La Ley del Sacrificio

34

LA LEY DE LA PROSPERIDAD

— 🕊 —

Hoy sentiré alegría, seré feliz y estaré encantado de la prosperidad que tienen las personas que conozco y de la prosperidad que tengo yo.

La Ley de la Prosperidad afirma que cuando una persona prospera, todos prosperamos en proporción directa a la felicidad que sientes por la prosperidad de la otra persona o por la tuya propia. La Ley de la Prosperidad significa abrazar la abundancia universal y abandonar la actitud de carencia. La prosperidad es un término muy amplio. Sus orígenes budistas y cristianos conectan con la espiritualidad y el colectivismo. En el mundo de los negocios consiste en sacar un beneficio y tener éxito financiero. La mayoría de la gente automáticamente piensa en el dinero cuando se plantea lo que significa ser próspero, pero es mucho más que eso: ser próspero es tener éxito y buena suerte en todos los aspectos de la vida. Si puedes sentir emociones positivas por el éxito de otra persona, eso es prosperidad. La Ley de la Prosperidad significa sentirse feliz porque otra persona ha tenido buena suerte, independientemente de nuestra propia situación.

¡Qué sencillo!, ¿verdad? Siempre y cuando no permitas que emociones negativas como los celos y la envidia se interpongan en lo que te inspira la felicidad que siente la otra persona por haber tenido éxito. Cada vez que triunfes, se eleva tu frecuencia. Te sientes embargado por sentimientos de felicidad, alegría y satisfacción porque has logrado realizar lo que te habías propuesto. Cuando el éxito de otra persona te hace feliz, tu frecuencia se iguala a la de ella, y eso atraerá la prosperidad a tu vida.

Las emociones influyen en la prosperidad

La situación contraria, alegrarte por otra persona, también sigue esta ley. Si te sientes celoso por el éxito de la otra persona, si te montas panoramas mentales basándote en cómo crees que podría actuar esa persona en función de su reciente éxito, de un aumento salarial o de su última compra, estás fomentando la negatividad. Si te deleitas cuando el otro comete errores, bloqueas el potencial que tienes de alcanzar la prosperidad. Ambas actitudes son el reflejo de miedos, de sentir carencia o celos. Cuando te replantees estos temas en tu fuero interno, te sentirás alegre por los éxitos del otro. La prosperidad no significa quitarle al otro lo que le toca; significa disfrutar de la abundancia que te da el universo, a ti y a los demás. Permítete alegrarte por el éxito ajeno para poder atraer la prosperidad a tu vida y sentirte feliz por tu propio éxito cuando te llegue.

Es importante que seas consciente de tus emociones cuando experimentes la prosperidad. Si alguien está intentando hacer que te sientas culpable o que no mereces tener éxito, no se lo permitas. Si lo consigues, saboréalo; siéntete orgulloso de tus logros y de ti mismo por ser capaz de conseguir el éxito y la prosperidad. Y a quien no le guste, que se aguante. No es responsabilidad tuya, y no tendrías que sentirte mal por todas las cosas positivas que puedes lograr en la vida.

No todos se esfuerzan en conseguir más cosas de la vida. Si estás feliz, contento y satisfecho del momento que estás viviendo, el universo te recompensa ofreciéndote todas esas cosas que hacen que te sientas feliz por tu prosperidad. No hay nada malo, nada malo en absoluto, en querer hacer las cosas bien y conseguir más cosas, pero en un momento dado tienes que sentir alegría y satisfacción; de lo contrario, serás ese hámster montado en la rueda que nunca se detiene para disfrutar de lo que ha conseguido. Cuando así sea y valores lo que tienes, descubrirás que vas a conseguir incluso más abundancia.

La prosperidad y la mente subconsciente

Nuestra mente subconsciente elige palabras clave para expresar lo que deseamos; por eso debemos asegurarnos de que nuestro pensamiento primordial sea de prosperidad. Elimina palabras como «no debo» o «no puedo» de tu vocabulario, porque tu mente subconsciente se aferrará a esa palabra negativa y bloqueará lo que deseas atraer a tu vida. Por ejemplo, si tu mente ha dicho: «No tengo dinero para comprar ese coche», tu mente subconsciente coincide contigo y te impide conseguir más dinero para el coche. Pero si dices: «Voy a tener ese coche pronto porque estoy ahorrando para comprarlo», tu mente subconsciente coincidirá contigo y hará que te llegue más dinero para que puedas ahorrar y comprarte el coche. Tener conciencia de prosperidad significa pensar en positivo usando palabras poderosas que te aporten lo que necesitas. Has de tener pensamientos claros y concisos.

A veces no estás exactamente seguro de lo que quieres o de cómo vas a lograrlo. Si divagas entre distintas cosas sin marcarte objetivos ni tener un plan sobre cómo lograr estos objetivos, tu mente subconsciente no puede manifestar sus deseos. Si te falta alguna de estas dos cosas, no estás lo bastante centrado para avanzar y terminas dedicado a tus actividades cotidianas en lugar de esforzarte por lograr un objetivo que te dé la prosperidad. Si te encuentras atrapado en esta clase de rutina, te ha llegado el momento de plantearte en serio lo que significa la prosperidad para ti. ¿Qué quieres conseguir? ¿Cómo puedes atraer eso a tu vida? Decide y pon tu plan en práctica. Tu mente subconsciente se sentirá feliz por poder ayudarte para que llegues a donde quieres estar y consigas lo que quieres, pero primero tienes que saber de qué se trata.

A veces sentirás que no mereces la prosperidad que deseas. Y quizá sea por tu culpa, por escuchar a otra persona que no quiere verte triunfar, o porque sientes que siempre estás dando vueltas sin llegar a ninguna parte. Quizá te costó mucho ganar dinero en el pasado. Y cuando no te alcanza, te preocupas por si gastas demasiado o por cómo debes dosificarlo para que te dure más. Por eso, cuando ganas más dinero, si no logras que tu mentalidad encaje con ese aumento, terminas bloqueándote e impidiendo que te llegue más. En lugar de preocuparte por lo que los demás piensan cuando te ganas bien la vida, o por si cambiarán su manera de relacionarse contigo, siente que se te bendice por tus logros y no cambies tu manera de relacionarte con ellos. Si eligen actuar de una manera distinta contigo, ya te encargarás de eso cuando llegue el momento. Preocuparte por algo que todavía no ha sucedido implica que te estás poniendo obstáculos que te impedirán lograr el éxito que quieres.

La prosperidad provoca cambios

La prosperidad en cualesquiera de sus formas provoca cambios. Muéstrate dispuesto a fluir con el cambio para vivir con auténtica prosperidad. ¿Harás nuevas amistades y abandonarás las que ahora tienes? Es posible, y también es posible que eso no suceda. No puedes permitir que el miedo al cambio te impida ser todo lo que quieres. Si permites que el miedo te gobierne, no vivirás siguiendo tu auténtico propósito. Deja a un lado el miedo al cambio y la manera en que los demás van a reaccionar a los cambios que estás experimentando y céntrate en tu camino hacia la prosperidad. Eso exige valor, y estar curtido. Pero reforzará tu carácter, y te darás cuenta de quién te quiere por ser tú mismo y quién permite que sus propios miedos influyan en su manera de tratarte.

Conseguir prosperidad en la vida puede costar mucho trabajo. Para algunos, el tiempo, la energía, la dedicación y la cantidad de trabajo que exige representan una carga tan grande que al final deciden que no quieren que sus vidas sean distintas a como son en la actualidad. Es más fácil quedarse sentado y tomarse la vida tal y como se presenta que ir a gozar de ella. Y no pasa nada si se decide algo así. Para tener prosperidad económica en la vida quizá debas dedicarle muchas horas al trabajo si quieres ascender en la escala profesional. Si montas un negocio propio, de ti dependerá que sea un éxito, porque eso exige dedicación, convicción y la creencia inquebrantable de que tendrás éxito. Cuando tu trabajo dé sus frutos, tengas unos ingresos fantásticos y disfrutes de todo lo que la prosperidad financiera puede aportarte, mirarás hacia atrás, hacia ese camino por el que has transitado, y sabrás que valió la pena, en el caso de que ganar más dinero fuera uno de tus objetivos.

Solo tú puedes decidir si deseas más prosperidad en la vida y lo que estás dispuesto a hacer para conseguirla. Si quieres más dinero, más felicidad o lo que sea, tienes que ir a buscarlo y conseguirlo en lugar de quedarte sentado esperando a que te llegue. Recuerda siempre que la felicidad que sientes por el éxito de otra persona hará que se redoble en diez veces la prosperidad que te llegue a ti.

Inténtalo ahora

Para determinar cómo te inspira la prosperidad piensa en la última vez que recibiste algo bueno en la vida. ¿Cómo te sentiste? ¿Fuiste feliz y luego empezaste a pensar que no te lo merecías, o te sentiste culpable por haber conseguido la prosperidad? ¿O la recibiste con los brazos abiertos sin sentirte culpable para nada ni experimentar emociones negativas? Sé honesto contigo mismo. Si haber tenido suerte despertó en ti algún sentimiento negativo, tienes que determinar por qué te sentiste de esa manera para poder abordarlo y luego deshacerte de él. Ahora piensa en alguien que conoces y que ha conseguido ser próspero en la vida. ¿Te ha sentado bien? ¿Te has alegrado por esa persona? ¿O te has sentido molesto en secreto y enfadado porque ha conseguido algo que tú no habías podido lograr? Si es así, modifica esos sentimientos y sitúate en un estado de prosperidad.

Unos consejos para llevar a la práctica

- Alégrate por el éxito de los demás.

- Deja a un lado los celos, la envidia y el resentimiento.

- Adopta una mentalidad de abundancia y una conciencia de prosperidad.

- Supera la mentalidad de la carencia o la conciencia de la pobreza para que llegue más prosperidad a tu vida.

- Preocuparte por lo que los demás piensen de tu éxito solo te impedirá lograrlo. Suéltalo.

- Sabe que mereces tener prosperidad. Mantente firme.

- Siempre habrá cambios cuando vivas según la Ley de la Prosperidad. Espera que suceda así y fluye con eso.

- La prosperidad exige un duro esfuerzo. Si no estás dispuesto a trabajar para conseguirla, quizá es que en realidad no es eso lo que deseas.

- La prosperidad que tengas depende de ti.

- Cuando acaparas le está diciendo al universo que no necesitas nada más, y las cosas dejarán de fluir hacia ti.

Véase también el capítulo 16: La Ley del Éxito

35

LA LEY DE LA PACIENCIA

— 🕊 —

Hoy practicaré la paciencia en todo lo que haga. Contemplaré las situaciones desde otro punto de vista y evitaré perder la cabeza por lo que no puedo controlar.

La Ley de la Paciencia afirma que todo sucederá cuando llegue el momento adecuado para que su propósito se realice en tu vida. Eso significa que las cosas no llegan enseguida, que el universo trabaja siguiendo su propio período de tiempo, que a menudo es mucho más lento que el nuestro. No puedes precipitar el éxito, la felicidad, la iluminación, la independencia financiera o lo que estés intentando lograr en esta vida. La idea de que la paciencia es una virtud se remonta al poema *La visión de Pedro el Labrador*, escrita por William Langland entre 1360 y 1387.

La paciencia es la capacidad que tenemos de esperar, ser tolerantes y soportar situaciones difíciles, sobre todo cuando nos provocan retrasos o demoras, sin sentirse incómodo, angustiado, indignado o frustrado. Todo sucederá a su debido tiempo. Aunque te tires de los pelos o saques chispas porque esa situación te está haciendo perder el tiempo, aunque te quejes o insultes a los demás, no puedes cambiar el curso del tiempo ni preveer la manera en que se desarrollará una situación. Para tener éxito en la vida, has de tener paciencia.

Yo era un caso perdido en esto de tener paciencia. Soy una mujer pelirroja, con raíces escocesas e irlandesas, y además Escorpio. En fin, tengo todos los números en contra para ser lo que se dice una persona con la cabeza bien puesta. De jovencita perdía los nervios muy a menudo, hasta un día en que llegué tarde al trabajo. Estaba muy enfadada porque los atascos me habían impedido llegar a tiempo. Siempre tengo el puntillo de no llegar tarde; me siento como una irresponsable si no llego a la hora. Ese día, sin embargo, tuve una experiencia que me hizo abrir los ojos. Me encontraba metida en un gran atasco. Cuando la cola de automóviles empezó a moverse, me fijé en que había habido un accidente. Vi un coche siniestrado. Era un Honda Civic rojo, igual que el mío. Y entonces oí una voz que me dijo: «Habrías podido ser tú». De repente, por mi cabeza pasó como una exhalación la idea de que si ese día llegaba más tarde que nunca al trabajo era porque alguien, en el plano espiritual, estaba velando por mí y había ido interponiendo pequeños obstáculos en mi camino para que tardara más de lo habitual y no me encontrara en ese tramo de la autopista en el momento del accidente, sino un rato después. Aunque pensé que era horrible lo que les había pasado a las personas implicadas en ese accidente, no pude evitar dar las gracias a mis guías por haberme ayudado a ir más despacio y haberse asegurado de que entendía bien la lección. Ahora ya no pierdo tanto la paciencia, porque sé que hay motivos que se me escapan cuando se dan cambios en mi vida. Cuando se me complican las cosas y pierdo la paciencia, recuerdo que quizá alguien esté velando por mí ahí fuera.

Aprender a tener paciencia

A veces puede costar mucho tener paciencia, sobre todo cuando las emociones nos desbordan. Si se da el caso, intenta recuperar tu centro y reencuentra tu equilibrio. Intenta pensar en la situación desde el punto de vista de la otra persona. La señora que tienes delante en la cola de la caja del súper no pretende hacer que te enfades porque está contando el dinero que necesita para pagar la compra. Quizá le da vergüenza tener que pagarlo todo en monedas.

Ese niño que llora a rabiar no sabe que te pone nervioso oír llorar a alguien. A lo mejor le duele la barriga porque tiene retortijones, pero es demasiado pequeño para decir que le duele y lo único que sabe hacer es llorar. Y ese conductor que de repente pisa el freno no lo hace para hacerte frenar a ti también, sino que a lo mejor ha intentado evitar chocar con el coche de delante, que ha aminorado bruscamente la marcha para detenerse en el arcén. Cuando solo tienes en cuenta lo que a ti te hace perder la paciencia, es fácil que uno se deje gobernar por las emociones negativas. Pero cuando te tomas la molestia de ver las cosas desde otro punto de vista, es más fácil conservar la paciencia y dejar que todo suceda como tiene que suceder.

Perdiendo la paciencia uno aprende mucho. Si siempre llegas tarde y los conductores con quienes te encuentras de camino al trabajo te hacen perder la paciencia, puedes arreglarlo tranquilamente saliendo antes de casa. Busca soluciones por tu cuenta para tener más paciencia y mostrarte más comprensivo. Puedes aprender mucho de ti mismo analizando cómo manejas esas situaciones en las que con algo de paciencia todo se arreglaría. ¿Un retraso inesperado hace que te muestres inflexible e intolerante y que guardes rencor por quien lo ha provocado? Si fueras más flexible y más tolerante y no te costara tanto perdonar, quizá no perderías tanto los nervios. Tener paciencia también te ayuda a tomar buenas decisiones. Cuando te permites contemplar una situación desde distintos puntos de vista, no eres tan propenso a tomar malas decisiones porque has reflexionado lo suficiente sobre el tema.

La paciencia es un arma poderosa que se aprende. Consiste en saber gestionar las emociones, en elegir el momento adecuado en el que hay que reaccionar y entrar en acción para que todo eso influya de manera positiva y te ayude a conseguir lo que quieres. Cuando aprendes a tener paciencia, a esperar tu turno y ver las cosas en perspectiva, tienes más poder y control sobre tu vida. Ser impaciente te lleva a actuar con tanta precipitación que podrías llegar a lamentarlo, mientras que tener paciencia te permite pensar y reflexionar mejor sobre las cosas, tomar decisiones sabias y emprender la acción apropiada.

Practicar la paciencia

Digamos que eres una persona impaciente: ¿cómo puedes tener más paciencia? Vas a tener que identificar lo que desencadena que la pierdas. ¿Es ese conductor lento lo que desata tu ira? ¿Hacer cola te hace perder la cabeza? Cuando sepas lo que te hace perder la paciencia, puedes actuar. Si sabes que hacer cola te saca de tus casillas, ponte en la cola más corta, o vuelve otro día para hacer esa gestión. Si no puedes, toma la resolución de esperar y ocupa tu mente en alguna otra cosa hasta que te llegue el turno. Un día que me ponía nerviosa porque llevaba un rato haciendo cola me puse a contar las placas del techo. Te parecerá una tontería, pero eso le dio juego a mi mente, me distrajo para que no pensara tanto en el tiempo de espera, y no había llegado a contar hasta doscientas cuando llegó mi turno. Otra opción es ir leyendo las etiquetas en las tiendas de comestibles, o incluso entablar conversación con alguien de la cola y charlar sobre algo que no tenga nada que ver con la espera.

Las personas emitimos distintas señales que nos anuncian que estamos a punto de explotar. Por ejemplo, cuando ves que empiezas a sudar, a apretar las mandíbulas, a sentir que te enfadas o te pones de mal humor, o cuando respiras entrecortadamente. Al igual que tienes que analizar lo que desencadena que pierdas la paciencia, analiza también las señales que emites cuando estás a punto de perderla. De esta manera, evitarás llegar a esa situación.

La paciencia te ayudará a vivir con menor tensión, a adoptar una actitud más alegre y positiva, a sentirte más fuerte y seguro de ti mismo. Puede ayudarte también a pasar de lo negativo a lo positivo, de la tristeza a la felicidad, y a lograr que cobren vida cosas que nunca habrías imaginado que fueran posibles. No solo actuarás mejor contigo mismo teniendo a la paciencia de tu lado, sino que tratarás mejor a los demás porque serás una persona más compasiva. Aceptarás mejor los problemas que aparezcan sin presentar batalla. Es más, si usas la visualización creativa podrás predecir si vas a tener algún problema en el futuro y planificar las cosas para impedirlo.

Practicar la Ley de la Paciencia cambiará la percepción que los demás tienen de ti. ¿Te has fijado alguna vez en que las personas impacientes parecen arrogantes y actúan como si su problema fuera el único que hay que tomar en consideración? Yo he vivido esa situación, y no hace ninguna gracia tener que tratar con esta clase de personas, porque son insensibles a los sentimientos de los demás salvo a los suyos propios. Es muy difícil lograr tus objetivos si actúas de esta manera y te vas sacando de encima a los demás, incluso a las personas que podrían ayudarte potencialmente a conseguir tus objetivos. Aprende a practicar la paciencia y te llevarás bien con los demás, verás los distintos puntos de vista, lograrás todo lo que deseas y estarás en armonía contigo mismo y con lo que te rodea.

Inténtalo ahora

Una buena manera de aprender a practicar la paciencia es por medio de la respiración. Si te sientes estresado, agotado o nervioso, tómate unos minutos de descanso y analiza cómo te sientes mientras respiras profundamente. Puedes estar de pie, sentado o haciendo lo que quieras mientras practicas el ejercicio. Cada vez que seas consciente de que estás de mal humor o que se te acaba la paciencia, respira hondo. A cada inhalación imagina que el aire viene iluminado por una luz blanca muy relajante, y al exhalar imagina que todo el estrés, la ansiedad y la rabia abandonan tu cuerpo. Hazlo varias veces hasta que sientas que recuperas la calma y la capacidad de tener paciencia. Cuando te sientas más centrado y equilibrado, podrás seguir haciendo tu tarea habitual.

Unos consejos para llevar a la práctica

- Todo sucede en el momento en que debe suceder. A veces hay que esperar.

- Cuando sientas que vas a perder la paciencia, respira hondo varias veces y céntrate en tu esencia interior y en tu equilibrio espiritual para recuperar tu centro y mantener a raya tu impaciencia.

- Soltaré lo que me hace perder la paciencia para poder recuperar la compostura y la paciencia.

- No seré egoísta, sino que tendré en cuenta las necesidades y los problemas de los demás para poder tener paciencia con ellos.

- Necesito practicar la paciencia si quiero que las cosas me salgan bien. Nadie quiere contratar, ascender o asociarse con una persona impaciente.

- La paciencia fortalece el carácter y construye una imagen positiva de la persona, tanto para uno mismo como a los ojos de la familia, los amigos y los colegas del trabajo.

- La paciencia me ayuda a recordar lo que es importante en la vida.

- Lograré mis objetivos en el momento adecuado gracias al esfuerzo y a la paciencia.

- Encontrar el momento justo lo es todo.

- No seré muy duro conmigo mismo si pierdo la paciencia. Volveré a organizarme y retomaré el camino.

Véase también el capítulo 32: La Ley de la Disciplina

36

LA LEY DEL DESPERTAR

―― 🕊 ――

Hoy soy consciente de mi ser, de mi entorno y de las personas con quienes interactúo para despertar a todo eso que haga posible en mí el crecimiento y el éxito.

La Ley del Despertar afirma que para experimentar un despertar, sea este espiritual, personal o de cualquier otro ámbito, hay que ser más consciente, y para lograr la conciencia hay que mantener el control de uno mismo, la estabilidad y la concentración. Esta ley suele llamarse también Ley de la Conciencia o Ley del Despertar Espiritual, pero como yo creo que el despertar puede darse en cualquier ámbito de la vida, prefiero llamarla Ley del Despertar. La idea de la conciencia constituye una parte fundamental del taoísmo, el budismo y el chamanismo porque la necesitamos para trabajar con el Espíritu.

¿Qué sucede cuando te despiertas físicamente después de haber estado durmiendo? Eres consciente del entorno, aunque no hayas abierto inmediatamente los ojos. Cuando te duermes en la proa de un velero, oyes las salpicaduras del agua, notas el balanceo de la embarcación, el sol sobre tu piel y la dureza del casco bajo tu espalda. Quizá oigas el graznido de las aves, la charla de otras personas o el motor de algún barco. Al final, cuando te despiertas del todo, eres consciente de tu realidad, del lugar en el que te encuentras y de lo que estás haciendo. Cuando vives un despertar, sucede lo mismo. Primero somos conscientes de las pequeñas cosas, y cuanto más vivimos la autenticidad de las situaciones en las que estamos o cuanto más cambiamos nuestra manera de pensar vamos siendo cada vez más conscientes, hasta que estamos completamente despiertos.

La Ley del Despertar significa que somos conscientes tanto de lo positivo como de lo negativo de la vida; significa ver el pasado, el presente y el futuro, considerar los éxitos y los fracasos potenciales. Significa asimismo considerarlo todo en conjunto para gozar de un entendimiento más pleno de la totalidad mientras se conocen otros estados de la conciencia. Despertar significa abrirse a nuevas oportunidades, ver las cosas de una manera distinta a como las veías en el pasado y usar este nuevo conocimiento para expandir tu conciencia, para situarte en un estado de conciencia más despierto.

El despertar espiritual

Hablando de espiritualidad, experimentar un despertar significa que observas, sientes y estás atento a la existencia de cosas que antes no conocías o comprendías, pero que tampoco negabas. En un despertar espiritual puedes empezar a cuestionarte quién eres y cuál es el propósito de que te encuentres en el plano terrenal. Reconoces que en ti hay muchas cosas más que tan solo un cuerpo físico; quizá recuerdes algún fragmento de vidas pasadas, o seas más consciente de la intuición que tienes. Muchas veces, justo antes de un despertar espiritual, se vive una experiencia traumática, o una experiencia reveladora, de esas que te cambian la vida; y esas experiencias actúan de catalizador de tu despertar y te hacen cuestionar todo lo que habías creído hasta entonces. Es el momento en que empiezas a desentenderte de lo que ya no te sirve; la negatividad del pasado ya no se ceba en ti y puedes dejarla atrás, y eso te permite ganar claridad en tus propósitos. Serás testigo de varios *déjà vu,* y los sincronismos te harán saber que estás recorriendo tu camino espiritual y viviendo según tu propósito. Con el despertar espiritual ves más allá de lo físico, ves lo Divino. Se impone la calma, la liviandad del ser, que van asociadas al conocimiento que se tiene por primera vez de que el amor se halla en el centro de tu existencia, y que eso te permite liberarte del miedo.

Cuando vives un despertar espiritual a menudo es debido a que te cuestionas cosas sobre la vida y empiezas a buscar respuestas que te resuenen. En mi caso, yo empecé a buscar mi propia verdad cuando las personas que iban a la iglesia a la que yo asistía empezaron a tratarme de manera distinta cuando me encontraban fuera del templo. Para mí todo aquello no tenía ningún sentido, y empecé a profundizar en la espiritualidad como mi primera prioridad para intentar hallar un modo de comprender mis intuiciones, cosa que en ese momento tampoco tenía demasiado sentido para mí. A medida que iba asentándose mi despertar, descubrí que el contenido de ciertos libros de metafísica encajaba con lo que yo sentía. Me permitió ver que podía tomar distintos caminos para conseguir todo aquello que deseaba porque era más consciente que nunca y me fijaba en lo positivo en lugar de centrarme en lo negativo. Si añadimos ciertas experiencias paranormales que hicieron que me cuestionara todo lo que creía conocer hasta el momento, el resultado fue que todavía fue mayor mi despertar. Es posible que tu propio despertar coincida con algún hecho relevante que se haya dado en tu vida, con alguna lectura o con la sensación de que tienes un propósito mayor de lo que nunca habías pensado.

Despertar a la conciencia

Para lograr las cosas que quieres de la vida tienes que entender la parte que ocupa la conciencia en la Ley del Despertar. Si no eres consciente de las cosas que suceden o que tienen que suceder para lograr lo que quieres, puede costarte mucho más conseguir lo que pretendes. Cuando aprendes a ser más observador y estás más vigilante y atento, cuando eres más consciente porque te has documentado, has defendido tus argumentos o estás intentando resolver un problema parecido, abres los ojos a las posibilidades que el mundo tiene reservadas para ti. Es importante que entiendas que cuando vives un despertar, del tipo que sea, tienes que conocerte a ti mismo para poder poner en práctica lo que implica ese despertar. Ya puedes contar con el mejor producto, que si no lo posicionas bien en el mercado, vas a fracasar. Si despiertas al mundo espiritual y te das cuenta de que te aguarda una abundancia ilimitada pero no haces nada para intentar conseguirla, no estás usando bien la información que se te ha dado. Cuando despiertas a la vida en cualquiera de sus facetas es porque eso forma parte del plan maestro que llevas escrito para vivir tu experiencia terrenal. Por medio del despertar puedes conectar con la parte espiritual de tu ser, lograr lo que deseas y crear abundancia en tu vida.

Otra parte del proceso del despertar es darse cuenta de que los actos de los demás o el hecho de que no actúen influyen en lo que haces o en lo que intentas lograr. Eres capaz de ver los problemas potenciales antes de que se presenten para emprender los pasos pertinentes que son necesarios para evitarlos. Por otro lado, también eres capaz de ver los éxitos potenciales y planearlos según una determinada estrategia. Estar despierto significa vivir el momento, aceptar nueva información y comprender que existe un plan mayor que el que habías considerado. Significa que potencias la conciencia que tienes de lo que sucede a tu alrededor. Sientes más, notas más, y también comprendes más. Cuando te ajustas a cada uno de los distintos períodos del despertar que atraviesas vives en un espacio temporal en el que todo está claro. Pero con el tiempo, mientras te vas ajustando a estos distintos niveles de conciencia, verás que eso se convertirá en una segunda naturaleza para ti. Y lo mismo ocurre con cada período del despertar.

Hay otros signos que indican que el despertar es inminente: de repente sientes que estás atrapado en tu empleo, que hay demasiadas personas negativas a tu alrededor, que tu estilo de vida ya no te atrae tanto y que quieres cambiarlo, y cambiarlo ya, completamente, o quizá sientas que tienes que liberarte de lo cotidiano y vivir algo excepcional. A veces tienes que enfrentarte sin vacilaciones a ciertos asuntos del pasado pendientes de resolver. Y para eso hay que librarse de la negatividad que aparece durante el despertar. Encontrar la manera de resolver el problema para poder seguir adelante. En mi caso, mis sueños eran muy reales y proféticos, o bien sentía que tenía que actuar deprisa porque el tiempo se me escapaba de las manos y no lograría terminar lo que quería. A veces los sueños lograban conectar con mis sentimientos; otras veces, en cambio, no lograba descubrir si había alguna conexión. Después de haber pasado años sin que me hubiera encontrado a nadie que diera explicación a las intuiciones o a los fenómenos paranormales que estaba experimentando, al iniciar mi despertar espiritual aparecieron maestros por todas partes. No fui yo quien los buscó, sino que fueron ellos los que me encontraron a mí y me proporcionaron una nueva manera de entender el camino. Ser más consciente de lo que estaba sucediendo hizo que valorara a esas personas y me ayudó a comprender mejor la experiencia en su conjunto.

El despertar te permite sentir tu armonía interior, logra que en tu vida haya abundancia, y te ayuda a tener éxito. Hay un período en todo despertar en el que te sientes especialmente observador, sobre todo de ti mismo, de tus actos y tus reacciones. Te vuelves más consciente de tus pensamientos, sobre todo de ideas que nunca antes te habías planteado, pero con las que ahora pareces conectar bien. Es importante, durante este período, asegurarse de no pensar demasiado. A veces es tan fácil ponerse a analizar tanto las cosas que eso termina siendo un obstáculo para tu progreso. Durante la fase del despertar te sentirás más independiente, estarás más seguro de lo que crees y del camino que deberías emprender, y te mostrarás más confiado en tus elecciones, tus decisiones y tus actos.

Inténtalo ahora

Ser más observador y consciente es la manera de poder participar de una manera activa en tu despertar. Aquí te presentamos algunos pasos que puedes dar para que aumente tu conciencia y que eso te ayude a conseguir tus objetivos. Presta atención en todo momento a lo que hacen los demás. Presta atención a lo que dicen, a los planes que proponen y a cómo intentan conseguir sus objetivos. Puedes aprender cosas de esas personas que te ayuden a lograr lo que tú te propones. Fíjate en los patrones que aparecen en tu vida y valora cómo puedes salir airoso de ellos. Presta atención a los cambios inesperados y sé consciente de cómo te relacionas a diario con las personas y de cómo se relacionan ellas entre sí. Observar la naturaleza humana puede ser iluminador. Aprende a permanecer en silencio cuando sea necesario y a hablar cuando sea apropiado. A veces se aprende más callando que hablando. No tienes por qué anotarlo todo, pero tomar apuntes sobre lo que has observado puede ayudarte en tu propio despertar o a que se cumpla el plan que te has trazado para lograr tus deseos.

Unos consejos para llevarlos a la práctica

- Haz un esfuerzo para ser más consciente de tu propia mente, de tu cuerpo y de tu espíritu.

- Conócete a ti mismo y descubre si estás dispuesto a emprender las acciones necesarias para lograr lo que quieres.

- Sé un observador de la naturaleza humana.

- No emitas juicios.

- Observa, escucha y aprende.

- Cuando un maestro aparece, acepta su ayuda con amor y gratitud.

- Busca lo que ha desencadenado que te encuentres en el estado del despertar.

- Cuestiónate a ti mismo, cuestiona tus creencias y cuáles son tus intenciones.

- Si en ti resuenan nuevas ideas, intégralas a tu ser.

- Vive el momento y abandona la negatividad del pasado.

Véase también el capítulo 15: La Ley de la Claridad

37

LA LEY DE LA CAUSA Y EL EFECTO

— 🕊 —

Elijo crear catalizadores positivos en mi vida para que lo que reciba como recompensa universal sea increíble.

La Ley de la Causa y el Efecto afirma que toda acción (causa) tiene una consecuencia (efecto). Tus pensamientos, acciones y reacciones (causas) crean las consecuencias (efectos), y estos efectos tienen que manifestarse físicamente en tu realidad presente. Quizá hayas oído hablar de la Ley de la Causa y el Efecto como esa que dice que cosecharás lo que siembres, que de tus acciones se derivan consecuencias o que a cada acción siempre se opone una reacción igual (tercera ley del movimiento de sir Isaac Newton). En el *Kybalión* está escrito que «toda causa tiene su efecto; todo efecto tiene su causa; todo sucede de acuerdo a la Ley; la suerte no es más que el nombre que se le da a la ley no reconocida; hay muchos planos de causalidad, pero nada escapa a la Ley».

La Ley de la Causa y el Efecto significa que todo lo que haces es el catalizador de una ola de energía que parte de tu frecuencia, de tu energía espiritual, y sale al universo para luego traerte el efecto de ese catalizador. No importa si el efecto es positivo o negativo, consciente o inconsciente; a su debido tiempo, volverá. Y, dado que esta ley trata de los efectos de la energía, que está cambiando continuamente, tú tienes la capacidad de usar este flujo de energía para mejorar tu vida.

También puedes interpretar la Ley de la Causa y el Efecto como esa justicia universal derivada de tus pensamientos y actuaciones. Mientras la ley en sí es neutral y no hace distinciones entre el bien y el mal, trabajar con la causa y el efecto reúne la energía que se atrae entre sí. Ayudar a los demás, ser una persona de fiar y hacer el bien sin mirar a quién son maneras de enviar buena energía a nuestras distintas realidades. Cuando seamos conscientes de que todo lo que hacemos desencadena una reacción energética en cadena, eso nos permitirá ver más allá de nosotros mismos y determinar cuáles pueden ser los resultados potenciales de nuestras acciones. Mirar hacia delante nos servirá para tomar buenas decisiones antes de emprender la acción.

La energía en movimiento

Todo lo que existe en el universo está en constante cambio porque la energía universal siempre está en movimiento. Siempre hay una causa y un efecto, aunque no los veamos. Aun cuando no seamos conscientes plenamente de los acontecimientos que ponemos en movimiento con nuestros actos y nuestras propias palabras, siguen teniendo un efecto en nosotros. Es importante pensar antes de hablar, sobre todo cuando estás enfadado, porque las palabras tienen poder. Estar centrado y atento a tus pensamientos y actos te permite vivir tu vida momento a momento; por eso, sé consciente de los catalizadores que estás enviando. El crecimiento se da cuando se da el cambio. En caso contrario, todos viviríamos en una rutina estancada sin que nos sucediera nada nuevo y excitante.

La Ley de la Causa y el Efecto puede afectar emocionalmente a muchas personas porque funciona como una reacción en cadena. Si estás teniendo un buen día, el catalizador de tu energía vibrante se pegará a los demás, que a lo mejor están viviendo una jornada difícil, y eso podría alegrarles el día. Si estás de mal humor, en cambio, tu estado de ánimo se puede contagiar a los demás. Piensa en esas ocasiones en que fuiste a trabajar de buen humor y antes de terminar la jornada ya te sentías estresado y enfadado porque los demás estaban de un humor de perros. Es fácil dejar que las emociones de los demás nos afecten de manera negativa, sobre todo si somos empáticos, pero eso no tiene por qué ser así si eliges no atraer su energía hacia tu persona. Si permites que tu energía siga siendo positiva y buscas un panorama positivo en todas las situaciones, puedes contrarrestar la negatividad que desprenden los demás porque las frecuencias de mayor nivel hacen palidecer las frecuencias de niveles inferiores. Puedes elegir formar parte de esa masa que permite que los demás controlen sus sentimientos, o puedes elevarte por encima de las manipulaciones de causa y efecto de los demás para controlar tu propio destino. Es algo imperativo si lo que quieres es tener éxito en la vida, en los negocios o en conseguir lo que deseas.

Los catalizadores en acción

No hay nada que suceda sin una razón aparente. Lo que ahora estás viviendo, en este preciso instante, fue alentado de alguna manera en el pasado debido a los pensamientos que tuviste o a las acciones que decidiste emprender. Si tu vida no va por donde quieres, puedes cambiar creando catalizadores que te aporten cosas buenas. Ahora bien, piensa que eso no pasa de la noche a la mañana. Tendrás que seguir trabajando y creando catalizadores positivos, pero con el tiempo los efectos positivos se traslucirán en tu vida.

Si no actúas o ignoras las oportunidades potenciales, eso será como un catalizador negativo. Hay muchas personas que no quieren comprometerse en determinadas situaciones o se mantienen al margen por no querer tomar una decisión. La inacción es como aquel coche atrapado en el barro cuyas ruedas giran y giran sin parar: no avanzas porque has elegido que no vas a ponerte en movimiento.

No existe ni un solo momento en que la Ley de la Causa y el Efecto no funcione. Piénsalo durante un rato. A cada minuto del día las personas experimentan el efecto de lo que crean a partir de sus pensamientos y sus acciones. La energía universal nunca cambia. Y si nunca cambia su flujo, tienes que aprender a fluir con su sesgo positivo o fluirás en su contra.

Tomémonos unos minutos y consideremos algunas situaciones de la vida real para ver la causa y el efecto. Si tienes problemas para ahorrar, ¿no crees que se debe a que estás gastando demasiado? ¿Esas pesas o esa bici que tienes en un rincón, se están cubriendo de polvo porque no estás dedicando el tiempo necesario a practicar ejercicio? ¿Tienes la casa hecha un desastre porque lo dejas todo para luego y no te pones a limpiar? Todo eso es resultado del catalizador que pusiste en marcha con tus pensamientos y tus acciones. ¿Verdad que te mereces poder comprar de todo? Se trata de tu dinero, y puedes hacer lo que quieras con él. ¿Verdad que no pasa nada si esperas a mañana para hacer ejercicio o ponerte a limpiar? Si quieres ahorrar dinero, vas a tener que apretarte el cinturón y dejar de gastar tanto. Y si quieres tener buena salud y mejorar tu físico, vas a tener que hacer ejercicio. Si quieres vivir en un entorno agradable, vas a tener que ponerte a limpiar. Da igual lo que quieras: hay que poner en marcha un catalizador para que las cosas nos lleguen, pero también hay que emprender acciones concretas para conseguir lo que uno quiere. En otras palabras, tienes que poner el esfuerzo para conseguir las cosas. Como de todos modos te van a llegar, ¿por qué no las ayudas un poquito para que te lleguen antes?

Puedes aplicar la Ley de la Causa y el Efecto al mundo de la empresa, al de las relaciones, al de las trayectorias profesionales o a cualquier cosa que desees. ¿Y cómo?, te preguntarás. Pues fíjate en lo que ha hecho la gente que ya ha triunfado si quieres obtener los mismos resultados. Si sigues su ejemplo y das los mismos pasos, deberías poder alcanzar los mismos resultados; sin embargo, si te saltas algunos pasos o haces las cosas de otra manera, los resultados que consigas no serán exactamente los mismos; podrían ser peores, o puede que incluso mejores. Mucha gente quiere compartir su éxito con los demás. Quieren que seas capaz de conseguir los mismos resultados positivos que ellos lograron, y por eso se prestan a enseñarte cómo lo hicieron para ayudarte a que tú lo consigas también. Si es algo que deseas lograr de verdad, encuentra un mentor que pueda ayudarte a aprender los pasos que hay que dar para tener éxito. Recuerda que lograr el éxito requiere tiempo, esfuerzo y deseo por tu parte. No esperes tener éxito de la noche a la mañana, pero si se da el caso, valóralo y disfrútalo.

Inténtalo ahora

Corta una lámina de papel de aluminio. Extiéndela sobre el mostrador de la cocina y luego échale unas gotitas de agua. Levanta la lámina por los extremos e inclina el papel de aluminio hacia un lado y luego hacia el otro. Mira con qué facilidad se desplazan las gotitas de agua de un lado a otro. Nada impide que fluyan. Deja que el agua resbale por la lámina, y luego arrúgala y dale forma de bola. A continuación, extiéndela y alísala cuanto puedas. Vuelve a poner unas cuantas gotas de agua, levanta la lámina por los extremos e inclínala a un lado y a otro. ¿Qué sucede? Las diminutas arrugas del aluminio alteran el flujo del agua, que ya no se desplaza con facilidad de un lado a otro, sino que tiene que atravesar las rugosidades y los pliegues. Es la Ley de la Causa y el Efecto en acción. Antes de emprender la acción y convertir el papel de aluminio en una bola, la energía del agua se desplazaba con libertad, tal y como la energía universal se mueve libremente a nuestro alrededor en todo momento. Pero con la acción que emprendiste la lámina de aluminio cambió y se volvió más difícil de transitar, como los desafíos que nos plantea la vida. Ahora a la energía del agua le cuesta más moverse de un lado a otro, tiene que superar los obstáculos que encuentra en su camino y a veces retroceder hasta el punto de partida. Es el efecto que ha tenido la acción de hacer una bola con el papel de aluminio. Piensa en tu vida como si fuera este papel de aluminio. Si crees que te llega demasiada negatividad, toma una nueva lámina y empieza de cero, y emprende solo todas esas acciones positivas que mantengan la superficie limpia y plana. Haz todo lo que puedas para que tu experiencia sea tranquila y se vea libre de obstáculos; de este modo la energía podrá fluir sin esfuerzo y de manera positiva.

Unos consejos para llevar a la práctica

- No te dejes arrastrar por la negatividad de los demás.

- El éxito proviene de ti.

- La suerte, la oportunidad y los caprichos del destino no determinarán tu éxito.

- Tus pensamientos, tus actos y tus reacciones determinarán si los efectos que recibes son positivos o negativos.

- Elige una actitud correcta y positiva para generar éxito en tu vida.

- Tú eres quien crea las causas en tu vida; el universo te da los efectos.

- Puedes darle la vuelta a tu vida en cualquier momento que elijas creando catalizadores positivos que te permitan obtener unos resultados positivos.

- La interpretación de tu realidad depende de ti.

- Céntrate en conseguir que la causa sea positiva y el efecto que obtendrás también lo será.

Véase también el capítulo 7: La Ley de la Atracción

38

LA LEY DEL EQUILIBRIO Y LA POLARIDAD

— 🕊 —

Hoy contemplaré las situaciones desde una perspectiva distinta para no actuar in extremis.

La Ley del Equilibrio y la Polaridad, conocida también como la Ley de la Simetría o la Ley de la Dualidad, afirma que hay una polaridad entre todas las cosas que contiene el universo, y que entre los extremos más opuestos hay un equilibrio. Esta ley se manifiesta en la observación científica, en el mundo de la empresa y en nosotros mismos, tanto en el ámbito mental como en el físico. Encontrar el equilibrio en todas las áreas de nuestra vida es el objetivo último, pero para llegar hasta allí tenemos que experimentar las dos polaridades, los dos extremos de una misma cosa en sus distintos grados, para entender lo que se siente cuando se tiene equilibrio.

Según el *Kybalión*, «todo es doble, todo tiene dos polos; todo tiene su par de opuestos: lo semejante y lo opuesto es lo mismo; los opuestos son idénticos en naturaleza, pero distintos en grado; los extremos se tocan; todas las verdades no son sino medias verdades, todas las paradojas pueden reconciliarse». Un buen ejemplo de ello lo encontramos en el clima. Yo vivo en el sur de Florida y nuestro clima es tropical. Igual hace calor, luce el sol y sopla una ligera brisa que se desencadena una furiosa tormenta con rayos y truenos en pocos minutos. El sol y las tormentas son dos opuestos en distinto grado de la misma cosa: el clima. Si vives en un clima frío te habrás dado cuenta también del mismo fenómeno. En verano hará calor y tendrás frío en invierno. Aunque parezcan dos polos opuestos en un principio, el calor y el frío son los dos extremos del mismo espectro de temperatura. Esta polaridad se aplica a todo lo que existe en el universo. Tu vida amorosa, tus relaciones, tu profesión y tus emociones se ven afectadas. No existe la luz sin la oscuridad, el bien sin el mal, la paz sin la lucha o lo positivo sin lo negativo. Son los extremos opuestos de la misma cosa. Para encontrar el equilibrio, tienes que experimentar ambas cosas. En el plano terrenal, puedes ver físicamente las diferencias en su polaridad. Las monedas tienen cara y cruz, los árboles pueden ser altos o bajos, puedes entrar o salir por una misma puerta, existen el frío y el calor, el viento y la calma, el grito y el silencio, la felicidad y la tristeza, y la lista sigue y sigue... Cuando ves estos opuestos físicamente resulta más fácil comprenderlo. Sabes que cuando alguien está enfadado lo mejor es dejarle en paz hasta que encuentre el equilibrio y vuelva a calmarse.

Imaginemos que eres una persona que prefiere quedarse en casa y que no es muy sociable. En un futuro, sea en esta misma vida o en una vida futura, para experimentar el crecimiento del alma tendrás que experimentar el estilo de vida opuesto, el que lleva la gente que es muy sociable y apenas está nunca en casa. Aunque ahora no llegues a final de mes, según la Ley del Equilibrio y la Polaridad, también tendrás que experimentar las ganancias económicas. De todos modos, el dinero es engañoso, porque, bien gestionado, uno puede tener la riqueza monetaria que desea y no perderla porque se dedica a gastarla con frivolidad. ¿Alguna vez has cobrado un viernes, has salido esa misma noche y te has soplado enterita toda la paga? La mayoría de la gente no hace eso porque hay que pagar facturas si uno quiere tener un techo que le cobije, pero eso nos da un buen ejemplo de lo que es la Ley del Equilibrio y la Polaridad. Cuando cobras te sitúas en el lado positivo de la escala del dinero y puedes pagar el alquiler, la comida, el gas y todo lo que necesites cubrir hasta el siguiente día de paga, pero si te soplas todo el dinero en una noche de fiesta, te situarás en el otro extremo de la escala y estarás sin blanca hasta que llegue el próximo día de paga. Es una dura lección que uno tiene que aprender, pero si se viven ambos extremos del espectro, se es capaz de encontrar un equilibrio.

Cuando se presenten adversidades en la vida, piensa que siempre hay un polo opuesto a esa adversidad. Si te sientes perdido pensando en el problema por el que estás pasando, distánciate y contempla esa situación desde el otro lado del espectro y verás lo fantásticas que pueden ser las cosas. Aunque en tu vida arrecien las tempestades, piensa que siempre terminará por salir el sol. Lo que pienses sobre esa situación es lo que la convertirá en algo positivo o negativo. Durante los tiempos difíciles es fácil contemplar las cosas desde un sesgo negativo, pero si te sorprendes a ti mismo adoptando esa actitud, cambiar de registro te irá bien para ver el lado positivo. Piensa en eso como si te pusieras en la piel de otra persona. Para ti puede ser muy triste un día de lluvia, pero para otra persona que tiene un jardín y necesita el agua de la lluvia es maravilloso. Aprender a contemplar cada situación desde perspectivas distintas te permitirá ver los dos polos opuestos y descubrir cuál es el punto de equilibrio que dista entre ambos. Esa es también una conexión Divina que propicia el crecimiento del alma.

Toda situación tiene dos perspectivas

Comprender que todo tiene dos perspectivas es una lección vital para la mayoría de personas. No somos capaces de ver cómo nos afecta situarnos en cada uno de los dos extremos. Y eso significa que para recuperar el equilibrio primero tenemos que experimentar el desequilibrio. Todos tenemos una polaridad interna. Como seres espirituales, nuestro trabajo consiste en comprender los opuestos que están en conflicto y descubrir la manera de que estén en equilibrio.

¿Te han preguntado alguna vez si te riges por el hemisferio derecho o por el izquierdo? Las investigaciones demuestran que las personas que se rigen por el hemisferio derecho del cerebro tienden a ser más imaginativas, apasionadas, intuitivas y creativas. A menudo se interesan por las artes y la música, les gusta mucho establecer contacto físico, no tienen problemas para usar la comunicación no verbal y disfrutan soñando despiertas y haciendo visualizaciones creativas. Las personas que se rigen por el hemisferio izquierdo del cerebro tienden a ser analíticas, lógicas, piensan con palabras, quieren solo hechos, les gustan las matemáticas, piensan de manera lineal o secuencial y les gusta la informática. Pues ¿sabes qué? ¡Todos tenemos ambas cosas! ¿Cómo encuentras el equilibrio entre el hemisferio izquierdo y el derecho? Pues usando un poco de ambos lados. Por ejemplo, yo soy muy intuitiva, pero equilibro mi intuición buscando siempre una razón lógica en todo lo que hago antes de decidir si, de hecho, estoy siguiendo mi intuición o estoy viviendo un fenómeno paranormal.

Cuando te equilibras internamente tu frecuencia se eleva, conectas mejor con lo Divino y eso se ve reflejado en tu realidad. Te llevas mejor con los demás, eres más feliz y estás más contento con tu vida. El equilibrio te permite vivir con armonía interior, para que cuando te veas enfrentado a circunstancias problemáticas seas capaz de verlas desde una perspectiva distinta en lugar de ver solo su lado negativo. Estar equilibrado interiormente facilita ser capaz de encontrar el equilibrio en tus actividades diarias. Todo lo que antes te incordiaba ahora ha dejado de ser tan negativo porque puedes ver que tiene un propósito determinado. El equilibrio te permite sentir una conexión más profunda con lo Divino y sentirte conectado a la totalidad del universo. Cuando estás en equilibrio ya no tiendes a ir de un extremo a otro del espectro. Eres capaz de centrar tus emociones y aprender de tus experiencias. Las cosas negativas en realidad pueden llegar a ser fantásticas.

Mientras buscas el equilibrio de las situaciones sin irte a los extremos para equilibrarte interiormente en el ámbito espiritual, es importante que recuerdes también que debes permanecer equilibrado en tus actividades diarias. Si tienes demasiados quehaceres y nunca ves el momento de descansar, te sitúas en uno de los extremos del espectro de los quehaceres. Cuando eso te ocurra, organízate para dedicarle un tiempo a las diversiones, al descanso y al relax, y luego asegúrate de hacerlo. Si vas siempre a toda máquina, terminarás quemado y exhausto. La polaridad aquí es no hacer nada y morirte de aburrimiento viendo la tele o estar parado sin hacer nada. Si ese es tu caso, búscate un objetivo y luego da los pasos necesarios para lograrlo.

Haz algo

La Ley del Equilibrio y la Polaridad implica evitar pasar demasiado tiempo reflexionando sobre los problemas hasta el punto de que te olvides de salir y de hacer actividades. Tienes que vivir la vida para poder encontrar el equilibrio en todas las cosas. Aislarte y protegerte de los demás te impedirá tener experiencias que puedan ayudarte a lograr mantenerte firme y estable, a conservar el equilibrio necesario para conectar con tu yo espiritual y con el mundo que te rodea.

Vivir según la Ley del Equilibrio y la Polaridad se parece a vivir según todas las otras leyes universales en el sentido de que uno se compromete a seguir un crecimiento personal y espiritual para lograr todo lo que desee en esta vida en el plano terrenal de la existencia. Piensa que es como un cambio en tu estilo de vida. Si quieres ponerte en forma, cambias tu estilo de vida con la intención de comer mejor y practicar más ejercicio, ¿no? Cuando ya te has acostumbrado a comer de una manera distinta y a hacer ejercicio, dejas de pensar tanto en ello. Hacer un cambio de estilo de vida según las leyes universales te ayuda a equilibrar tu energía espiritual. Funciona de la misma manera.

Inténtalo ahora

La próxima vez que te encuentres en una situación adversa, puedes recuperar rápidamente el equilibrio practicando este ejercicio. Con independencia del problema que estés viviendo, retírate del caos y busca un lugar donde sentarte. Cierra los ojos y respira hondo varias veces. A cada inhalación imagina que la calma y lo positivo fluyen en tu interior, y a cada exhalación imagina que la negatividad de la situación desaparece. Cuando sientas que has recuperado el equilibrio, abre los ojos. Piensa en lo contrario de la situación que estás viviendo y obsérvalo todo desde esta perspectiva. ¿Cómo puedes lograr que esta negatividad se convierta en algo positivo? Cuando hayas encontrado la solución, retoma el problema y soluciónalo.

Unos consejos para llevar a la práctica

- Busca algún momento del día para dedicarlo a lo que te aporta alegría.

- Evita las distracciones materiales.

- Encuentra el equilibrio interior para encontrar el éxito exterior.

- Abandona los comportamientos extremos.

- Mira las situaciones desde una perspectiva distinta para encontrar el equilibrio.

- El equilibrio eleva tu frecuencia y su resultado es la positividad, la felicidad y el éxito.

- No estás dominado por el hemisferio derecho ni por el izquierdo cuando estás en equilibrio.

- Mantente centrado en tus emociones.

- Toma decisiones, no te quedes al margen. Cuando estás a favor de algo te sitúas en contra de otra cosa que se encuentra en el mismo espectro. Todo tiene su contrario, y cuando puedas verlo, y comprenderlo también, podrás equilibrarlo.

Véase también el capítulo 26: La Ley del Apego y el Desapego

39

LA LEY DE LA OFERTA Y LA DEMANDA

Hoy seré muy preciso cuando haga mis peticiones al universo, y seré consciente de lo que este me ofrece en consecuencia.

La Ley de la Oferta y la Demanda afirma que por cada demanda que se haga, el universo aportará la oferta que la satisfaga; sin embargo, sin una demanda en concreto, no hay oferta que valga. En otras palabras, si existe una necesidad concreta, se nos proveerá con algo que la subsane. Esta ley actúa cuando surge una demanda en concreto.

En el plano físico, la Ley de la Oferta y la Demanda afirma que el precio de un producto o un servicio está basado en la demanda de ese servicio. Aristóteles fue el primero en observarlo en su *Política*, Libro 1, parte 2, cuando escribe sobre la parte práctica de «conseguir riquezas», y en la historia de Tales de Mileto, que depositó fianzas en todos los molinos de aceite porque creía que ese año la cosecha de aceituna sería abundante. Luego arrendó los molinos a terceros y con la operación se ganó un buen dinero. La Ley de la Oferta y la Demanda afirma que cuanto mayor sea la demanda, o si la oferta es limitada, más elevado será el precio. La oferta nos ofrece los productos que pedimos en nuestras demandas de la vida diaria.

El universo trabaja de la misma manera. Cuando le pides algo, el universo te ofrece con alegría lo que le has pedido. Confía en el universo para que te entregue lo que has pedido y cree que lo recibirás. Pide lo que quieras y espera que te llegue. Si lo quieres, te será dado, pero también tendrás que trabajártelo. Cuando vas a la tienda de comestibles no solo te teletransportas hasta allí (aunque reconozco que sería divertido): tienes que coger el coche, tomar un taxi, ir en bici o caminar hasta la tienda, elegir los alimentos y las bebidas, llevarlo todo de vuelta a casa y guardarlo en la nevera y los armarios. No hace mucho leí algo muy inspirador que decía: «Haz lo que amas de verdad, que el dinero ya vendrá»; y a continuación presentaba una lista de cosas como, por ejemplo, comer pizza; y luego, al final, decía «Y ahora; ponte a esperar». Sé que todo esto parece divertido, pero en este caso se nos muestra el eslabón del que carece la mentalidad de muchas personas: tenemos que dar ciertos pasos en concreto para trabajar hacia nuestros objetivos, y no quedarnos sentados a esperar que estos se nos presenten mientras nos dedicamos a todas esas otras cosas que no están encaminadas a conseguir que aparezcan en nuestras vidas.

Pide, pero no exijas

Fíjate en que no estoy usando la palabra «exigir» cuando hablo de pedir ayuda al universo. Pedir en lugar de exigir lo que queremos implica que sentimos que lo merecemos y que estamos en nuestro derecho de conseguirlo, como si tuviéramos que salirnos con la nuestra. En realidad, esta actitud puede impedir que logremos lo que deseamos. Sé firme en tus peticiones para que no quepa duda de lo que necesitas y quieres recibir. Cuando pides con firmeza, respeto y gratitud, te alineas con la abundancia del universo y logras resultados mucho antes. Tenlo presente cuando pidas abundancia.

En la vida siempre hay que estar estudiando y aprendiendo para ser conscientes de lo que sucede en el mundo, de los progresos que se hacen y de cómo transcurre la vida en la raza humana. Cuando deseas algo, has de ser consciente de su funcionamiento. Si quieres ser médico, tienes que saber cuáles son las clases a las que debes asistir, cursar la residencia interna y saber lo que harás luego cuando obtengas el título. No puedes ser médico si no eres consciente de los pasos que tienes que dar para conseguir el título. Luego tienes que tener el impulso y el deseo de ir a clase, cursar la residencia y lo que haga falta para convertirte en médico. De esta manera, cuando el universo te ofrezca la oportunidad, por ejemplo, de entrar en una facultad de Medicina, serás consciente de lo que tienes que hacer para que tus sueños se conviertan en realidad.

Veamos cómo el universo presenta una oferta a tus peticiones. Muchas veces el universo te abrirá el camino para conseguir lo que has pedido poniéndote en una situación determinada para lograrlo o brindándote una oportunidad o una idea brillante que te lleve a conseguir lo que deseas. ¿Alguna vez se te ocurrió una idea que no pusiste en práctica y luego el tiempo demostró que era lo mejor del mundo? Recuerdo que cuando cumplí los veinte años se me ocurrió una idea fantástica: un pasador oblicuo que se ajustaba a la nuca y recogía muy bien el pelo. Al cabo de un año y medio de que se me hubiera ocurrido esta idea, se puso de rabiosa actualidad un pasador, en los años ochenta. Era exactamente lo mismo que se me había ocurrido a mí, pero como yo no actué, se le dio la oportunidad a otra persona que sí lo hizo. Por eso te digo que, si tienes una idea, haz todo lo que puedas para moverte en función de lo que el universo te ha brindado, y que dé su fruto. Hay un dicho en el mundo de los negocios que dice que un mismo tren nunca pasa dos veces, y eso es cierto: si te pones en acción, puede que por el camino te vuelvas rico.

Cuando ya hayas pedido al universo lo que quieres, olvídate de esa idea y suéltala para que vaya hacia donde se supone que debe ir. Dale tiempo para que puedas recibir. ¿Qué pasaría si en tu trabajo no tuvieras la flexibilidad de terminar las tareas en el tiempo que te lleva hacerlas? Si tu jefe te dice que quiere el informe X en su despacho antes de las dos de la tarde, el informe Y antes de las dos y seis y el informe Z antes de las dos y diez, y ahora son las dos menos cinco, pensarás que se ha vuelto loco, ¿no? No hay tiempo de pensar en lo que vas a escribir en estos tres informes. Y, por supuesto, no vas a conseguir entregarlos a tiempo; eso no va a pasar. Cuando pones unas limitaciones demasiado estrictas a tus peticiones, sean estas de tiempo, de lugar o de medios, probablemente no vas a lograr lo que quieres. Estás interrumpiendo el flujo de entrega de la oferta universal porque eres demasiado específico en lo que quieres. Dicho lo cual, no te negaré que esté bien ser concreto..., pero no te pases. Si quieres tener novio, o novia, no digas: «Quiero un novio o una novia», sino: «Quiero un novio o una novia que no tenga ninguna relación». De otro modo es posible que tengas que enfrentarte a un problema que no querías tener porque ignorabas que la otra persona ya tenía una relación con otra cuando empezabais a salir. Asimismo, tampoco es productivo decir: «Quiero un novio o una novia que no tenga una relación con otra persona y a la que pueda conocer en la pizzería de la 4.ª avenida a las diez de la noche el miércoles de la semana próxima, que sea alta y tenga el pelo castaño, ojos verdes, una dentadura perfecta y una sonrisa maravillosa». ¡Vaya por Dios! ¿No te estarás pasando? Esa es la clase de puntualizaciones que nunca hay que incluir en una petición.

Cuando surgen los problemas, puedes eliminarlos pidiendo al universo que te los quite de delante y te entregue justo lo contrario. Si tu relación te da problemas, pide claridad para comunicarte con ella y que la otra persona comprenda bien tus intenciones. Pide que desaparezcan las situaciones problemáticas. De otro modo, nunca dejarán de rondarte.

En nuestra realidad física, cuando algo escasea, los proveedores suelen culpar a terceros si hay poca oferta. Por ejemplo, si hay escasez de tomates, los encargados de las tiendas de comestibles dicen que los distribuidores no entregan partidas suficientes, y los distribuidores dicen que los granjeros son quienes tienen la culpa de la escasez de tomates de este año. Si plantan pocos..., ¿qué quieres? Aunque a lo mejor sí que plantaron tomates suficientes y las plantas fueron devoradas por una plaga de insectos, o bien hubo sequía y las tomateras no pudieron sobrevivir por la falta de agua. Es importante no culpar a los demás, sino establecer los hechos. Cuando pides algo al universo, no es culpa del universo que tú no veas la oportunidad que te ha brindado, o que sí la veas y elijas no aprovecharla. En lugar de ir dando palos de ciego, sé muy consciente de las elecciones y las decisiones que hay que tomar cuando la oferta se te presenta.

De igual modo que puedes cambiar la oferta y la demanda mundial eligiendo tus compras, también puedes cambiar el modo en que el universo te ofrece lo que necesitas en la vida. Te mereces todo lo que deseas, y el universo te lo ofrecerá cuando lo pidas. Recuerda que tienes que pedir para recibir. Pedir puede mejorar tu vida de una manera que jamás habrías imaginado cuando hiciste tu petición. Pide, recibe, da las gracias y disfruta.

Inténtalo ahora

Tómate un minuto para pensar en tu actitud y para determinar de qué manera le estás pidiendo cosas al universo. ¿Lo pides con la boca chica una sola vez y luego te rindes porque no crees que vaya a suceder? ¿Lo pides con mentalidad de escasez o con mentalidad de abundancia? ¿Lo pides de una manera específica o vaga? Ya has hecho la petición al universo, y ahora te queda esperar lo que debas recibir mientras te dedicas a trabajar para que eso te llegue. Veamos, piensa en algo que quieras o necesites. Articúlalo en una frase y luego pídeselo al universo. El universo, trabajando a partir de la Ley de la Oferta y la Demanda, te entregará lo que necesitas.

Unos consejos para llevar a la práctica

- Pide lo que necesites.

- Agradece lo que recibas.

- Sé consciente, porque así sabrás cuándo llega tu recompensa universal.

- Abandona toda limitación. La abundancia es infinita y puedes tener todo lo que quieras.

- Dale tiempo al universo para que se ponga a trabajar.

- No des tantos detalles al universo cuando pidas algo; no vaya a ser que le resulte imposible satisfacer tanta cosa.

- Recuerda que el universo trabaja en su propio espacio temporal y te entregará lo que le has pedido cuando estés preparado para ello, no antes.

- Actúa basándote en las ideas que te vienen del universo y que podrían conducirte al éxito.

- Sé firme en tus peticiones, pero no seas exigente ni adoptes una actitud negativa.

- Elimina los problemas pidiendo al universo que te los quite y te dé exactamente lo contrario.

Véase también el capítulo 31: La Ley del Permitir

40

LA LEY DEL POTENCIAL

— 🕊 —

Elegiré ser todo lo que pueda ser, lograr todo lo que pueda lograr y sacar el máximo provecho de todo mi potencial.

La Ley del Potencial afirma que existe una cantidad ilimitada de posibilidades y un infinito potencial en cada uno de nosotros y en todas las cosas que existen en el universo debido a la conexión de la energía con la conciencia universal. El potencial significa tener la capacidad o la habilidad de desarrollarte y convertirte en algo que pueda ser útil para ti mismo o para los demás en el futuro. Tiene forma de posibilidad, hasta que uno actúa para conseguirlo. Aristóteles describió la potencialidad como la realización de una posibilidad en tanto se está actualizando. Nuestros seres espirituales son una energía pura que forma parte de la conciencia universal. Como somos una parte del todo, que ofrece una abundancia ilimitada, también formamos parte de esa abundancia. Eso significa que nada puede impedirnos conseguir lo que queremos. Si no hay límites para lo que podemos conseguir, para lo que podemos ser, para nuestra manera de servir a los demás y para todo lo que podemos conseguir en la vida, ¿qué vamos a hacer? Esa la pregunta del millón, ¿verdad? Si puedes hacer cualquier cosa porque no hay nada que te lo impida, ¿qué vas a elegir? Comprender que eres pura potencia y que puedes conseguir cualquier objetivo que quieras en realidad cambia la perspectiva que tienes de la vida. Puedes enviar tu energía al universo, y recibirla de él, para expresar cualquier cosa, porque como ser espiritual que tiene una frecuencia energética determinada, tú eres energía. Di, entonces: ¿qué pasará? ¿Qué quieres tú de la vida?

Tus elecciones son importantes

Vivir según la Ley de la Potencia significa que las elecciones que hagas te afectan como ser espiritual, incluyendo tu propósito y los planes que hayas hecho para hacer realidad tus deseos. Para acceder a tu pleno potencial, has de hacerte con el control de tu ser espiritual y de tu frecuencia. Cuando hayas asumido ese control y conformes la energía de tu yo interior para conseguir acceder a tu máximo potencial, sentirás más alegría. Hasta que no intentes hacer realidad tus deseos, no vas a saber lo que eres capaz de hacer. Puedes ser el mayor genio informático del mundo, pero si no aprendes informática y trabajas con ordenadores hasta entenderlo todo, y digo absolutamente todo, no te conocerás a ti mismo en este aspecto. Cuando cooperas con la conciencia universal, consigues mucho más de lo que nunca habrías creído posible. Revela la potencia que hay en tu interior.

De entrada, tienes que empezar por el principio. Decide conscientemente que estarás a la altura de tus propias capacidades. No existen atajos que nos permitan alcanzar antes nuestro pleno potencial. Cuando intentas cortar por un atajo, te engañas y pierdes la posibilidad de adquirir un conocimiento valiosísimo que podría serte de gran utilidad en un futuro. Date tiempo; desarrolla todos los aspectos de tu potencial hasta que ya no puedas más y termines con una sensación de satisfacción y orgullo por lo que has logrado. Lee todo lo que puedas sobre los temas que te interesen. Internet rebosa de información; puede aclararte muchos conceptos e informarte bien. También puedes apuntarte a seminarios en línea y en directo, escuchar podcasts o programas de radio en línea. Puedes divertirte mucho así, e incluso podrías participar enviando tus preguntas. Cuanto más sepas, más fácil te resultará alcanzar tu potencial. La atención y el punto de mira también son cualidades importantes que te permiten ver con claridad el camino que se abre ante ti y que te conducirá a que puedas hacer realidad tu grandeza interior. Lo único que tienes que hacer es seguir el camino. Si al principio necesitas hacerlo a pasos cortos, de acuerdo, hazlo así. Incluso los bebés tienen que aprender a caminar. No tardarás en ir más deprisa, y quizá incluso puede que te llegue a costar mantener el paso.

Enorgullécete de todos los logros que hayas conseguido por el camino. Si das importancia a cada uno de los pequeños pasos que des, te confieres importancia a ti mismo. Y eso te ayudará a alimentar la confianza que hay en ti y te dará un buen impulso para seguir adelante hasta alcanzar tu último objetivo. Asegúrate de que sigues centrado en tu objetivo. A menudo es fácil distraerse y perder de vista lo que se desea en realidad. Si te distraes mucho, puedes olvidar cuál era el objetivo que querías alcanzar: ojos que no ven, corazón que no siente... Sigue trabajando si quieres tener éxito.

Recuerda lo que querías ser cuando fueras mayor. Yo quería ser veterinaria, pero me costaban mucho las matemáticas. También quise ser oceanógrafa, pero tenía sinusitis y no podía hacer submarinismo. No sería justo que me echara las culpas por no haber sido veterinaria u oceanógrafa porque era mala en matemáticas o tenía sinusitis. Tengo que aceptar que no estaba dispuesta a esforzarme lo que debía para llegar a entender las matemáticas, y que también habría podido aceptar un empleo de oceanógrafa que requiriera trabajar en una oficina, pero que eso no me atraía lo suficiente. Durante un tiempo no supe muy bien a qué dedicarme profesionalmente, pero cuando tomé mi decisión fui a por el objetivo. He desempeñado diversas profesiones desde entonces, y eso me ha dado un conocimiento bien fundado de las personas, de la espiritualidad y del mundo, y además ha resultado ser muy valioso para mi profesión de escritora. Mi yo espiritual siempre supo que terminaría por ser escritora, pero necesitaba vivir todas esas otras experiencias hasta alcanzar el éxito. Si todavía deseas dedicarte a aquello con lo que fantaseabas de pequeño, piensa que nunca es demasiado tarde para intentarlo. Puedes lograr cualquier objetivo que te propongas si trabajas para conseguirlo. Si siempre quisiste ser cantante, canta. Sería triste que lamentaras no haberlo hecho en esta vida solo porque no intentaste estar a la altura de tu potencial.

Sé excepcional

No te sitúes en la franja media: ¡sé excepcional! Observa a las personas que te rodean. ¿Cuántas de ellas demuestran ser excepcionales porque se esfuerzan en alcanzar su potencial? Seguramente, menos de las que habrías imaginado en un primer momento. Ser excepcional exige comprometerte con tus deseos. Significa que estás dispuesta a trabajar duro, a consagrar más tiempo y energía del que pensabas y a llevarlo todo a buen término. No todos están dispuestos. Y si no están dispuestos a hacerlo, no pueden estar a la altura del potencial que tienen en su interior. Aunque casi todos los que viven según la Ley del Potencial tienden a pensar por libre y no les gusta seguir a la mayoría, no todos tienen el deseo de salir a la palestra y ponerse a tiro, de estar en primera línea de fuego. Hay mucha gente que está a la altura de su potencial sin tener que vivir bajos los focos. Seguir tu camino hace que te sientas un triunfador; estás haciendo todo lo que puedes y te sientes feliz por cómo estás progresando. Tú eres la única persona que puede decidir qué camino te permitirá alcanzar tu verdadero potencial.

A veces se te presentarán diversos caminos para que desarrolles tu potencial. A mí me hace muy feliz ser escritora porque eso me permite dedicarme a la enseñanza a gran escala. También me hace muy feliz la cría caballar porque siempre he sentido una conexión muy profunda con los animales, sobre todo con los caballos. Siento que estas dos profesiones me permiten realizar mi potencial de maneras diversas. La Ley del Potencial no te limita a una carrera en concreto, a una afición o a un camino de vida. Recuerda que existe un potencial infinito en cada uno de nosotros. No existen límites en lo que podemos hacer o conseguir, salvo los límites que nos imponemos a nosotros mismos.

Para definir los ámbitos en los que somos capaces de alcanzar nuestro potencial, piensa en las cosas que te gustan. ¿Eres un cocinero fantástico?

Quizá podrías escribir recetarios de cocina. Si en cambio te gusta el deporte, podrías convertirte en entrenador personal o en comentarista deportivo. Si te gustan los rompecabezas y solucionar problemas, podrías ser un detective increíble. Si analizas todas las cosas que te aportan alegría, puedes determinar la manera en que puedes destacar en estos ámbitos. Piensa en cómo te influirá como persona el ámbito que elijas. ¿Te permitirá ser tan famoso que todos te conozcan por tu nombre? ¿Estás preparado para ser famoso? ¿Qué conseguirás en el ámbito personal cuando desarrolles todo tu potencial? Ser de utilidad a los demás es una de las cosas que impulsan a la gente. Ayudar, enseñar y apoyar causas que ayuden al prójimo también te ayuda a desarrollar tu potencial. Vivir una vida plena, por lo general, no implica tener riqueza o ser famoso. Puede limitarse a algo tan simple como echarle una mano al vecino. Si aspiras a la grandeza, tienes que saber que no hay nada que te impida estar a la altura de tu propio potencial y llegar a tocar el cielo con las manos. Ve a por lo que deseas, porque el potencial infinito del universo está preparado y deseando ayudarte a que logres todo lo que deseas.

Inténtalo ahora

La próxima vez que vayas a la papelería, cómprate una libreta para hacer redacciones o un dietario con las páginas en blanco. Cada vez que logres un pequeño triunfo, anótalo en tu dietario y pon cómo te sentiste al lograr tu objetivo. Puede ser algo tan insignificante como encontrar una plaza libre para aparcar el coche cerca del ascensor y no tener que atravesar andando toda la planta del aparcamiento, o puede ser algo tan complicado como que tu relación ha tomado un rumbo positivo por algo que ha sucedido. Escribir te permitirá revisar las cosas cuando sientas que estas no avanzan tanto como debieran. Llevar un diario es una manera fantástica de expresarse: anota tus progresos, y expresa tus sentimientos sobre el papel. No enseñes nunca tu diario a los demás. Es solo para ti, para que sigas caminando hacia delante, y para venirte arriba cuando te sientas desanimado.

Unos consejos para llevar a la práctica

- Da importancia a todos los éxitos que logres.

- Los deseos del pasado pueden cumplirse hoy mismo.

- Haz todo lo posible para vivir sin lamentarte porque has sabido desarrollar todo tu potencial.

- El potencial del universo es ilimitado. Puedes hacer, ser y lograr todo lo que quieras.

- No existe un solo camino para desarrollar tu potencial. Puedes experimentar la realización en muy diversos ámbitos.

- Solo tú puedes decidir si estás dispuesto a alcanzar tu potencial.

- Si fuera fácil, todo el mundo lo haría. (Suena bien la frase, ¿verdad? ¡Y es tan cierta!)

- Tus posibilidades son infinitas. Pruébalas todas.

- Lleva un diario en el que registres tus triunfos para venirte arriba cuando las cosas no salgan tal y como las habías planeado.

Véase también el capítulo 3: La Ley de la Gratitud

Conclusión

Ahora que ya has aprendido cuarenta leyes universales es hora de llevarlas a la práctica. Intenta hacer los ejercicios, adáptalos a tus necesidades o invéntate otros nuevos. Las leyes universales siempre te procurarán éxitos si las aplicas a tu vida.

Tener éxito implica que tendrás que hacer muchas cosas por el camino. Tendrás que permanecer positivo. Ser optimista, incluso durante los tiempos difíciles, te dará el poder para que mejores las cosas de tu vida. No te fijes tanto en lo que te sale mal, porque entonces te situarás en unos patrones de negatividad que pueden bloquearte e impedirte alcanzar el éxito. Todos los que alguna vez han intentado conseguir algo se imponen ciertos requisitos. Si no consigues esos requisitos, no te consideres un fracasado. Todos vivimos situaciones en las que las cosas no salen según nuestros planes, y eso no durará siempre. Recuerda el dicho: «Esto también pasará». Los fracasos son tan solo obstáculos temporales que encontramos a lo largo del camino hacia el éxito. Para triunfar, empieza, inténtalo.

Tener éxito de verdad significa lograr lo que quieres comprendiendo, respetando y empatizando con las personas que te encuentras por el camino. Todos tenemos sueños que queremos cumplir y tenemos problemas de vez en cuando. Cuando ves a las personas como los seres espirituales que son, haces honor a su verdad, respetas sus deseos, actúas con compasión y te identificas con ellas. Todos somos iguales por dentro: seres divinos y espirituales llenos de luz y de amor. Cuando puedas conectar con los demás en este nivel, habrás tenido más éxito del que puedan darte las posesiones materiales. No cabe duda de que tener una casa preciosa y un coche fantástico, muchísimo dinero y montones de juguetes caros son signos que demuestran que has tenido éxito en tu profesión y que estás acomodado financieramente, pero las cosas son solo eso: cosas. Lo que importa de verdad es tu manera de crecer espiritualmente y las lecciones que aprendes mientras estás en el plano terrenal de la existencia. El éxito financiero es algo que a todos nos gustaría experimentar, porque hace más fácil la vida en el plano terrenal. Pero no permitas que sea el único éxito por el que vayas a esforzarte en esta vida.

Te pedirán ayuda, y tú tendrás que pedir ayuda también si vives según las leyes universales. No puedes hacer el camino solo; no debes. Conectar e interactuar con los demás es una parte fundamental del crecimiento. Es más, lo importante es que consideres tu vida en perspectiva. Tú ya sabes lo que significa el éxito para ti y lo que te gustaría conseguir en esta vida. En el plano del alma, solo tú conoces el camino y las lecciones que elegiste antes de nacer. No importa lo que piensen los demás; ellos no van a vivir tu vida por ti. Cambia lo que puedas, y si no puedes cambiar algo, gestiónalo como puedas.

Vivir en el plano terrenal es excitante, maravilloso, y una manera fantástica de estar más en sintonía con nuestra auténtica naturaleza espiritual. Es una manera de aprender y de crecer. El universo está ahí para ayudarnos a cada paso del camino si le dejamos, y eso podemos hacerlo cooperando con él y viviendo nuestra vida según las leyes espirituales. El éxito procede del deseo que pervive en tu interior. No se basa en las circunstancias, en la familia o en cualquier otra cosa. La energía de tu interior puede crear todo lo que deseas. Puede transformar lo negativo en positivo, y manifestar todo lo que quieres... ¡Y esa es la clave! Tienes que quererlo, estar dispuesto a trabajar para conseguirlo y confiar en que las leyes universales te lo entregarán. Tú tienes éxito. Tú tienes el Espíritu. Tú tienes lo Divino.

Bibliografía

Alvarez, Melissa. *Simply Give Thanks: A Beginner's Guide to Joyful Living through the Power or Spiritual Gratitude.* North Palm Beach, Florida, Adrema Press, 2013.

—— *365 Ways to Raise your Frequency: Simple Tools to Increase Your Spiritual Energy for Balance, Purpose, and Joy.* Woodbury, Minnesota, Llewellyn Worldwide, 2012.

Anapol, Deborah Taj. *The Seven Natural Laws of Love.* Santa Rosa, California, Elite Books, 2005.

Angelheart, Anne E. *Twelve Universal Laws; The Truth That Will Transform Your Life.* Bloomington, IN, Balboa Press, 2011.

Aristóteles. *Acerca del alma*, parte 5, Libro III. Traducido por Tomás Calvo, Editorial Gredos, Madrid, 2000.

—— *La Política*, parte 2, libro 1. Traducido por Carlos García Gual y Aurelio Pérez Jiménez. Alianza Editorial, Madrid, 1998.

Barnum, Melanie. *The Steady Way to Greatness: Liberate Your Intuitive Potential & Manifest Your Heartfelt Desires.* Woodbury, Minnesota, Llewellyn Worldwide, 2014.

Bernhard, Franz. *Udānavarga*, sección 5:18. Gottingen, Alemania, Vandenhoek & Ruprecht, 1965. En www.ancient-buddhist-texts.net/Buddhist-Texts/S1-Udanavarga/index.htm.

Biceaga, Victor. *The Concept of Passivity in Husserl's Phenomenology*. Nueva York, Springer Science & Business Media B.V., 2010.

Carnegie, Dale. *Cómo suprimir las preocupaciones y disfrutar de la vida*. Editorial Elipse, Barcelona, 2008.

Chopra, Deepak. *The Seven Spiritual Laws of Success: A Pocketbook Guide to Fulfilling Your Dreams*. San Rafael, California, Amber-Allen Publishing and Novato, California, New World Library, 1994.

Conwell, Russell H. *Acres de diamantes: El secreto del éxito y la prosperidad*. Ediciones Obelisco, 2001, Barcelona.

Cooper, Diana. *A Little Light on the Spiritual Laws*. Escocia, Findhorn Press, 2007.

Cooper, Marianna M. *The Aha! Factor: How to Use Your Intuition to Get What You Desire and Deserve*. Londres, Watkins Publishing, 2016.

Danaher, doctor James P. «The Laws of Thought», *The Philosopher*, volumen XCII, núm. 1, Primavera 2004.

Descartes, René. *Meditaciones metafísicas con objeciones y respuestas*, KRK Ediciones, Oviedo, 2005.

Dotts, Richard. *Banned Manifestation Secrets of Ancient Spiritual Masters*. Kindle, 2014.

Drummond, Henry. *La ley natural en el mundo espiritual*. Editorial Clie, 1992, Viladecavalls.

Gilbert, Elizabeth. *Libera tu magia. Una vida creativa más allá del miedo*. Editorial Aguilar, Barcelona, 2016.

Goldsmith, Marshall. *What Got You Here Won't Got You There*. Nueva York, Hyperion Books, 2007.

Hatch, Wendell Calvin. *The Second Golden Rule*. Bloomington, Indiana, WestBow Press, 2012.

Heckert, Paul A. *Physics 101 Tutorials: Understanding Newton's Laws of Motin and Gravity*. Kindle, 2011.

Hill, Napoleon. *Piense y hágase rico*. Editorial Grijalbo, Barcelona, 1992.

La Biblia ilustrada: Reina Valera 1955. Editorial Sanfeliz. Colmenar Viejo, 2015.

Langland, William. *Pedro el labriego*. Editorial Gredos, Madrid, 1997.

Laster, Robert Lee. *100 Universal Laws, Cosmic Order*. Kindle, 2015.

Longmore, Jennifer. *88 Universal Laws*, Kindle, 2014.

Michael, Edward Salim. *The Law of Attention Nada Yoga and the Way of Inner Vigilance*. Rochester, Vermont, Inner Traditions, 2010.

O'Neill, Jennifer. *Universal Laws: 18 Powerful Laws & The Secret Behind Manifesting Your Desires*, Kailua, Hawái, Limitless Publishing, 2013.

Parker, Sybil P. *McGraw-Hill Concise Encyclopedia of Science & Technology Third Edition*, Nueva York, McGraw-Hill, 1992.

Perry, Justin. *I Wish I Knew This 20 Years Ago...: Understanding the Universal Laws That Govern All things*. Kindle, 2014.

Randazzo, Dottie, *442 Cosmic & Universal Laws*. Kindle, 2011.

Schwartz, David J. *La magia de pensar a lo grande*. ViaMagna Ediciones, Barcelona, 2009.

Sivananda, Sri Swami. *Thought Power*. Himalayas, Divine Life Society, 2013.

Tres Iniciados. *El Kybalión: la filosofía hermética*. Ediciones Rosacruces. Barcelona, 2015.

Tracy, Brian. *The Universal Laws of Success and Achievement*. Welling, Illinois, Nightingale-Conant, 2014.

Tsé, Lao. *Las enseñanzas de Tao Te Ching*. Barcelona, Fapa Ediciones, 2001.

Vitale, Joe: *The Prosperity Factor: How to Achieve Unlimited Wealth in Every Area of Your Life*. Blaine, Washington, Expert Author Publishing, 2016.

Wattles, Wallace D. *Wallace D. Wattles Master Collection: 84 Rare Books and Articles by Wallace D. Wattles, Author of The Science of Getting Rich*. Kindle, 2016.

Weschcke, Carl Llewellyn y Joe H. Slate. *Self-Empowerment and Your Subconscious Mind: Your Unlimited Resource for Health, Success, Long Life & Spiritual Attainment*. Woodbury, Minnesota, Llewelyn Worldwide, 2010.

Wilson, Elisabeth. *The Feel Good Factory On Stress-Free Living: Calm-Spreading, Mind-Soothing, Strain-Slaying Ideas for a Happy Life*. The Feel Good Factory, Kindle, 2009.

Wojton, Djuna. *Sanacion kármica: Curar el pasado para vivir en el presente*. Luciérnaga, Barcelona, 2008.

Para escribir a la autora

Si deseas contactar con la autora o te gustaría recibir *más* información sobre este libro, escríbenos a Llewellyn Worldwide y nosotros nos encargaremos de hacerle llegar tu carta. Tanto la autora como la editorial agradeceremos que te pongas en contacto con nosotros para decirnos si te ha gustado el libro y si te ha servido de ayuda. Llewellyn Worldwide no puede garantizar respuesta a todas y cada una de las cartas dirigidas a la autora, pero sí puede asegurar que se las envía. Te rogamos que nos escribas a la siguiente dirección:

Melissa Alvarez
c/o Llewellyn Worldwide
2143 Wooddale Drive
Woodbury, MN 55125-2989

ECOSISTEMA DIGITAL

NUESTRO PUNTO DE ENCUENTRO

www.edicionesurano.com

2 AMABOOK
Disfruta de tu rincón de lectura y accede a todas nuestras **novedades** en modo compra.
www.amabook.com

3 SUSCRIBOOKS
El límite lo pones tú, **lectura sin freno**, en modo suscripción.
www.suscribooks.com

DISFRUTA DE 1 MES DE LECTURA GRATIS

1 REDES SOCIALES:
Amplio abanico de redes para que **participes activamente**.

4 APPS Y DESCARGAS
Apps que te permitirán leer e **interactuar con otros lectores**.

iOS